संस्कृति की सत्ता

पं. विद्यानिवास मिश्र स्मृति व्याख्यानमाला

संस्कृति की सत्ता

संपादक

डॉ. दयानिधि मिश्र

भूमिका

गिरीश्वर मिश्र

प्रतिभा प्रतिष्ठान, नई दिल्ली

प्रकाशक : **प्रतिभा प्रतिष्ठान**
694-बी, (नियर अजय मार्केट) चावड़ी बाजार, दिल्ली-110006
 / संस्करण : 2025 / मूल्य : तीन सौ पचास रुपए
मुद्रक : श्री साई प्रिंटर्स, साहिबाबाद ISBN 978-93-87980-68-6

SANSKRITI KI SATTA
by Dr. Dayanidhi Misra ₹ 350.00
Published by **PRATIBHA PRATISHTHAN**
694-B, (Near Ajay Market) Chawri Bazar, Delhi-110006

भूमिका

मनुष्य की अपराजेय रचनाधर्मिता का प्रमाण बनी 'संस्कृति' की अवधारणा मानव समुदायों के लिए सोच-विचार और व्यवहार के मानकों के रूप में उपस्थित होती है, जो व्यक्ति के स्तर पर निजी और समुदाय के स्तर पर सामाजिक लक्ष्यों को चुनती और परिभाषित करती है। एक सामाजिक निर्मिति होने पर भी संस्कृति के जैविक और पारिस्थितिक आधार भी महत्त्वपूर्ण होते हैं। साथ ही, मनोगत में उठनेवाले विचार और आवश्यकताएँ भी संस्कृति की सर्जना के लिए उत्स का काम करती हैं। अस्तित्व की चिंता और आसन्न मरणशीलता से उबरने का उपाय भी संस्कृति में ही मिलता है। इनके महत्त्व को देख मानव-समुदाय विविध औपचारिक और अनौपचारिक माध्यमों में सांस्कृतिक प्रक्रियाओं को संस्थानीकृत कर देते हैं। इन्हें समुदाय के नए सदस्यों तक पहुँचाया जाना भी अभीष्ट होता है, ताकि वांछित मानक लंबी अवधि तक भविष्य में भी उपलब्ध रहें। आज की चुनौतियों पर दृष्टिपात करें तो सहस्राब्दियों पुरानी भारतीय संस्कृति के अनेक पक्ष प्रासंगिक रूप में उद्भासित हो उठते हैं।

विकासवादी दृष्टि से देखें तो एकांत या अकेलापन संकटापन्न होता है, दूसरी ओर पारस्परिक सहयोग उत्तरजीविता और प्रजनन के लिए सहायक होता है। अत: सभी समुदायों में साझे विश्वासों, व्यवहारों और विभिन्न मानवीय संरचनाओं को स्थापित करने की एक व्यापक प्रवृत्ति परिलक्षित होती है। ये सब लोगों को जोड़कर रखने में सहायक होते हैं। सांस्कृतिक मानक, विश्वास, अभ्यासों, प्रथाओं, प्रत्याशाओं आदि के साथ अनुकूलन स्थापित करने में सहायक होते हैं। इनका विस्तार नैतिकता, आज्ञा-पालन, पारस्परिकता, सामाजिक दायित्व, यौनिकता जैसे विविध क्षेत्रों तक परिव्याप्त है। संस्कृति हमारे लिए अर्थ का निर्धारण करती है। अच्छा जीवन क्या है ? हम कौन हैं ? हमारे प्रमुख मूल्य क्या हैं ? इन प्रश्नों के साथ

हम संस्कृति की परिधि में टकराते हैं। संस्कृति हमें संदर्भ भी प्रदान करती है और जीवन के लिए जरूरी सामाजिक आचरण और ज्ञान की पूँजी भी उपलब्ध कराती है। संस्कृति में अनेक स्तरों पर विविधता दिखाई पड़ती है। उसमें परिवर्तन भी आता है, विस्थापन भी होता है और विभिन्न सांस्कृतिक समुदायों के बीच आवाजाही भी होती है, वे एक-दूसरे के निकट भी आते-जाते हैं और इसके फलस्वरूप इसमें निरंतरता भी रहती है और बदलाव भी आता है।

सामूहिक जीवन मानवीय अस्तित्व के लिए जरूरी है। जीवन जीने के लिए समानुभूति (एम्पेथी) आवश्यक है। इसी के चलते सभी मनुष्यों का मूल स्वभाव एक हद तक समान होता है। मानव शिशु जन्म के समय पूरी तरह असहाय रहता है और उसके जीवन के लिए माता या ऐसे ही किसी पालक द्वारा सेवा-शुश्रूषा आवश्यक होती है। इस तरह हमारे लिए दूसरों की उपस्थिति जीवन के लिए अनिवार्य है। दूसरों के ऊपर हमारी निर्भरता, दूसरों के प्रति हमारी सकारात्मक भावना का आधार बनती है। यही नहीं, बाल्यावस्था के बाद प्रौढ़ जीवन में पहुँचकर या बड़े होकर कठिन परिस्थितियों में भी हम दूसरों की ओर सहायता पाने के लिए उन्मुख होते हैं। वस्तुतः दूसरों के प्यार और समर्थन की जरूरत जीवन में कदम-कदम पर पड़ती रहती है। कहना न होगा कि हमारी खुशहाली बहुत हद तक हमको दूसरों से मिलनेवाले सामाजिक सहयोग और समर्थन पर निर्भर करती है। इसका एक महत्त्वपूर्ण आशय यह हुआ कि परस्पर निर्भरता ही सबकुछ के मूल में है। संस्कृति की संरचना के बीज यहीं पड़ते हैं।

आज के प्रौद्योगिकी प्रधान युग में तीव्र संचार और आवागमन के साधनों की क्रांति देश और काल के आयामों को नए ढाँचे में ढाल रही है और इसी के साथ संस्कृति की जटिलता भी बढ़ रही है। आज अशांति और अस्वास्थ्य की जटिल समस्याएँ भी पैदा हो रही हैं, जिनका समाधान भी हमें ही मिल-जुलकर ढूँढ़ना होगा। इस स्थिति में एक नैतिक दृष्टि को सचेत रूप से अपनाना ही समाधान दे सकता है। किसी को कष्ट न पहुँचाना, सकारात्मक व्यवहार करना और निस्स्वार्थ परोपकारी जीवन जीना ही समाधान दे सकता है। मन, वाणी और कर्म तीनों स्तर पर यह दृष्टि लानी होगी। हमें नकारात्मक भावों पर भी नियंत्रण लाना होगा। घृणा, द्वेष, क्रोध तथा ईर्ष्या आदि के विनाशकारी परिणामों से हम सब भलीभाँति परिचित हैं। पर इन भावनाओं में बदलाव लाया जा सकता है। हमारा मस्तिष्क लचीला है और उसमें सीखने और बदलने की क्षमता है और वह सुनम्य है। अतः जरूरी होगा कि हम

सकारात्मक भावों और विशेषताओं को बढ़ाएँ और नकारात्मक विशेषताओं को कम करें। विद्यालय, परिवार और मीडिया जैसी सांस्कृतिक संस्थाओं को इस दृष्टि से कार्य करना होगा।

आज के प्रतिस्पर्धा से भरे हमारे निजी और सामाजिक जीवन में धैर्य, संतोष आत्म-नियंत्रण और उदारता जैसे गुणों के विकास पर बल देना होगा। हमें सहिष्णुता पर भी ध्यान देना होगा। भारत के पूरब, पश्चिम, उत्तर, दक्षिण के विभिन्न क्षेत्रों में जाने पर जीवन के सभी क्षेत्रों में प्रचुर विविधता मिलती है। धर्म, भाषा, साहित्य, नृजातीय सामूहिकता (इथ्निसिटी), और विश्वास की दुनिया तो और भी निराली है। यह बहुवर्णी विविधता मोहक है और भारत को कई तरह से समृद्ध करती है। सृजनात्मकता के लिए भिन्नता और विविधता की बड़ी दरकार होती है, इसलिए विविधता की रक्षा करनी जरूरी है।

अपनी सांस्कृतिक दुनिया को देखें तो यही समझ में आता है कि पहले आधुनिकता ने उद्योग और नगरीकरण के माध्यम से समतलीकरण किया, पर साम्यवादी और पूँजीवादी सोच के रास्ते कुछ अलग रहे। दोनों ने अपने-अपने ढंग से अपने-अपने रंग में रँगने की कोशिश की, पर यह चल न सका। बीसवीं सदी के अंत तक आते-आते कुछ ऐसा हुआ कि सबकी राहें एक ही दिशा में बढ़ चलीं। महात्मा गांधी जैसे इनके प्रतिरोधी स्वर अनसुने-से ही रह गए। अब वैश्विकता की जोरदार मुहिम छिड़ी है, जो सबको एक ढाँचे में बाँधकर रखने को उद्यत है। भौतिकता और बाजार की बढ़ती ताकत ने उपभोग को ही विकास और समृद्धि का पैमाना बना डाला है। इसके आवरण में हमारे जीवन की विविधता पर खतरा मँडरा रहा है। अब एक ही तरह की वस्तुएँ प्रचलन में आ रही हैं। साथ ही पश्चिमी बहुराष्ट्रीय कंपनियों का माल तीसरी दुनिया या विकासशील देशों में खपाया जा रहा है, जहाँ बाजार बड़ा है और ग्राहक भी काफी बड़ी संख्या में हैं। सोच-विचार, साहित्य, ज्ञान-विज्ञान और शिक्षा जैसे क्षेत्रों में भी एकरूपता के घने बादल छाते जा रहे हैं। विचार और चेतना का स्वाद बदलने के लिए सारे मानक भी वहीं से तय हो रहे हैं। हमें क्या सोचना है, क्या करना है, इन सबका एजेंडा भी वही निश्चित कर रहे हैं। वे ही हमारी समस्याओं का स्वरूप और समाधान भी बता रहे हैं। इन सबके बीच घोर एकरसता बढ़ती जा रही है और सांस्कृतिक एकरूपता को लादा जा रहा है।

दुर्भाग्यवश आधुनिक पश्चिमी शिक्षा ने भारतीय मानस की मुक्ति की संभावना

और रचनात्मकता का दमन किया। उस शिक्षा में भारतीय मानस और बुद्धि को कमतर आँका गया। गुरुदेव रवींद्रनाथ टैगोर के शब्दों में इस प्रवृत्ति का कुपरिणाम यह हुआ कि भारतीय प्रतिभा ने अपनी रंगत और चरित्र ही खो दिया। हमने अपनी आँखों की असली रोशनी खोकर चश्मा खरीद लिया। पश्चिम की नकल की बदौलत हमारी अमूल्य विरासत आज विलुप्त होने के कगार पर पहुँच रही है। वैश्वीकरण के दौर में हमें यह नहीं भूलना चाहिए कि वैश्विक दुनिया में सिर्फ मनोरंजन और वित्तीय पूँजी का ही लेन-देन नहीं होता, बल्कि विचारों की भी आवाजाही होती है। इसलिए भारतीय विचारों और ज्ञान-परंपराओं का नष्ट होना पश्चिमी दुनिया समेत सारे विश्व की अपूरणीय क्षति होगी। आज के समकालीन भारतीय सोच-विचार और अध्ययन में विचारों के स्वराज की जगह पश्चिमी विचारधारा या विश्व-दृष्टि को अधिकाधिक स्थान मिलने की बात बड़ी स्पष्ट है। यदि हमें अपने विचारों की समृद्धि का पता चलता, तो पूर्व और पश्चिम की रचनात्मकता का मेल होता और हम पश्चिम के साथ सहभागी होते, पर आज की स्थिति में वर्चस्व उनका है और हम हाशिए पर हैं।

उल्लेखनीय है कि भारत की ज्ञान-परंपराएँ मात्र मनुष्य ही नहीं, बल्कि जीवन और प्राणि-मात्र सबके लिए प्रासंगिक हैं। भिन्न देश-काल में बहुलता के साथ पनपीं ये ज्ञान-परंपराएँ जीवन-शैली, कलाओं, शिलालेखों, अनुष्ठानों, काव्यों और आस्थाओं आदि नाना रूपों में अभिव्यक्त होती रही हैं। इनके बारे में रोचक तथ्य यह है कि इनमें किसी एक के वर्चस्व की जगह अनेकता या बहुलता का महत्त्व प्रकट होता है। इनका एक प्रमुख संदेश यह भी है कि मनुष्य प्रकृति का ही एक अंश है, न कि उसका नियंता। आज जीवों का विलोप, जलवायु-परिवर्तन, सामूहिक विद्वेष, नर-संहार और प्रकृति का दोहन संस्कृति की मैत्री, सह-अस्तित्व और सहकारवाली जीवन-शैली के विरुद्ध है। पवित्र और पारिस्थितिक संदर्भ से जुड़ी वाचिक और अमूर्त पारिस्थितिक विवेक की परंपरा, जो समुदायों में पीढ़ी-दर-पीढ़ी चली आ रही थी, वह अब वस्तुओं के उत्पादन और उपभोग में तिरोहित होती जा रही है। प्राकृतिक संसाधनों की रक्षा, पुरखों के प्रति ममत्व, अगली पीढ़ी के प्रति दायित्व और आध्यात्मिक मूल्य नष्टप्राय-से हैं। आज जैविक और सांस्कृतिक रूपों की विविधता और जटिलता, जो मनुष्यों और अन्य प्राणियों के लिए जीवनाधार देती थी, नष्ट हो रही है। प्रकृति के साथ एक निर्व्याज किस्म का अटूट रिश्ता और टिकाऊ अर्थव्यवस्था, जो आंतरिक अतिक्रामी मूल्यों पर टिकी थी, आज भौतिकता

और उपयोगितावाद की भेंट चढ़ रही है। प्रकृति को पवित्र न मानकर उसका अंधाधुंध उपयोग और दोहन किया जा रहा है। शिक्षित और विकसित देशों में, जहाँ का मानव विकास सूचकांक ऊँचा है, उत्पादन और उपभोग का स्तर भी उतना ही ऊँचा है और वहाँ छोटी सी जनसंख्या द्वारा अधिकांश संसाधनों का उपयोग किया जाता है। दुनिया पर एकछत्र अधिकार जमाने की अवधारणा के चलते धरती को खँगालना, मानवता का मानकीकरण, हिंसा, युद्ध, सामाजिक अन्याय और आर्थिक असमानता मूलत: निरपेक्ष पश्चिमी विचारों की देन है।

आज पश्चिमी सभ्यता में गहरी त्रासदी देखी जा सकती है, जो मनुष्य के अस्तित्व को ही प्रश्नांकित कर रही है। आधुनिकता और विकास के तर्क की सीमाएँ दिख रही हैं। विकासवादवाली आधुनिकता को विकास का चरम मानना भ्रामक और प्रगति भी एक मिथक लगने लगा है। सामाजिक विकासवाद को मानें तो भविष्य में विश्व नष्ट हो जाएगा या सभी रोबोट हो जाएँगे। सुख की उपयोगितावादी विचारधारा नाकाफी है, क्योंकि मनुष्य और प्रकृति के बीच पारस्परिक पूरकता का रिश्ता ही जीवन को संभव बनाता है। अत: धर्म, अर्थ, काम और मोक्ष का संतुलन होना चाहिए। तभी लोक-संग्रह या जन-कल्याण का लक्ष्य पाया जा सकेगा। ऐसे में विस्मृत होती भारतीय ज्ञान की समृद्ध परंपरा को रचनात्मकता और सुधार के साथ पुनर्जीवित और स्थापित करना एक मानवीय आवश्यकता है। इसके लिए खुले मन से भारतीय ज्ञान-परंपरा के संरक्षण, अनुकूलन और अनुप्रयोग को बढ़ावा देना होगा। इसमें उपलब्ध पारस्परिकता का विमर्श संस्कृति की उस अवधारणा को स्वर देता है, जिसमें लौकिक अभ्युदय और आध्यात्मिक नि:श्रेयस दोनों पर बल है।

संस्कृति की सत्ता मनुष्य की सृजनशीलता का पर्याय है और उसकी गहन संलग्नता के लिए सतत आह्वान करती है। प्रस्तुत संकलन में भाषा, साहित्य, लोक जीवन, कला की विविध परंपराओं को सुग्राह्य शैली में मनीषी वक्ताओं ने प्रस्तुत किया है, ताकि उनका साक्षात्कार हो सके और स्वाद मिल सके। संस्कृत की निगम-आगम की विभिन्न परंपराओं में सारी विविधताओं को स्वीकार करते हुए प्रकृति की सेवा, न कि उस पर नियंत्रण, और सबके स्वस्थ और आरोग्य के लिए यत्न ही प्रमुख सरोकार हैं। वैदिक काल से ही यह स्वीकृत है कि इस धरती पर भिन्न-भिन्न भाषाओं और धर्मों के लोग रहते हैं (जनं विभ्रती बहुधा विवाचसं नानाधर्माणं पृथ्वी यथौकसं—अथर्ववेद)। ऋत और सत्य के विचार के साथ यह भी स्वीकार किया गया कि एक सत्य का अनेक ढंग से वर्णन किया जाता है (एकं

सद विप्राः बहुधा वदंति)। साथ ही मन, हृदय और कर्म की एकता पर भी बल दिया गया, ताकि सबके बीच सहृदयता और सौमनस्य बना रहे। जीवों की परस्पर निर्भरता तथा समस्त ब्रह्मांड की संबद्धता का भाव निरंतर उपस्थित है। इस परंपरा में अंतः सांस्कृतिक संवाद का भी अवसर बना, जिसका आधार मूलतः नैतिक आचरण था। करुणा, परस्परावलंबन, मध्यम मार्ग, अनेकांतवाद, अपरिग्रह, भक्ति, धर्म, अहिंसा, दान, परोपकार, आत्म-संयम, यज्ञ, ऋण तथा संस्कार जैसी अवधारणाओं के साथ समाज के संचालन की व्यवस्था की गई थी। संस्कृति द्वारा प्रकृति के परिष्कार द्वारा मनुष्य की सहभागिता द्वारा संतुलन की स्थापना की व्यवस्था की गई है। इस दृष्टि में बहु-सांस्कृतिक समाज के लिए एक आधार-दृष्टि मिलती है, जिसमें पारस्परिक भरण-पोषण, साझेदारी तथा आदर को प्रमुखता प्राप्त है। इस तरह की समावेशी और मानवीय दृष्टि के साथ संस्कृत की ज्ञान-परंपरा लोभ और हिंसा का विकल्प देती है। इसके अंतर्गत टिकाऊ विकास के लिए जरूरी व्यापक पारिस्थितिक नजरिए के साथ प्रकृति के संरक्षण पर बल दिया गया है। नदी, नगरी और पर्वतों को पवित्र तीर्थ की महत्ता देकर उनका संरक्षण और परम तत्त्व की उपस्थिति से अनुप्राणित स्वीकार कर शरीर, विश्व और विश्वात्मा का संबंध स्थापित किया गया। वेद, पुराण, काव्य, आयुर्वेद, नाट्यशास्त्र, योग, शिल्प, वृक्षायुर्वेद, व्याकरण, गणित, ज्योतिष, नीतिशास्त्र, दर्शन आदि के सुदृढ़ अध्ययन की परिपाटी स्थापित हुई। ये सभी सार्वभौम मानवीय सिद्धांतों की ओर ले जाते हैं। इनमें लोक-कल्याण के लिए मानक कर्तव्य के भाव को प्रमुखता दी गई। इन सबमें शास्त्र और प्रयोग को परस्पर संबद्ध रखते हुए वस्तुवाद और उपयोगितावाद से बचने का यत्न किया।

भारतीय समाज में विविधता के प्रश्न पर पारस्परिकता की दृष्टि से विचार करना चाहिए। इस विविधता को समस्या समझना मानसिक अवरोध का परिचायक है। यह समस्या नहीं है और न एकता के लिए संकट। हमें तो इस पर गर्व होना चाहिए कि हमें इस विरासत को सँभालने और सँजोने का अवसर मिला है। इस इंद्रधनुषी विविधता का निराला स्वाद है, जो भौतिक धरातल पर और कल्पना के स्तर पर भी हमें उद्दीप्त करता है। वस्तुतः विविधता हमारे समाज का अलंकरण है, जिसका स्वागत होना चाहिए। जरूरत है कि विविधता के साथ-साथ संवाद भी बना रहे, ताकि सभी एक-दूसरे को जानें और समझें और भरोसा हो सके। तब वे एक-दूसरे के कल्याण में सहायक हो सकेंगे। संवादहीनता अपरिचय को बढ़ाती है, जिससे संशय और अविश्वास ही पैदा होता है।

आज वैश्वीकरण के प्रभाव में जिस वेग से सबकुछ को निगलते हुए पश्चिमी जीवन-शैली और सांस्कृतिक मूल्य चारों ओर छाते जा रहे हैं, साथ ही उसकी विसंगतियों को लेकर अनेक देशों के विचारक विकल्पों की तलाश में हैं। इस दौर में भारतीय संस्कृति का विशेष महत्त्व आँका जा रहा है, जो मनुष्य की जगह समस्त सृष्टि को ध्यान में रखकर उसके विभिन्न तत्त्वों की परस्पर निर्भरता पर बल देती है। इस परंपरा का विस्तार कभी सुदूर दक्षिण, दक्षिण-पूर्व, पूर्व तथा मध्य एशिया तक ब्राह्मण गुरुओं, सम्राट् अशोक के दूतों, बौद्ध और जैन भिक्षुओं द्वारा किया गया। इस क्रम में आगमों और निगमों के अनेक संस्करण होते रहे। भारत से बाहर विश्व में अनेक स्थानों पर अनुवाद, सर्वेक्षण, पांडुलिपि का संपादन, टीका, व्याख्या का कार्य होता रहा है। इस परंपरा को आगे बढ़ाते हुए इस संकलन में सम्मिलित व्याख्यान भारतीय संस्कृति की ज्ञान-परंपराओं के विभिन्न द्वारों के बंद कपाटों को अनावृत्त करते हैं और उसके रस के आस्वादन के लिए आमंत्रित करते हैं। आशा है, इनसे पाठकों में उत्सुकता बढ़ेगी और नई जिज्ञासाएँ पल्लवित-पुष्पित होंगी। प्रसिद्ध उक्ति है—'वादे वादे जायते तत्त्व बोध:', विश्वास है, संस्कृति की सत्ता को आकार देनेवाले व्याख्यानों का यह संग्रह संवाद का मार्ग प्रशस्त करेगा।

—गिरीश्वर मिश्र

संपादकीय

विद्याश्री न्यास की स्थापना भारतीय वाङ्मय के विश्वविश्रुत विद्वान् पद्मभूषण पंडित विद्यानिवास मिश्र एवं उनकी धर्मपत्नी राधिका देवी की स्मृति में वर्ष 2006 में की गई है। न्यास द्वारा प्रतिवर्ष मुख्य रूप से चार आयोजन किए जाते हैं—पंडितजी के जन्मदिवस (14 जनवरी) पर भारतीय लेखक-शिविर एवं राष्ट्रीय/अंतरराष्ट्रीय संगोष्ठी तथा विद्यानिवास मिश्र स्मृति सम्मान-समारोह, उनकी पुण्यतिथि (14 फरवरी) पर संस्कृत कवि-गोष्ठी, पं. विद्यानिवास मिश्र स्मृति व्याख्यान और 'चिकितुषी' पत्रिका का वार्षिक प्रकाशन।

इन सारस्वत अनुष्ठानों में पूरे देश से रचनाकारों, चिंतकों, अध्येताओं एवं शोधार्थियों की भागीदारी की एक समृद्ध परंपरा विकसित हो सकी है, साथ-ही-साथ समय-समय पर उत्तर प्रदेश भाषा संस्थान, लखनऊ; केंद्रीय हिंदी संस्थान, आगरा; साहित्य अकादेमी, नई दिल्ली; उत्तर प्रदेश हिंदी संस्थान, लखनऊ; भारतीय दार्शनिक अनुसंधान परिषद्, नई दिल्ली; श्री शंकर शिक्षायतन, नई दिल्ली; साहित्यिक संघ, वाराणसी; नांदी पत्रिका; काशी हिंदू विश्वविद्यालय, वाराणसी; महात्मा गांधी काशी विद्यापीठ, वाराणसी; संपूर्णानंद संस्कृत विश्वविद्यालय, वाराणसी; ब्रज साहित्य अकादमी, वृंदावन; भारत भवन, भोपाल; हिंदुस्तानी एकेडमी, इलाहाबाद; श्री बलदेव पी.जी. कॉलेज, बड़ागाँव, वाराणसी, श्री धर्मसंघ शिक्षामंडल, वाराणसी प्रभृति विभिन्न संस्थानों, विश्वविद्यालयों तथा महाविद्यालयों का सक्रिय सहयोग इस न्यास को मिलता रहा है।

न्यास द्वारा प्रवर्तित विद्यानिवास मिश्र स्मृति व्याख्यानमाला को संस्कृति के विभिन्न आयामों पर व्यापक विमर्श के ब्याज से भारतीय परंपरा के प्राच्य तथा अर्वाचीन विषयों के अधिकारी विद्वानों से व्याख्यान हेतु अनुरोध किया गया। हमें संतोष है कि हमारे अनुरोध को स्वीकार करते हुए सर्वश्री गोविंद चंद्र पांडेय, अशोक

वाजपेयी, सुरेश चंद्र पांडेय, वी. कुटुंब शास्त्री, अनंत मिश्र, माणिक गोविंद चतुर्वेदी, अंबिकादत्त शर्मा, कपिल तिवारी, अभिराज राजेंद्र मिश्र, कमलेश दत्त त्रिपाठी, कपिल कपूर, रामदेव शुक्ल, श्रीनिवास वरखेडी, पांडेय शशिभूषण शितांशु ने व्याख्यान दिया और इस तरह व्याख्यानमाला के अंतर्गत अब तक चौदह व्याख्यान संपन्न हुए। आगामी व्याख्यान प्रो. सुधीर चंद्र का है, जिसकी रूपरेखा प्राप्त हो गई है, अतः इसे पुस्तक में शामिल कर लिया गया है। श्री अच्युतानंद मिश्र ने सातवें व्याख्यान का विषय प्रवर्तन किया था, जो संस्कृति और धर्म का अंतर्संबंध शीर्षक से इस पुस्तक में सम्मिलित किया गया है। प्रो. स्व. गोविंद चंद्र पांडेय के त्रिदिवसीय व्याख्यान का एक अंश ही पुस्तक में समाहित किया गया है, क्योंकि पूरा व्याख्यान स्वतंत्र पुस्तक के रूप में पूर्व प्रकाशित है। प्रो. सुरेश चंद्र पांडेय के व्याख्यान का सारांश ही उपलब्ध हो सका जिसे यथास्थान दिया जा रहा है। न्यास इन सभी वक्ताओं का ऋणी है।

व्याख्यानमाला के मुख्य वक्ताओं का परिचय एवं आयोजन का विवरण पुस्तक के अंत में दिया गया है।

प्रसन्नता का विषय है कि स्थायी महत्त्व के इन व्याख्यानों का पुस्तकाकार प्रकाशन संभव हो रहा है। यही नहीं कि यह उपक्रम इस स्थायित्व को कुछ और स्थापित करेगा, यह भी कि शिक्षार्थियों, शोधार्थियों और सुधीजन के अध्ययन-उपयोग के लिए अब ये व्याख्यान सहजता से उपलब्ध हो सकेंगे, जिसके लिए विद्याश्री न्यास व्याख्यानमाला के प्रायः प्रारंभ से ही प्रतिश्रुत था। न्यास के इस संकल्प को एक तो बल मिला उन विद्वान् वक्ताओं से, जिन्होंने अपने व्याख्यान को आलेख-रूप में उपलब्ध कराया, दूसरे उन युवा विद्यानुरागियों से, जिन्होंने कई व्याख्यानों को अत्यंत परिश्रम और धैर्यपूर्वक दृश्य-श्रव्य माध्यमों से लिपिबद्ध किया।

इन सारस्वत आयोजनों में महनीय वक्तव्य के लिए वरेण्य विद्वत्जन सर्वश्री वागीश शुक्ल, रमेश चंद्र शाह, अच्युतानंद मिश्र, रामेश्वर मिश्र पंकज, भवानी शंकर शुक्ल, श्रीवत्स गोस्वामी, महेश्वर मिश्र, शिवकुमार मिश्र, एस.के. पांडेय, राजलक्ष्मी वर्मा, अमर सिंह, मृदुला त्रिपाठी, मुस्ताक अली, आनंद श्रीवास्तव, कमलेश दत्त त्रिपाठी, रेवाप्रसाद द्विवेदी, रमेश कुमार द्विवेदी, भागीरथ प्रसाद त्रिपाठी 'वागीश शास्त्री', नामवर सिंह, पुरुषोत्तम अग्रवाल, अवधेश प्रधान, सत्यदेव त्रिपाठी, श्रद्धानंद, प्रकाश उदय, उदयन मिश्र, स्व. राजेंद्र प्रसाद पांडेय, रामसुधार सिंह, सुरेंद्र प्रताप सिंह, शिव कुमार मिश्र, निरंजन सहाय, अनिल त्रिपाठी, वसंत निरगुणे,

मारुति नंदन तिवारी, अजय कुमार सिंह, राजेश्वर आचार्य, मंजुला चतुर्वेदी, स्व. शंकर दयाल द्विवेदी, मुरली मनोहर पाठक, स्व. अमर नाथ पांडेय, रामरतन शर्मा, जयशंकर लाल त्रिपाठी, हरिप्रसाद अधिकारी, गयाराम पांडेय, बदरी नाथ कपूर, केसरी नाथ त्रिपाठी, पृथ्वीश नाग, धनंजय सिंह, जितेंद्र नाथ मिश्र, के.पी. पांडेय, रामकीर्ति शुक्ल, प्रभुनाथ द्विवेदी, हरेराम त्रिपाठी, उमारानी त्रिपाठी, टी.एन. सिंह के प्रति न्यास अत्यंत कृतज्ञ है।

प्रो. गिरिश्वर मिश्र की भूमिका के लिए उन्हें अशेष आशीष। आशा है कि यह पाठकों के लिए न केवल उपयोगी होगा, बल्कि पुस्तक भी संपन्नतर होगी।

इस पुस्तक को तैयार करने में सर्वश्री डॉ. प्रकाश उदय, डॉ. रामसुधार सिंह, डॉ. सुनील कुमार मानस, डॉ. समीर कुमार पाठक, विनोद पटेल, नवीन श्रीवास्तव प्रभृति सहयोगियों के अमूल्य योगदान के लिए न्यास आभारी है।

हमें विश्वास है कि इस संकलन द्वारा देश की सांस्कृतिक यात्रा का मार्ग ढूँढ़ने में सहायता मिलेगी और संस्कृति-विमर्श आगे बढ़ेगा।

—दयानिधि मिश्र
सचिव, विद्याश्री न्यास

अनुक्रम

समसामयिक भारतीय संस्कृति का आधार

–गोविंद चंद्र पांडेय

समाज की जिस दृष्टिसंपन्न समग्र जीवन विधा को संस्कृति कहा जाता है, उसे साध्यों और साधनों के द्वारा निरूपित किया जा सकता है। स्थूल रूप से सामाजिक अभीष्ट ही साध्य है और उनके लिए प्रयुक्त सामाजिक संसाधन ही साधन कहे जा सकते हैं। इन साध्यों अथवा मूल्यों के अनेक स्तर और आयाम देखे जा सकते हैं। भौतिक सभ्यता के साधन रूप में राजनीतिक और आर्थिक व्यवस्था होती है। धन से प्राप्त साध्य, इच्छाओं की तृप्ति के रूप में होती है। भौतिक विषयों के उपभोग से जो सुख प्राप्त होता है, वह प्रत्यक्ष भी हो सकता है और कल्पित भी। उदाहरण के लिए, मनोरंजन से प्राप्त सुख अथवा बहुमूल्य वेशभूषा, आभूषण आदि का सुख एक सीमा तक काल्पनिक ही है। वित्तोपभोग के जीवन की सुरक्षा अथवा सहायता राज्य सत्ता प्रदान करती है। इस प्रकार अर्थतंत्र और राजतंत्र प्रधानतया हित-सुख के भौतिक आयाम के उपकारक होते हैं। संस्कृति के इस रूप को सामान्यता भौतिक-सामाजिक सभ्यता कहा जा सकता है। इस स्तर पर जीवन विधा जिन उपादानों पर निर्भर करती है, वे सहयोगिता के साथ प्रतिस्पर्धा और संघर्ष के भी क्षेत्र होते हैं। संस्कृति का यह भौतिक पक्ष जिस ज्ञान-विज्ञान विधि और मर्यादाओं के बोध पर निर्भर करता है, उसे उसका बौद्धिक, नैतिक, भावनात्मक पक्ष कहा जा सकता है और अन्य बोधात्मक। इन दोनों के समन्वय से बनी सभ्यता मानव मतिमत्ता, प्राज्ञता या नीतिमत्ता का आयाम कही जा सकती है। इसका मुख्य लक्षण है—प्राकृतिक एषणाओं से निर्धारित लक्ष्यों के लिए उपयुक्त साधनों का आविष्कार और समायोजन करना। एक ओर नाना समुदायों के सरोकारों और निहित स्वार्थों की

प्रेरणाएँ, संघर्ष और समझौते इस सभ्यता की संरचना के इस स्तर के पीछे रहते हैं। इस स्तर पर संस्कृति मुख्यतया ऐतिहासिक संयोग से निर्धारित होती है। किंतु जहाँ तक उसमें एक जीवन-दृष्टि या मूल्य-विवेक प्रकट होता है, वहाँ तक उसे प्रजा का आभास कहा जा सकता है और उसमें सनातनता एवं सार्वभौमिकता की अभीप्सा रहती है। साक्षात्कारात्मक प्रज्ञा स्वयं एक असंग ज्ञान है, जो मानसिक-बौद्धिक स्तर पर अनेकधा व्याख्यायित पर धुँधला हो जाता है तो भी प्रज्ञा के आलोक से ही बौद्धिक मूल्य-विवेक की छायाएँ बनती हैं। विवेचित मूल्य मात्र अभीष्ट साध्यों से अधिक महत्त्वपूर्ण माने जाते हैं। जिसमें मूल्य का बोध है, उस लक्ष्य के लिए स्वार्थ का त्याग किया जा सकता है। इस प्रकार नीतिमत्ता और बौद्धिक ज्ञान के स्तर के ऊपर जो साक्षात्कारात्मक या प्रतिभाज्ञान होता है, वही विशुद्ध नैतिक बुद्धि और अतींद्रिय सत्य में विश्वास का आधार होता है। सांस्कृतिक चेतना का केंद्रीय भाग विवेकात्मक होता है, जिसके एक ओर भौतिक सभ्यता-नीति-तर्क और भावना के स्तर रहते हैं, दूसरी ओर सनातन ज्ञान और उसकी सार्वभौम परंपरा, जबकि उस दृष्टि के आधारभूत तत्त्व प्रज्ञा के अंग होते हैं। इससे यह निष्कर्ष निकलता है कि भौतिक सभ्यता और संस्कृति अनिवार्यत: मिली-जुली रहती है और ऐतिहासिक क्रम में विकसित होती है। किंतु दृष्टि के रूप में संस्कृति एक मौलिक मूल्यविवेक की ही व्याख्या होती है। व्याख्या के भेद होने पर भी मौलिक दृष्टि का आधार जिस साक्षात्कार और साधना पर निर्भर करता है, उसे ही संस्कृति का अंतरतम प्राण मानना चाहिए। संक्षेप में, संस्कृति मूल्यबोध की परंपरा है, जो एक जीवनदृष्टि या विश्वदृष्टि से विकसित होती है, सभ्यता उसको चरितार्थ करने के लिए समाज का राजनीतिक-आर्थिक कलेवर है। दोनों ही पुरुषार्थ-साधना के रूप हैं। एक स्तर पर त्रिवर्ग साधना अभ्युदय का हेतु बनती है और युगधर्म के अनुकूल रहती है। दूसरे स्तर पर सनातन ज्ञान और मुक्ति की साधना है।

भारतीय संस्कृति की यह प्राणधारा आध्यात्मिक अनुभूति और साधना के रूप में एक चिंतन परंपरा का निर्माण करती है, जो कि उसके अनेकविध मूल्य-बोध की जन्मभूमि है। इस मौलिक सांस्कृतिक परंपरा के जन्मदाता ऋषि-मुनि, सिद्ध और संत, सूफी, भक्त एवं त्यागी महापुरुष रहे हैं, जिन्होंने इस कर्मभूमि में अवतरण किया। इस संस्कृति के तीर्थंकरों की कोई जाति-प्रजाति नहीं होती, पर उनकी गुरु-शिष्य परंपरा रहती है। यह परंपरा अत्यंत प्राचीन काल से अविच्छिन्न रूप से चली आ रही है। दूसरी ओर जो भौतिक परंपरा की सभ्यता है, उसमें

प्राचीन काल से नाना जातियों-जनपदों का योगदान है। उसका रूपांतरण भी युग के अनुसार होता रहता है।

संस्कृति का सामान्य अर्थ है—संस्कार। संस्कार कहते हैं, दोषापनयन और गुणाधान को। उदाहरण के लिए, जिन द्रव्यों से भोजन पकाते हैं, उनको साफ करना उनके अंतर्गत दोषों का अपनयन है। उनको पकाना और उनमें नमक-मसाला आदि डालना उनमें गुण का आधान है। ये दोनों प्रक्रियाएँ पदार्थ के स्वभाव की अपेक्षा से ही निर्धारित होती हैं। स्वाभाविक दोष क्या हट सकता है या क्या अस्वाभाविक गुण का आधान किया जा सकता है, ये प्रश्न संस्काराधान की सामान्य प्रक्रिया के बाहर चले जाते हैं। यद्यपि वे अप्रासंगिक नहीं होते हैं। इन प्रश्नों के पीछे संस्कार की सीमाओं का प्रश्न है। अपने व्यापक अर्थ में शिक्षा ही संस्कार का मूल है। वही मानव स्वभाव को ज्ञान, अनुशासन और निपुणता के अभ्यास से उसे संस्कृत बनाता है। धार्मिक दीक्षा, अनुष्ठान आदि स्वभाव की सीमा को पार करने का दावा करनेवाले संस्कार हैं। उनका लक्ष्य होता है—मानव स्वभाव का ही परिवर्तन, ताकि उससे जन्मजात पाप दूर हों और उसमें लोकोत्तर जीवन का सामर्थ्य उत्पन्न हो। यज्ञीय पदार्थों के संस्कार में यही भाव होता है कि उनमें उत्कृष्ट गुणों का आधान हो। प्रकृति को ही बदल डालने के इस अदृश्यमूलक दावे का समानांतर प्रयास है। आजकल की अणुजैविकी, जो प्रजनन के मूलभूत घटकों के जींस को बदलना चाहती है। इस प्रकार संस्कृति के दो भेद हो जाते हैं—एक तो शिक्षामूलक लौकिक संस्कृति, दूसरी दीक्षामूलक आध्यात्मिक संस्कृति। यह भेद पारंपरिक और सैद्धांतिक होने पर व्यवहार में अलग नहीं किए जा सकते हैं। क्योंकि दीक्षा एवं धार्मिक अनुष्ठानों का मानव स्वभाव पर क्या प्रभाव पड़ता है, इसका कोई प्रत्यक्ष ज्ञान नहीं होता। अत: ऐतिहासिक एवं समाज वैज्ञानिक दृष्टि से संस्कृति को चारित्रिक सुधार की शिक्षामूलक परंपरा मानना ही युक्तिसंगत है। आचार-विचार और कर्म-कौशल को प्रभावित करने के अतिरिक्त शिक्षा का एक और पक्ष भी है, जो मनुष्य को अपने परिवेश को समझने और उसके उपयोग में सहायता करता है। एक ओर आत्मानुसंधान के रूप में शिक्षा मनुष्य को आध्यात्मिक, नैतिक और सामाजिक रूप से संस्कृत बनाती है, दूसरी ओर वह विज्ञान-प्रविधि और नीति की शिक्षा के रूप में मनुष्य को यंत्र-उपकरण संगठन एवं कार्यप्रणाली में आविष्कार के द्वारा भौतिक एवं राजनीतिक साधनों से संपन्न करती है। इस प्रकार संस्कृति के फिर से दो भेद हो जाते हैं—एक ओर वह आदर्शों की अनंत साधना है, जो व्यक्ति

और सामाजिक घेरों से दूर हटती जाती है, वह न वैयक्तिक है, न जातीय प्रत्युत् विश्वजनीन है, किंतु इस विश्वजनीनता में एक आदर्श रहता है। बहुधा आदर्शों एवं मूल्यों की साधना वैयक्तिक और जातीय संदर्भों और आसक्तियों को चिपकाए रखती है। दूसरी ओर उपयोगिता काम्य अर्थों अथवा सरोकारों के लिए उद्योग है। मूल्यों को चरितार्थ करने में अपना बलिदान और उसके द्वारा अपना रूपांतरण यह संस्कृति का मूल अर्थ है। किंतु यह अनुषंग स्वतंत्र हो जाने पर संस्कृति का उपसर्ग यहाँ बाधक बन जाता है। मूल्य-साधना ही संस्कृति का मूल रूप है, जबकि भौतिक विकास ही सभ्यता का मूल रूप है। मानव जीवन के दोनों पक्ष ऐतिहासिक सामाजिक यथार्थ में न्यूनाधिक रूप से जुड़े रहते हैं।

ऊपर कहा गया है कि संस्कृति मानव स्वभाव का सुधार है, कि वह आदर्शों अथवा मूल्यों की साधना है, कि वह स्वरूपतः अतिवैयक्तिक, अतिजातीय है; कि लौकिक-धार्मिक संस्कृतियों में कोई मौलिक भेद नहीं किया जा सकता; कि सांस्कृतिक साधना और भौतिक विकास दोनों सामाजिक जीवन के दो आयामों के रूप में जुड़े रहते हैं। संस्कृति के विषय में इन पाँच स्थापनाओं का गहराई से विचार करना आवश्यक है। इनमें पहली स्थापना संस्कृति विषयक उस भौतिकवादी पक्ष का विरोध करती है, जो संस्कृति को सभ्यता का एक परतंत्र अनुषंग मानती है। दूसरी स्थापना संस्कृति को सरोकारों के अनुधावन से अलग करती है और आदर्शों, मूल्यों को स्वरूपतः साध्य विषय प्रतिपादित करती है।

तीसरी स्थापना संस्कृति को वैयक्तिक-जातीय उपलब्धि से अलग करती हुई यह प्रतिपादित करती है कि संस्कृति किसी मनुष्य जाति की नहीं होती है, संस्कृति और धर्म के आत्यंतिक विभाग को स्वीकार नहीं करती। जहाँ मनुष्य नैसर्गिक प्रवृत्तियों से ऊपर उठकर अपनी सामाजिक पहचान और शारीरिक अभिमान छोड़कर असंग और निरंजन रूप से रहता है, वहीं संस्कृति के बीच में धर्म चरितार्थ होता है, जैसे शिलाओं के बीच में झरना। पाँचवीं स्थापना इस ओर इंगित करती है कि यद्यपि मूल्य-साधना का स्वरूप भौतिक विकास पर निर्भर नहीं करता, उसका अस्तित्व बाहरी रूप से भौतिक विकास पर निर्भर करता है। दूसरी ओर भौतिक विकास की आंतरिक ऊर्जा अंततः उसकी सांस्कृतिक जीवनी शक्ति पर निर्भर करती है। इससे यह भी एक निष्कर्ष निकलता है कि साधना और विकास में भेद के कारण संस्कृतियाँ और सभ्यताएँ अनेक प्रकार की होती हैं। उनकी पहचान भी अलग-अलग होती है, किंतु वे एक परिवर्तन प्रवाह के अंतर्गत होने के कारण न अंतिम

रूप से परिभाषित हो सकती हैं, न उनका ऐतिहासिक जीवन ही अमर हो सकता है।

न संस्कृति कोई भौतिक वस्तु है; न समाज; न इतिहास प्रदत्त। किसी विशिष्ट मानव समुदाय की सांस्कृतिक विशेषता उसके प्राणिक भौतिक रूप से अथवा व्यावहारिक संबंधों की रचना से निर्गलित होती है। वस्तुतः मानव समाज की रचना के सूत्र भी जिस विधि-विधान में संगृहीत होते हैं, उसका आधार मूल्य-चेतना ही होती है। मूल्य-चेतना निरपेक्षविधि यांत्रिक और अमानवीय होगी। इस मूल्य-चेतना में ही संस्कृति का उत्स है। इस तरह संस्कृति अपने मूल रूप में ऐसी चेतना है, जो अनित्य व्यक्ति-सत्ता और ऐतिहासिक-सामाजिक सत्ता का अतिक्रमण करती है, किंतु जिसकी अभिदृष्टि से सामाजिक और व्यक्तिगत जीवन मूल्यवान होते हैं। रचनानुभूति और अंतरंग साधना से उच्छलित हो संस्कृति एक संदेश के रूप में प्रवाहित होती है। सुकरात और ईसा मसीह का बलिदान, बुद्ध का धर्मचक्र-प्रवर्तन और शेक्सपीयर के नाटकों का मंचन, ताजमहल का निर्माण, गांधी का सत्याग्रह इस प्रकार की असंख्य छोटी-बड़ी घटनाओं में संस्कृति की धारा स्थूल कर्मजगत् की इतिहास-धारा को तरंगित करती दिखाई देती है।

नवजागरण और स्वाधीनता आंदोलन के युगों में जो नई धारणाएँ विकसित हुईं, उनमें तीन विशेष रूप से उल्लेखनीय हैं। इनमें सर्वप्रथम तो यह है कि अपनी विविधता को समेटे भारत एक उपमहाद्वीप राष्ट्र है और जिसे राष्ट्रीयता के सिद्धांत के अनुसार राजनीतिक रूप से स्वतंत्र होना चाहिए। इस लक्ष्य की सिद्धि के लिए सभी प्रदेशों और समुदायों को एकजुट होकर विदेशी शासन के विरुद्ध संघर्ष करना चाहिए। इस राष्ट्रीयता की निष्ठा के साथ यह विश्वास भी जुड़ा हुआ था कि उसका आधार भारत की चिरंतन और गौरवपूर्ण संस्कृति है। भारत की एक राष्ट्र के रूप में अवधारणा और भारतीय इतिहास की एक अटूट सांस्कृतिक विकास के रूप में अवधारणा, इन दोनों का साथ-साथ मिले-जुले रूप से विकास हुआ। जो तीसरी धारणा इस युग में विकसित हुई, उसमें जिस सामाजिक विधान की कल्पना की गई थी और जिस कल्पना ने नाना जनों, जातियों और जनपदों को एक अखिल भारतीय सामाजिक व्यवस्था के सूत्र में गूँथ दिया था, उसमें क्रमशः अनेक कुरीतियाँ और विसंगतियाँ पैदा हो गई थीं। इन कुरीतियों के सुधार का स्वर अनेक मनीषियों ने समय-समय पर जोरदार ढंग से व्यक्त किया था और ऐसा ही 19वीं शताब्दी में नई चुनौतियों के संदर्भ में किया गया। इस सुधार की चेतना का आधार किसी सामाजिक उपयोगितावाद में या किसी अन्य समाज के अनुकरण में नहीं था, बल्कि

आध्यात्मिक साधना से विधान की विसंगतियों को लक्षित करने में था। बाहरी चुनौती एक निमित्त मात्र थी। मनीषियों ने इस बात को स्पष्ट रूप से प्रतिपादित किया कि हिंदू धर्म के नाना रूप और अवांतरभेद उसकी मौलिक एकता को नष्ट करने के स्थान पर पुष्ट करते हैं। हिंदू धर्म एक उदार समन्वय है, जिसमें सभी भेद एक विराट् अभेद से जुड़े हुए हैं। भगवान् श्रीकृष्ण ने जब कहा—मयि सर्वमिदं प्रोक्तं सूत्रे मणिगणा इव॥ गीता, 7।7॥ तो उन्होंने मानो हिंदू धर्म का स्वरूप प्रकट किया था।

भारतीय राष्ट्रीयता, भारतीय संस्कृति और हिंदू धर्म, इन तीन धारणाओं का ज्वलंत प्रेरणाओं के रूप में इस युग में विकास हुआ। इनके साथ ही यह धारणा भी विकसित हुई कि भारत की राष्ट्रीयता और सत्ता जनतंत्रात्मक होनी चाहिए। अंग्रेजी राजनीतिक उदारवाद की परंपरा भारतीय विचारकों और नेताओं को पूर्णतया स्वीकृत थी।

व्यक्तिगत स्वतंत्रता, जनसम्मत राज्यसत्ता और संवैधानिक एवं कानूनी मर्यादाओं के अंदर राज्यसत्ता का कार्य सिद्धांत सामान्यतः स्वीकृत था। राज्यसत्ता की धर्मनिरपेक्षता भी सबको स्वीकार थी। इसी कारण इस भारतीय राष्ट्रीयता को हिंदू धर्म से सीमित या संकुचित नहीं माना जा सकता।

राष्ट्रीय चेतना की इन तीन धाराओं के विरोध में प्रतिकूल धाराएँ भी स्वाभाविक द्वंद्वात्मकता के कारण आविर्भूत हुईं। अखंड भारतीय राष्ट्रीयता के विरोध में मुसलिम समुदाय के कुछ नेताओं ने एक पृथक् मुसलिम राष्ट्रीयता का वाद घोषित किया। उनकी दृष्टि यह थी कि आदर्श रूप से मुसलिम एक पृथक् राजनीतिक इकाई रूप में स्वतंत्रता प्राप्त नहीं कर सकते, अतएव भारत का धर्म के अनुसार विभाजन होना चाहिए और मुसलिम बहुल प्रदेशों में एक स्वतंत्र मुसलिम राष्ट्र की स्थापना होनी चाहिए। इस राष्ट्र की आख्या पाकिस्तान के रूप में निश्चित हुई।

भारतीय राष्ट्रीयता, उदारवादी जनतंत्र और हिंदू धार्मिक चेतना, इन तीनों का ही विरोध साम्यवादी विचारकों ने भी किया। उनके अनुसार भारत अनेक प्रदेशों, जनसमुदायों और वर्गों का अंतःसंघर्षपूर्ण समाहार मात्र है, जैसे बहुत से चिथड़ों की कथरी बनती है, वैसे ही बेमेल भारत की राष्ट्रीयता है। इसका कोई स्थायी वास्तविक या मौलिक आधार नहीं है, जैसा सोवियत यूनियन में स्थापित किया गया था। राजनीति का आधार सामाजिक सरोकार होते हैं और सही राजनीति का आधार सार्वभौम साम्यवाद ही है। संस्कृति भाषा-कला-नृत्य-गीत आदि आंचलिक और

औपचारिक प्रचलन के अंतर्गत सतही विशेषताओं का नाम है। धर्म तो जनता के लिए अफीम के समान है। उदारवादी जनतंत्र सिर्फ पूँजीवादी जनतंत्र है।

अनेक अंग्रेजी शिक्षित हिंदुओं ने, अनेक विदेशी समीक्षकों ने, ईसाई प्रचारकों ने और अनेक आधुनिक इतिहासकारों और समाज वैज्ञानिकों ने भारतीय संस्कृति को एक विसंगत और कालात्यस्त इतिहास के अतिरिक्त और कुछ नहीं पाया। उन्हें हिंदू धर्म बहुदेववाद, मूर्तिपूजा, कर्मकांड, मंत्र-तंत्र, जात-पाँत और अंधविश्वास का एक असंगत ढाँचा प्रतीत होता है। भारतीय संस्कृति न सिर्फ पिछड़ी हुई है, प्रत्युत् आधुनिक युग में बाधा प्रतीत होती है। इन लोगों में पाश्चात्य औपनिवेशिक मनोवृत्ति ही एक प्रच्छन्न रूप से पाई जाती है। भारत की एक राष्ट्र के रूप में कल्पना को अनेक दिशाओं से संदेह के बादल घेरे हुए हैं। पश्चिम के भक्त, कुछ हिंदू बुद्धिजीवी और वामपंथी विचारधारा के अनुयायी हिंदू धर्म को एक राष्ट्रविरोधी सांप्रदायिकता घोषित करते हैं। अनेक राजनीतिक दलों के नेता भारतीय संस्कृति को वर्तमान राजनीति के अनुरूप अनेक समुदायों के समझौतों से बनी हुई एक जोड़-तोड़ की संस्कृति मानते हैं, जिसे प्रायः कंपोजिट कल्चर या सामाजिक संस्कृति कहा जाता है।

स्वाधीनता की प्राप्ति के पश्चात् स्वदेश-भक्त, जो आशा करते थे कि भारत की पुरानी कीर्ति फिर से उजागर होगी और भारत विश्व में एक महान् शक्ति के रूप में उभरेगा, उन्हें कितनी निराशा हुई है। यह स्वाधीनता के पचास वर्ष के बाद कहना कठिन है और इसमें कोई संदेह नहीं है कि यद्यपि इस समय भारतीय जनतंत्र ने अपनी स्थायित्वता और दृढ़मूलता सिद्ध कर दी है, तथापि भारतीय राष्ट्रीय भावना गहरे आत्म-अविश्वास में डूबी हुई है।

फलतः ऐसा प्रतीत होता है कि स्वाधीनता के पूर्व जो मुख्य धाराओं के विरोध में प्रतिकूल धाराएँ उपजी थीं, वे इस समय प्रधान बन गई हैं या प्रधानता का दावा कर रही हैं। क्या इन्हीं के द्वारा समसामयिक भारतीय संस्कृति की पहचान बनती है। भारतीय संस्कृति के विषय में एक विचारधारा भारतीय संस्कृति की उस अवधारणा का विरोध करती है, जो उसे नितांत मौलिक, अखंड और सनातन मानती है। यह उस धारणा का भी विरोध करती है, जिसके अनुसार भारत में संस्कृति की मुख्यधारा प्राचीन काल से प्रवाहित हो रही है और जिसमें अनेक अवांतर धाराओं ने प्रवेश किया है। कंपोजिट कल्चर के मतवाद के अनुसार न तो भारत की प्राचीन संस्कृति को भारतीय संस्कृति कहा जा सकता है और न वह प्राचीन संस्कृति ही

एक या अखंड थी। सामी और साम्यवादी कट्टरता के बीच खुली बहस की प्राचीन परंपरा की वह स्थिति है, जैसी 'जिमि दातन मंह जीभि बिचारी', किंतु इस तथ्य से उल्लिखित पुस्तक के रचयिता पर्याप्त नहीं लगते। यद्यपि आचार्य क्षितिमोहन सेन के दौहित्र हैं। भारत की कंपोजिट कल्चर संस्कृति की वह परंपरा है, जिसमें भारतीय मुसलिम समुदाय की निस्संकोच साझेदारी है और जो अपने को आधुनिकता के प्रतिदर्श के अनुसार ढाल रही है। इस तरह से यदि सामासिक संस्कृति की व्याख्या की जाए, तो वह ऐतिहासिक और परंपरा वास्तविकता के विरुद्ध होने के कारण एकांगी आग्रहमात्र सिद्ध होता है। उसके खंडन के लिए विशेष युक्ति की आवश्यकता नहीं है। जो भारतीय संस्कृति इस समय जीवंत है, उसका इतिहास और परंपरा हजारों सालों से चली आ रही है। भीमबैठका और मोहनजोदड़ो, वेद और वेदांत से लेकर अशोक और अकबर, गांधी और नेहरू तक भारतीय संस्कृति की दीर्घ परंपरा फैली हुई है। यह कहना कि इस परंपरा का निर्माण भारत में इसलाम के आने के बाद हुआ अथवा यह कि इसका वही रूप मान्य है, जो मध्यकाल में हिंदू और मुसलिम समुदायों के सहयोग से उभरा, स्पष्ट ही एकांगी होगा। किसी भी चिरंतन महाद्वीपीय संस्कृति और सभ्यता से नाना ऐतिहासिक भेद और अवस्थाएँ अभेद के सूत्रों से जुड़ी हुई रहती हैं। उसके प्रत्येक अंश समान रूप से जुड़े हुए नहीं रहते। उस सभ्यता के कौन से तत्त्व उसके माने जाने चाहिए, इसके विषय में यह मानने में आपत्ति नहीं होनी चाहिए कि जिन सांस्कृतिक उपलब्धियों को कर्तव्य होंगे ही। जिन अन्य तत्त्वों का उसके बहुसंख्यक अथवा स्वायी रूप से स्वीकार होता है, वे भी उसके विश्लेषण बन जाते हैं। इन कसौटियों से भी यह सिद्ध होगा कि भारतीय संस्कृति, भारत की पुरानी अविच्छिन्न परंपरा ही है, जो अपनी जीवंतता के कारण नए रूपों का सृजन करती है, नए प्रभावों को आत्मसात् करती है और नई चुनौतियों का सामना करती है।

इस महासंस्कृति में अनेक भारतीय मूल के धर्म और उनके सांस्कृतिक तत्त्वों एवं अन्य अभारतीय मूल के तत्त्व और उनके सांस्कृतिक तत्त्व, धर्मनिरपेक्ष संस्कृति तत्त्व, सब धर्मों और धार्मिक संस्कृतियों के स्वीकृतमान–मूल्य और धर्मनिरपेक्ष सभ्यता के इन सभी तत्त्वों का अंतर्भाग है। स्पष्ट ही भारतीय संस्कृति के सब पक्ष, सब भारतीय समुदायों के द्वारा समान रूप से स्वीकृत नहीं होते। प्रत्येक की अन्य सबके प्रति सहनशीलता उनके सहअस्तित्व की अनिवार्य शर्त है। किंतु यह सहनशीलता, सक्रिय सहभागिता अथवा सहानुभूति का स्तर हो, यह

आवश्यक नहीं, यद्यपि आदर्शतः अभीष्ट है। उदाहरण के लिए, जो धर्म-संप्रदाय मूर्तिपूजा में विश्वास नहीं करते, उन्हें सहअस्तित्व का मूर्तिभंजक नहीं होना चाहिए, न संप्रदाय भेद होने पर पूजास्थलों को ही भंग होना चाहिए। खानपान के निषेधों का औरों पर बलपूर्वक आरोप नहीं होना चाहिए। अपनी आस्थाओं और रीति-रिवाजों के अंदर रहते हुए औरों की भिन्न आस्थाओं और रीति-रिवाजों की निस्संकोच सहनशीलता के द्वारा ही यह धर्मभेदपूर्वक सँजोई हुई संस्कृति की इमारत बनी रह सकती है। यह कहने में मुझे संतोष होता है कि भारत ही ऐसा सांस्कृतिक क्षेत्र है, जहाँ नाना धर्मों, जातियों, संस्कृतियों का इस प्रकार का सहअस्तित्व है। मुसलिम और ईसाई सभ्यताओं के क्षेत्र में विधर्मी समुदाय नगण्य अथवा संकटापन्न स्थिति में पाए जाते हैं।

इसलाम की धार्मिक चुनौती और मध्य एशियाई आक्रमणकारियों की राजनीतिक-सामरिक चुनौती का सामना करने के प्रयास में मध्यकालीन भारतीय सभ्यता का जो रूप मध्यकाल में प्रकाशित हुआ, उसी के पक्ष को कुछ लोग वस्तुतः कंपोजिट कल्चर या सामासिक संस्कृति कहना चाहते हैं। यह सामासिक संस्कृति भारतीय सभ्यता का ही एक अंग थी, उसका सर्वांग नहीं। इस एकांगी कंपोजिट कल्चर की स्थापना के पक्ष में जो युक्तियाँ दी जाती हैं, वे इस प्रकार हैं—

भारत में प्राचीन काल से अनेक जातियों का आव्रजन और आवास होता रहा है। प्रागैतिहासिक युग से ही निषाद और किरात प्रजातियाँ भारत में रही हैं। सिंधु घाटी की सभ्यता आर्येतरीय, संभवतः द्रविड़ सभ्यता थी। इस मत से आर्य जाति भारत में मध्य एशिया अथवा यूरोप से आई। कालक्रम से ईरानी, यूनानी, शक, हूण, अरब, तुर्क, अफगान आदि जातियों ने भारत पर आक्रमण किए और यहाँ आकर बस गए। इनके साथ इसलाम, ईसाइयत, यहूदी और पारसी धर्म भी भारत में आकर उसकी पुरानी धार्मिक विविधता को और अधिक विविध बनाते रहे हैं। इन सभी जातीय-धार्मिक और भाषायी समुदायों ने भारतीय संस्कृति में अपना-अपना अनुदान जोड़ा है। आधुनिक युग में पश्चिमी विजेताओं ने इस विविधता को और बढ़ाया है। इस अनेक जातीयता, अनेक धर्मिता से भारतीय संस्कृति को एक बहुआयामी मिला-जुला रूप प्राप्त हुआ है। इसे कोई एक शुद्ध असंकीर्ण संस्कृति नहीं समझना चाहिए।

इस प्रसंग में सबसे महत्त्वपूर्ण बात यह है कि भारतीय संस्कृति में मुसलिम

समुदाय का योग अत्यंत महत्त्वपूर्ण रहा है। खानपान-वेशभूषा के तौर-तरीके के अतिरिक्त सभी भारतीय भाषाओं पर फारसी का और अरबी और कुछ दूर तक तुर्की का प्रभाव भी पड़ा है। हलवा अरबी है, हवा तुर्की है। उर्दू भाषा और साहित्य इस प्रभाव का सबसे बड़ा ज्वलंत उदाहरण है। धर्म के क्षेत्र में इसलाम स्वयं करोड़ों हिंदुस्तानियों का धर्म है। सूफियों की भक्ति-साहित्य और संगीत से निकटता है। हिंदुस्तानी संगीत उतना ही मुसलिम है, जितना हिंदू। मध्यकालीन चित्रकला और वास्तुकला के उत्कृष्ट उदाहरणों पर मुसलिम परंपराओं का प्रभाव है। आर्थिक जीवन में कारीगरी और व्यापार के बहुत से क्षेत्र मुसलमानों के हाथों में रहे हैं। प्रशासन और सैन्यविज्ञान में मुसलिम प्रभाव मध्यकाल में सर्वातिशायी रहा है, जैसे कि यूरोपियंस के आधुनिक काल में।

यदि प्राचीन भारतीय संस्कृति आर्य-द्रविड़, किरात और निषाद जातियों के अलग-अलग सूत्रों को जोड़कर बनी और उस पर ईरानियों और यूनानियों का महत्त्वपूर्ण प्रभाव पड़ा तथा उसका धार्मिक जीवन हिंदू, बौद्ध और जैन धाराओं में विभक्त था, तो मध्यकाल में उसमें इसलाम का महत्त्वपूर्ण संपुट जुड़ा है, जिससे वह मिली-जुली भारतीय संस्कृति बन गई। आधुनिक युग में पश्चिमी संस्कृति ने प्रायः सभी पुराने तत्त्वों को परास्त कर दिया है। सारी वर्तमान शिक्षा, ज्ञान-विज्ञान और विचारधारा इस समय पश्चिम के ही प्रभाव के अंदर है। राजनीतिक व्यवस्था और आर्थिक व्यवस्था भी एक प्रकार से पश्चिमी है। भारत की राजभाषा ही अंग्रेजी है। उच्चशिक्षित विचारशील भारतीय संस्कृति अब सिर्फ एक ऐसे ऐतिहासिक विषय का अध्ययन है, जिसे समाजविज्ञान के अनुसार ढालने की जरूरत है।

इस प्रकार भारतीय संस्कृति को कंपोजिट कल्चर कहने का अर्थ यह है कि आरंभ से ही उसे विभिन्न जातीय, धार्मिक और सांस्कृतिक समुदायों ने बनाया है। उसका कोई अपना मौलिक और स्थायी रूप नहीं है। वह एक ऐसी रचना है, जो युग-युग से अलग-अलग आगंतुकों के द्वारा अपने-अपने ढंग से बनाई जाती रही है। इस निरंतर रूपांतरण से उसकी उपयोगिता न्यूनाधिक रूप में बनी रहती है, जैसे किसी उपादेय भौतिक साधन या विधि-विधान की।

यह मत एक अधूरा सत्य है, जो अपनी अतिरंजना के कारण भ्रांति को जन्म देता है और अपनी छिपी राजनीतिक ध्वनि के कारण दुर्भाग्यपूर्ण है। इसमें कोई संदेह नहीं है कि किसी भी संस्कृति को बनानेवाले किसी एक जाति के हों। यदि जाति का अर्थ प्रजाति लिया जाए, तब तो संस्कृति को प्रजातीय मानना सर्वथा भ्रांत

होगा, क्योंकि संस्कृति की परंपरा शिक्षा से प्राप्त होती है। न कि वैदिक, जैविक बीज संस्कारों से। कोई व्यक्ति जन्म से संस्कृति संपन्न नहीं होता। कुछ प्रजातीय समुदायों में अपनी एक प्रकार की विशेष संस्कृति लक्षित होती है, किंतु उसका कारण प्रजाति नहीं। जो तत्त्व प्रजाति के सबसे निकट माना जाता है, वह भाषा तत्त्व है, किंतु भाषा भी शिक्षा से ही प्राप्त होती है, उसके दायरे और किसी प्रजाति के दायरे में कोई आवश्यक संबंध नहीं। वस्तुतः प्रजाति की अवधारणा ही दुर्बोध है और कम-से-कम यह निश्चित है कि कोई अपमिश्रित प्रजातियाँ नहीं हैं।

अतएव यह निर्विवाद है कि भारतीय संस्कृति किसी एक प्रजाति या एक जाति की रचना नहीं है। अवश्य ही नाना जातियों ने भारतीय संस्कृति के निर्माण में योगदान दिया है, किंतु इसका यह अर्थ नहीं है कि उसकी अपनी कोई मौलिकता या आपेक्षिक रूप से स्थायी स्वरूप नहीं है। वस्तुतः इस तर्क-वितर्क में संस्कृति का स्वरूप ही ठीक नहीं समझा गया है। संस्कृति किसी जाति, जनसमुदाय या देश की तात्कालिक भौतिक जीवन-विधा न होकर उसकी मूलभूत जीवन-दृष्टि है। यह ऐतिहासिक, सामाजिक तथ्यों से परिभाषित न होकर न्यूनाधिक रूप में उनसे मात्र संकेतित होती है। किसी जनता के रीति-रिवाज, भौतिक संसाधन या सामाजिक संगठन, उसकी सभ्यता को प्रदर्शित करते हैं। इस बाहरी कलेवर के पीछे एक ओर उस जनता का सोच-विचार, ज्ञान-विज्ञान रहता है, दूसरी ओर संगठित सरोकार और उनको पूरा करने की प्रेरणाएँ। यह पूरी रचना सभ्यता कही जा सकती है, किंतु इसके पीछे एक प्रकार के सामाजिक चेतना के स्तर पर क्रियाशील विवेक रहता है। मूल्य-विवेक को चरितार्थ करने के लिए अनेक दिशाओं और आयामों में मूल्य-साधना रहती है, यह अंतर्विवेक और अंत:साधना ही जीवन दृष्टि को परिभाषित करते हैं, जो संस्कृति का मूल रूप है।

यह विवेक और साधना का स्तर आचार और विधि एवं तत्त्व ज्ञान की पृष्ठभूमि बनती है। विधि और ज्ञान की सुरक्षा और आदर्श जीवन की संभावना के लिए सभ्यता के विकास की अन्य नैसर्गिक प्रेरणाओं से एकाकार हो जाते हैं। इस प्रकार संस्कृति सभ्यता का अंतरंग और आध्यात्मिक पक्ष सिद्ध होती है।

ज्ञान किसी का नहीं होता है, वह निर्वैयक्तिक और अतिजातीय होता है। इसलिए ज्ञानात्मक संस्कृति स्वरूपतः सार्वभौम होती है। जो उस संस्कृति का वरण करता है, उसका प्रतिभागी होता है, उसके साधन के द्वारा उसे चरितार्थ करने में अपना होम करता है, वही व्यक्ति या समुदाय उस संस्कृति को अपनी पहचान कह

सकता है। जो समुदाय यह मान लेता है कि उसने विवेक आत्मसात् कर लिया है और उसका सांस्कृतिक जन्म हो चुका है, वह एक भयंकर व्यामोह में पड़ा हुआ है। मूल्यांगवेषी सदा साधक ही रहता है। यह अनंत साधनात्मक संस्कृति मनुष्य मात्र में विवेक के रूप में रहती है। इस बीज का पोषण-परिवर्धन भी सांस्कृतिक जीवन है, जिसमें पारस्परिक संवाद, सहयोग और सह-अस्तित्व संभव है, किंतु जिसमें किसी प्रकार के जातीय विभाजन या संघर्ष का अवकाश नहीं है। सा प्रथमा संस्कृति विश्ववारा, यह मूल संस्कृति ही सनातन धर्म, सद्विद्या या पराविद्या है, यही ऋत चित् है। इसे ही 'फिलोशोफिया पेरेनिस' कहा जाता है। इन सभी नामों में पृथक् ध्वनियाँ होते हुए भी उनका चरम लक्ष्य एक ही है। यही संस्कृति सब परंपराओं में कहीं-न-कहीं अंतर्निहित, समादृत या उपेक्षित मिलती है।

□

समकालीन कविता

—अशोक वाजपेयी

विद्यानिवासजी से मेरा परिचय इस सदी से आधी सदी का हो जाता है। मैंने 1957 ई. में सागर से 'संवेद' नाम की एक पत्रिका निकाली थी, उसमें उनसे एक ललित निबंध मँगाया था, तब से उनसे मेरा अच्छा परिचय था। उनमें पांडित्य, रसिकता और उदारता का अद्‌भुत सम्मिश्रण था। प्राय: रसिक लोग अपने बारे में तो उदार होते हैं, लेकिन दूसरों के प्रति उनमें उदारता कम ही रहती है, लेकिन विद्यानिवास मिश्र दूसरे लोगों के प्रति भी बहुत उदार थे। दूसरों की मदद करने में वे कभी नहीं चूकते। कई बार वे गलत लोगों की भी मदद कर देते थे। मैं समझता हूँ कि वे परंपरा में इतने गृहस्थ थे कि वे आधुनिकता के प्रति संकोचशील नहीं रह पाए। वे चीजों को लंबे वितान में देखते थे। वे परंपरा में गहरे डूबे थे, इसलिए उन्हें आधुनिकता से डर नहीं लगता था। हमारे यहाँ ऐसी आधुनिकता विकसित हुई है, जिसका कई बार आधुनिकता से कुछ लेना-देना नहीं होता। पश्चिम में भी आधुनिकता का अनिवार्य संदर्भ परंपरा है, जिसको लेकर हम हमेशा दिग्भ्रमित रहते हैं। परंपरा से संवाद, परंपरा से नोक-झोंक, परंपरा से द्वंद्व और संघर्ष होता रहता है। इसी से आधुनिकता पैदा होती है।

ऐसे लोग जो पंडित होते हैं, जिनके पास परंपरा का इतना वितान होता है, उनकी समकालीनता में कोई खास रुचि नहीं होती, वो इतना लंबा देखते हैं कि उनको लगता है कि ये सब आज का मामला है। विद्यानिवासजी में ऐसा नहीं था। समकालीनता में उनकी गहरी रुचि थी। ऐसे तमाम लेखक हैं, जिनकी रचनाएँ उन्होंने पहली बार छापी होंगी या उनसे मँगाकर छापते थे। हमीं लोगों को उलाहना देते थे। 'साहित्य अमृत' को लेकर हम लोगों में थोड़ा मतभेद था तो कहते थे—मैंने

माना कि अच्छी नहीं निकलती है, पर तुम उसमें अपनी अच्छी कविता तो भेज सकते हो।

इस तरह उनकी समकालीनता में गहरी रुचि थी और मुझे लगता है कि पश्चिम से अनातंकित एक निर्भय व्यक्ति वे थे। हम पर पश्चिम का बड़ा भारी आतंक पिछले सौ-डेढ़ सौ वर्ष से है। ऐसे बहुत कम लोग हुए, जिन्होंने पश्चिम की ओर पीठ नहीं पलटी थी, पश्चिम से एक तरह की समकक्षता का संवाद स्थापित करने की हिम्मत की थी, जो कि बहुत कम होता गया है। उनमें एक अज्ञेय हैं, जिनसे उनका गहरा संबंध था। दूसरे थे हजारीप्रसाद द्विवेदी और तीसरे थे विद्यानिवास मिश्र। इसलिए उनकी स्मृति में समकालीनता पर बोलने में कम-से-कम मुझे कोई हिचक नहीं है। हिचक है तो मेरी पात्रता के बारे में है, लेकिन विषय के बारे में कोई हिचक मुझे नहीं है। जैसा कि मैं तीन व्याख्यानों में स्पष्ट करनेवाला हूँ।

पहला व्याख्यान हिंदी कविता पर है, दूसरा भारतीय कविता पर और तीसरा विश्व कविता पर है। हमारे यहाँ संगीत में शुरू में कुछ मुखड़े होते हैं। उसी तरह मैंने शुरू में तीन छोटे-छोटे अंश चुने हैं। मैं हर व्याख्यान के अंत में कुछ दूसरों की चुनी कविताएँ सुनाऊँगा। जो उन दृश्यों की सूचना देंगी, जिनकी मैंने स्थापनाएँ की हैं। कविता को जीवंत एवं सटीक बनाने के लिए एक कवि ने लिखा है—

कविता के पहले जीवन को बचाया जाना चाहिए
जीवन लगातार खतरे में है
हम हत्यारों के समाज में रहते हैं।
यहाँ कविता के बारे में बात करना खतरनाक है।

—स्वप्निल श्रीवास्तव

मनमानी की दुकानें चलाते
गैरजरूरी चीजों और विचारों से भरते जाते
सब एक-दूसरे की आवाज दबाते
अपनी-अपनी आवाज कहाँ उठा पाते?

—ध्रुव शुक्ल

कुल मिलाकर ये अच्छा-खासा हिंसात्मक युग था
जब कविता के अलावा लगभग हर जगह थी कविता।

—सत्यपाल सहगल

ये तीन कवि हैं, जो स्वयं अपनी समकालीन कविता का आकलन अपनी कविताओं में ही कर रहे हैं। अगर आप समकालीनता की अवधारणा पर विचार करें तो यह सिर्फ एक स्थिति नहीं है, बल्कि हमारे समय के प्रतिमान हैं। यानी अगर आप समकालीन नहीं हैं तो आप विचार के योग्य नहीं माने जाएँगे। इसलिए समकालीनता एक स्थिति नहीं है, प्रतिमान भी है, जो संभवत: हमारी परंपरा के लिए थोड़ा नया है। पहले देशकाल का विचार होता था कि अपने समय से आपका क्या संबंध है ? हमारे बड़े-बड़े कवियों ने शासकों को कभी महत्त्व नहीं दिया। यहीं कुछ दूरी पर सूरदासजी रहते थे और यहीं थोड़ी दूरी पर मुगल बादशाह की राजधानी थी, लेकिन सूरदासजी ने अपने हजारों पदों में बादशाह के होने का एतराज तक नहीं किया। तुलसीदास ने कहीं अकबर के होने का उल्लेख तक नहीं किया। यह एक तरह का संबंध होता है, जिसे आप बनाते हैं। लेकिन अब वो संबंध बदल चुका है। समकालीनता पर जो आग्रह है, वह अब प्रतिमान बन गया है।

दूसरा यह है कि समकालीनता का द्वंद्व पुरानी परंपरा से तो है ही, पर जो बिल्कुल ताजी परंपरा है, उससे भी है। हिंदी में बहुत सारी ऐसी कविता लिखी जा रही हैं, जो पुरानी कविता तो छोड़िए, भक्तिकाल, रीतिकाल छोड़िए, मैथिलीशरण गुप्त, माखनलाल चतुर्वेदी की कविता छोड़िए, उन्होंने निराला, पंत और प्रसाद, जो हमारे छायावाद के शिखर कवि माने जाते हैं, उनसे भी कोई संवाद नहीं है। कविता की जो लंबी परंपरा है, उसको छोड़िए, जो छोटी परंपरा, जो बीसवीं शताब्दी की ही परंपरा है, उससे भी इस कविता के अधिकांश का संवाद या परिचय बहुत शिथिल है।

अब एक काम आधुनिकता का या किसी कवि का यह होता है कि वह पारंपरिक आश्रयों, पारंपरिक छवियों, प्रतीकों इत्यादि का अपने समय के लिए पुनराविष्कार करे। फिर से उसको कोई नई आभा दे, नई चमक दे, कोई अर्थाभास उसमें रोपे। ये काम पारंपरिक विषयों और उसको लेकर हमारे समय में कम-से-कम हो गया है। निराला आज से कुल 50-60 वर्ष पहले एक ऐसी कविता लिख सकते थे, जिसमें 18 पंक्तियाँ समस्त पद हैं, जिसमें संस्कृति की पूरी परंपरा को एक बार फिर से खड़ी बोली में पुन: जीवित करने की चेष्टा की जा रही है। अज्ञेय, मुक्तिबोध एवं शमशेर ऐसी कविता लिख सकते थे, जिससे आपको पुरानी कोई कविता, पुराने किसी आशय की याद आए। अब कविता पढ़ने से ऐसी याद नहीं आती। चूँकि कविता को पढ़ने का हमारा ढंग बदल गया है, हम इतने जतन और

ध्यान से पढ़ते भी नहीं हैं, इसलिए जिनके यहाँ आती है, उनके यहाँ भी हमको सुनाई नहीं देती, क्योंकि हमारे कान अब उसके अभ्यस्त नहीं रहे। फिर एक और चीज इस बीच हुई है, जिसे हमारे मित्र रमेशचंद्र शाह परिचय का अवधारणात्मक वशीकरण कहते हैं। 19वीं सदी के अंत की आप कल्पना करें तो शायद भारत में ऐसा माननेवाले बहुत कम रहे होंगे। ये 19वीं सदी का अंत हो रहा है, उनको पता ही नहीं रहा होगा। अधिकांश के लिए ये 19वीं शताब्दी है, अगर है भी तो उनके लिए पंचांग के हिसाब से है। हमारे यहाँ तो कई पंचांग चलते हैं। हम तो पंचांगों में कई समयों में एक साथ रहनेवाले लोग हैं। 19वीं सदी में यह बोध नहीं था, पर 20वीं शताब्दी के अंत तक सिर्फ इस पंचांग में, बल्कि इसमें जो अंतर्भूत समय-बोध है, उसका वर्चस्व स्थापित हो गया था। जैसे पश्चिम ही दुनिया का केंद्र है और बीसवीं शताब्दी के आरंभ में कम-से-कम ऐसे लोगों को आप याद कर सकते हैं, जिनमें गांधीजी प्रमुख हैं, रवींद्रनाथ ठाकुर हैं, श्री अरविंद घोष हैं, जिन्होंने पश्चिम के वर्चस्व को अवधारणात्मक, सर्जनात्मक एवं बौद्धिक स्तर पर चुनौती देने का साहस किया।

वेद चार हैं। उपनिषद् और पुराण भी बहुत हैं। देवता भी 33 करोड़ अगर हैं तो एक जमाने में जनसंख्या ही इतनी रही होगी, जितनी देव संख्या थी। इस बहुलता और इन तमाम कठिनाइयों के बावजूद हमारे यहाँ एक तरह की समकालीनता नहीं है, बल्कि कई समकालीनताएँ हैं। इसलिए वृंदावन की समकालीनता, आगरा की समकालीनता और दिल्ली की समकालीनता में बुनियादी तौर पर फर्क है। हालाँकि ये सब समकालीन हैं। जो समय बैतूल का समय है, वह भोपाल, दिल्ली एवं मुंबई का समय नहीं है। इनमें बुनियादी फर्क है। अब यह अलग बात है कि सारा बैतूल भोपाल होने पर उतारू है और पूरा-का-पूरा भोपाल दिल्ली में जज्ब हो जाने के लिए भाग रहा है। यह तो अलग प्रसंग है। अभी तो स्थिति यह है कि भौगोलिक, ऐतिहासिक और आर्थिक कारणों से ही अलग-अलग समकालीनताएँ हैं। अगर हिंदी कविता पर इस दृश्य को ध्यान में रखते हुए विचार करें, तो ऐसे बहुत सारे लोग मिलेंगे और कहेंगे कि साहब इस जमाने में अब छायावाद का जरा ध्यान कीजिए। छायावाद में 4,000 कवि रहे होंगे, लेकिन अंत में बचे चार। बहुत हुआ तो साढ़े चार, अगर रामकुमार वर्मा को भी आधा कवि मान लें तो। बाकी सब कहाँ गए? तो ये इतिहास का न्याय है। ये प्रतिभा की कसाईगीरी है, इससे कोई बच नहीं पाता। आप कितना ही हल्ला मचा लें, पर इस समय हिंदी में चार या पाँच पीढ़ियाँ लगातार सक्रिय हैं। हमारे यहाँ त्रिलोचनजी हैं, जो 90 वर्ष के निकट पहुँच गए हैं

और अभी भी बीच-बीच में उनकी कविता आ जाती है और कुँवर नारायण जैसे लोग 80 वर्ष पार हो गए हैं या होने जा रहे हैं। केदारनाथ सिंह दूसरे हैं, जो 70 के पार हो गए हैं। हम लोग 60 के पार हो गए हैं। इसके बाद 50 के पार, 40 के पार, फिर 30 के पार, 20 के पार। इतनी पीढ़ियाँ एक साथ समकालीनता में सक्रिय हैं। ये सब एक-दूसरे के समकालीन हैं और इन सब पर एक-दूसरे का अच्छा-बुरा प्रभाव पड़ता है, क्योंकि बहुत सारी कविता आजकल दूसरे कवियों को ध्यान में रखकर लिखी जाती हैं।

अब हम कविता को जाँचें। मैं अपना पूर्वग्रह आपको बताना चाहता हूँ कि मैं कैसे जाँचता हूँ। प्राय: लोग अपने पूर्वग्रह छिपाते हैं। मैंने तो एक पत्रिका ही निकाली थी, जिसका नाम ही था, 'पूर्वग्रह'। उसकी एक दिलचस्प कहानी है। भवानीप्रसाद मिश्र के एक कविता-संग्रह की हमारे मित्र रमेशचंद्र शाह ने 'नया प्रतीक' में समीक्षा की, जो उनको ठीक नहीं लगी। तब उन्होंने (भवानी प्रसाद मिश्र ने) मुझे एक पत्र लिखा कि वह समीक्षा, जो लिखी गई है, वह मन में पूर्वग्रह रखकर लिखी गई है और आलोचना चाहे नए की हो या पुराने की, बिना पूर्वग्रह की होनी चाहिए। तब मैंने उसका जवाब दिया। उस समय एक पत्रिका के लिए मुझे नाम चाहिए था। अत: जवाब देते-देते मुझे नाम भी सूझ गया। जवाब था—देखिए, पूर्वग्रहहीन मन तो संभवत: ब्रह्म या योगी का ही होता होगा, बाकी हम सब लोग मटमैले, आधे-अधूरे लोग हैं। हम लोगों के पूर्वग्रह तो होंगे ही। अगर कवि को छूट है कि वह अपने सारे पूर्वग्रहों के साथ कविता लिखे तो आलोचक को छूट क्यों नहीं है कि वह अपने सारे पूर्वग्रहों के साथ आलोचना लिखे!

सवाल यह है कि कवि के पूर्वग्रह और आलोचक के पूर्वग्रह जब टकराते हैं तो क्या होता है? यहाँ उसका एक तरह का अस्तित्वगत जो द्वंद्व है, उसे देखना चाहिए। बाकी पूर्वग्रह तो होंगे ही। मैं अपने पूर्वग्रह शुरू में ही आपको बता देना चाहता हूँ कि यह जो मेरा वक्तव्य है, वह भी पूर्वग्रह से ग्रसित वक्तव्य है। मैं कोई वस्तुपरक वक्तव्य आपको नहीं देने जा रहा हूँ, क्योंकि वस्तुपरकता मेरे हिसाब से साहित्य में असंभव आदर्श है। ऐसे में बहुत सारे असंभव आदर्शों का मैंने अनुसरण किया है, लेकिन इस असंभव आदर्श का अनुसरण करने का मेरा कोई इरादा नहीं।

पहला पूर्वग्रह है—किस कोटि की, किस गुण की कल्पना है। यह शब्द ही इस समय हिंदी कविता और आलोचना से बाहर हो चुका है। कोई यह नहीं पूछता कि यह किस तरह की कल्पना है। छायावादियों तक में यह शब्द था, थोड़ा उत्तर

छायावादियों तक चला। बाद में किस कोटि की कल्पना है, क्योंकि कल्पना को हम वाग्-विलास की वस्तु मानकर छोड़ चुके हैं। कारण यह है कि हम लोगों में यथार्थ का ऐसा भयानक आतंक है कि हम उसमें कल्पना की थोड़ी सी जगह को भी स्वीकार करना पसंद नहीं करते, जबकि यथार्थवादी यथार्थ भी यथार्थ की सिर्फ एक कोटि ही है। फिर भी हम जैसे पुराने लोग, जो बचे हैं, उनके लिए कल्पना का महत्त्व है कि कविता में किस तरह की कल्पना सक्रिय है।

दूसरा पूर्वग्रह यह है कि किस तरह का साहस है, जो कविता, भाषा, अनुभव और कल्पना की सरहदों को ठेलने, उनके पार जाने की हिम्मत या दुस्साहस करे। यह साहस कविता में किस तरह से प्रकट होता है। बिना इसके कविता ध्यान देने योग्य न बन पाएगी।

तीसरा पूर्वग्रह है कि कविता में किस तरह की जनपदीयता या स्थानीयता है। मेरे एक कविता-संग्रह का नाम है, 'कहीं नहीं वहीं'। कहीं नहीं, फिर भी वहीं। लेकिन कविता को कहीं-न-कहीं का होना चाहिए। यानी कविता का एक स्थान होता है, उसकी स्थानीयता होती है, चाहे आप क्लासिक महाकाव्य ही क्यों न लिख रहे हों। अंततः स्थानीयता के बोलने की जरूरत है। वह बोलेगी, तभी आपमें एक तरह की प्रामाणिकता आ पाएगी, वह किस कोटि की है, कहाँ है, कितनी है, कैसी है, गहरी या उथली है, यह स्पष्ट होगा।

चौथा पूर्वग्रह है, कौशल। कविता पत्तियों की तरह पेड़ पर अपने आप नहीं उगती और न ही घास के मैदान में। हरसिंगार के फूल की तरह झरी नहीं मिलती है, कविता बनानी पड़ती है और उसके लिए कौशल चाहिए। कौशल का मतलब है, भाषा में किसी तरह का शिल्प है और किस तरह का शब्द-विन्यास है। अज्ञेयजी की एक कविता है, जिसमें 'अत्यंतगता' शब्द उन्होंने इस्तेमाल किया था। द्वितीया के प्रति एक कविता है। जिसमें अत्यंतगता की कुछ पंक्तियाँ हैं। मुझे खयाल आया कि भवभूति ने 'उत्तररामचरितम्' में राम से कहलवाया है, जब वे सीता को याद करते हैं। 'सा अत्यंतगता।' अब 'अत्यंतगता' शब्द का प्रयोग इसके अतिरिक्त कहीं हुआ है, मुझे नहीं मालूम। कोई पंडित बता दे, वह अलग बात है। किंतु भवभूति के बाद अज्ञेय ने किया। यह कविता का अद्भुत गुण है कि किसी पुराने शब्द को नए संदर्भ में प्रयोग करे और उसको एक नई आभा दे, नया जीवन दे। यही कौशल है। यह आपको आता है कि नहीं आता है। फिर आपके पास कोई नजर यानी कि कोई दृष्टि है, उस दृष्टि से सहमत-असहमत हुआ जा सकता है। उससे झगड़ा

जा सकता है, लेकिन ज्यादातर कविता दृष्टिहीन होती है। वह दूसरों की दृष्टि से परिचालित होती है। बड़ा आदमी सोचता है कि वह आदमी साहित्यिक सत्ता में है। इसलिए उसकी अपनी दृष्टि कितनी भाव-प्रवण है, कितनी विचार-समृद्धि है। यह सब देखने की बात है कि कविता में किस तरह का संघर्ष व्यक्त होता है।

हमारे यहाँ बहुत सारे कवि हैं, जो बहुत संघर्ष की बात करते हैं, लेकिन कविता की काया में उनका संघर्ष चरितार्थ नहीं होता। किसी के कहने से किसी को संघर्षशील नहीं माना जा सकता। जो व्यक्ति अपनी भाषा नहीं बदल सकता, वह समाज क्या बदलेगा ? जो आपके वश में है, उसको तो खुदा के लिए बदलिए। फिर देखा जाएगा समाज का क्या होगा, क्या नहीं। किस तरह का आत्मसंघर्ष है ? ऐसे बहुत से लोग हैं, जो सामाजिक संघर्ष के बारे में लिखते हैं, पर उनमें आत्मसंघर्ष नहीं है। बहुत से ऐसे हैं, जो आत्मसंघर्ष में इतने लीन हो जाते हैं कि वे लगभग आत्मरत हो जाते हैं, इनके पास सामाजिक संघर्ष की कोई खबर नहीं। इन सबका एक संतुलन होना आवश्यक है। फिर प्रतिरोध, हर अच्छा कवि कुछ चीजों का प्रतिरोध करता है। मसलन कवि कई तरह के चालूपन का प्रतिरोध करता है। चालू मुहावरे का प्रतिरोध करता है, चालू विचार-दृष्टियों का प्रतिरोध करता है, वह सामान्यीकरण का प्रतिरोध करता है। वह समीकरणों का प्रतिरोध करता है, क्योंकि कविता बनती ही है, इस प्रतिरोध से। क्या इसका कोई प्रमाण, इस प्रतिरोध का कोई साक्ष्य इस कविता में है ?

कविता की एक पदार्थमयता भी होती है, यानी उसकी चीजों के साथ, दृश्य के साथ, व्यक्तियों के साथ एक ऐंद्रिय संबंध होता है। वह किस कोटि का है, या है भी कि नहीं। जीवन-छवियाँ किस तरह की हैं ? हमारे यहाँ बहुत सारी जीवन-छवियाँ दी हुई हैं। पहले से ही कविकुल दिवाकर वो छवियाँ बना गए हैं। उन्हीं को कहीं तो नहीं आप फिर से कविता में अवतरित करने जा रहे हैं। इसमें आपका कथ्य तो यह है कि किस तरह की जीवन-छवियाँ आपकी पकड़ में हैं। एक जरा से मुहावरे में, एक जरा सी जुंबिश में, कविता के किसी एक जरा से मोड़ पर साधारण जीवन की वह छवि आपको मिल सकती है। फिर ऐसी बहुत सारी कविताएँ हैं, जो शुद्ध समकालीन हैं, जिसको इसकी कोई खबर ही नहीं है कि हम एक साथ 'समय और समयातीत' दोनों में रहते हैं। मनुष्य होने का अर्थ ही है कि हम समय और जो समय से बाहर हैं, उसमें एक साथ रह सकते हैं, वरना कुत्ते और बिल्ली, पशु और पक्षी भी समय में रहते हैं। अर्थात् हम समय में रहते हुए भी, समयातीत में भी रह सकते हैं।

फिर आप में प्रश्नांकन की वृत्ति कितनी है? कितनी चीजों को आप प्रश्नांकित कर सकते हैं? आधुनिकता को? कविता को भी? मसलन जो कुछ भी दिया हुआ है, उसको आपको प्रश्नांकित करने का कोई-न-कोई मौका आपकी कविता में होना चाहिए। इसके बाद परंपरा से आपका क्या संबंध है? किसी-न-किसी तरह का पुनर्वास, जातीय स्मृति आपकी कविता में होती ही है। वह कवि कम कविता लिखता है, जिसकी आवाज में वह ही बोलता है। और वह कवि अधिक कविता लिखता है, जिसकी आवाज में वह तो बोलता है, पर दूसरे कवि भी बोलते हैं। यह आसान नहीं है, दूसरे कवियों को अपनी आवाज में शामिल कर लेना और अपनी आवाज भी बनाए रखना। इसका उदाहरण हम बाद में देंगे। अब अगर इन सबको ध्यान में रखें, तो मैं समझता हूँ कि बीसवीं शताब्दी की कविता की और पूरे हिंदी साहित्य की जो स्थायी क्रांति है, वह साधारण के महिमा की क्रांति है। अब नायक, चाहे वह मिथकीय हो, चाहे पौराणिक हो या चाहे ऐतिहासिक नायक हो, ये सब केंद्र से गायब हो चुके हैं। अब तो केंद्र में साधारण मनुष्य ही है। कई बार लोगों को इससे बड़ा तराज होता है, क्योंकि हमको यह आदत नहीं है कि हम भी कविता के केंद्र में हो सकते हैं, बल्कि हम ही कविता के केंद्र में हो सकते हैं। ये जो साधारण की महिमा है, वह साधारण व्यक्ति के रोजमर्रा के जीवन में जो होता है, इन सबको एक नए आशय और नई आभा से कविता भरती रही है और यह बात पूरी बीसवीं शताब्दी के हिंदी साहित्य में लागू होती है।

फिर दूसरी बड़ी बात है। पहले कुछ गिने-चुने काव्य विषय होते थे और यह विचार किया जाता था कि कविता इस पर लिखी जा सकती है, इस पर नहीं लिखी जाएगी। अब सौभाग्य से सभी विषय काव्य-विषय हैं। ऐसा कोई विषय नहीं है, जिस पर कविता न लिखी जा सके। अच्छी लिखी जाएगी या नहीं—यह अलग मामला है, लेकिन कोई ऐसा विषय नहीं है, जिस पर कविता न लिखी जा सके। आप एक साधारण पत्रिका भी देखिए, उसमें कविताओं के शीर्षक ही देखिए। इतने सारे अलग-अलग किस्म के नए मानवीय संबंध, घटनाएँ, लोग, चित्र ऐसा कुछ भी नहीं, जो मनुष्य के संसार में है, उसका चित्रण न हो। अर्थात् सभी कुछ चित्रित हो सकता है। इसका अर्थ यह है कि सारी-की-सारी सच्चाई हमको नजर आए, न आए; हमारे काबू में आए, न आए; हम उसको पालतू कर पाए, न कर पाए; हम उसको समझ पाए, न समझ पाए; लेकिन सारी-की-सारी सच्चाई सैद्धांतिक रूप से कविता के लिए उपलब्ध है।

अब ये विभाजन जो पहले था कि कुछ चीजें हैं, जो सिर्फ कविता में रहेंगी, कुछ चीजें है, जो गद्य में होगी। विद्यानिवासजी जैसे लोगों ने ही कविता और गद्य के बीच जो दूरी है, उसे गद्य में पाट दिया और बहुत सारे कवियों ने, जिसमें रघुवीर सहाय इत्यादि हैं, कविता और गद्य के बीच में जो दूरी है, उसे अपनी कविता में पाट दिया। यह एक दिलचस्प घटना है, जिसको हमें ध्यान में रखना चाहिए। फिर हमारे समय में कविता के तीन रूप उभरे हैं। एक तो वह सामाजिक प्रश्नांकन की कविता है। हिंदी कविता कम-से-कम इस समय जब भूमंडलीकरण और बाजार का अधिक वर्चस्व है, सारे बुद्धिजीवी और सारे लोग उसके समर्थन में लगे हैं, साहित्य ही इस समय निरपवाद रूप से उसका प्रश्नांकन कर रहा है। एक सामाजिक प्रश्नांकन की विधा के रूप में साहित्य और कविता उभरी है।

दूसरा है, एक तरह का आत्मान्वेषण। हमारे एक मित्र थे। उनकी पंक्ति थी—कोई और नहीं है, जिम्मेदारी अपनी जिम्मेदारी है। बहुत हो चुका कि हम कहते हैं कि नरक इस दुनिया को दूसरों ने बनाया। अब कवि लोग कह रहे हैं कि मित्रवर, हमने बनाया है। मैंने और तुमने बनाया है। इस बात को स्वीकार करना चाहिए कि इस नरक में हमारी भी शिरकत है। यह अपने आप नहीं बन गया है। इस तरह एक तरह का आत्मान्वेषण इसमें शामिल है। स्वयं अपने ऊपर प्रश्न उठाना और दोनों छोरों पर इस कविता को देखा जा सकता है। एक ओर जहाँ मनुष्य के अंतर्लोक का अन्वेषण है, दूसरी ओर मनुष्य का जो प्राकृतिक, नैसर्गिक पर्यावरण है, उसकी चिंता को भी देखा जा सकता है और इन चिंताओं में कई बार कविता एक संबंध स्थापित करती है कि मनुष्य का अंतर्लोक और मनुष्य का बहिर्लोक, इसके बीच एक अटूट संबंध है, जिसको कविता देख पाती है और आपको दिखा पाती है। इस बात को नहीं भूलना चाहिए। पिछली शताब्दी की बड़ी महान् घटना साहित्य में गद्य का उदय है। 19वीं शताब्दी तक गद्य का इतना बड़ा पड़ोस नहीं था, जितना आज है। अब देखिए तो लोग छोटी-मोटी कुटिया या पुरानी एक जगह बनकर रह गए हैं। जो नई कॉलोनियाँ बन रही हैं आसपास, वह सब गद्य की हैं। मतलब कि गद्य का बहुत विकास हुआ है, जो कविता के लिए बड़ी चुनौती बनी। तुलसीदास के सामने गद्य की चुनौती नहीं थी। सौभाग्य से सूरदास के भी सामने नहीं थी। लेकिन हम जैसे छुटभइयों के सामने तो है। सुबह से शाम तक गद्य है। सारी दुनिया में गद्य बढ़ गया है और गद्य की विधाओं का माध्यम बढ़ गया है। पत्रकारिता, मीडिया ये सब गद्य के ही रूप हैं।

गद्य के पड़ोस, यानी लगभग वर्चस्व पाए पड़ोस में कविता अपने को कैसे स्थापित करे! इसके चार पक्ष हैं। एक तो स्वयं कविता में गद्यात्मकता बढ़ी है। मैथिलीशरण गुप्त की कविता भले ही छंद में है, लेकिन उससे उसकी गद्यात्मकता को अलक्षित नहीं करना चाहिए। हिंदी अब गाना भूल गई है। हिंदी कविता अब गाती नहीं। जो गाती है, उस कविता को विशेष महत्त्वपूर्ण नहीं माना जाता है। इस तरह हिंदी कविता ने गाना लगभग छोड़ दिया। कविता ने गद्य को कविता में बदलने की कोशिश की। रघुवीर सहाय, शमशेर बहादुर सिंह ने महत्त्वपूर्ण प्रयत्न किया है कि कैसे गद्य की बहुत सारी भंगिमाएँ हैं, बातचीत की जो लय है, उसको कैसे कविता में शामिल किया जाए। एक और बात, जो साधारण जीवन की कथात्मकता है, उसको कविता में शामिल करने की कोशिश की जाए। विष्णु खरे आदि की कविताएँ कहानियों-सी कहती हैं—

अगर कोई आदमी नया फ्लैट खरीदकर
मकान बदलता है बड़े शहर में
तो क्या होता है।

इसमें एक कहानी-सी कही जा रही है। यह जो साधारण जीवन की कथात्मकता है, जिसे कविता के परिसर में शामिल होने दिया गया है, इससे कविता के भूगोल का बहुत बड़ा विस्तार हुआ है। मैंने पहले भी कहा कि कई तरह की रचनाएँ हैं, कई तरह के अंचल, उनकी बोलियाँ, उनके मुहावरे, उनकी छवियाँ, कहीं भोजपुरी का कवि उसे इस्तेमाल करता है, कभी-कभी बुंदेलखंडी शब्द याद आता है तो मैं उसे चिपका देता हूँ। ऐसे बहुत सारे कवि हैं, जो मुझसे समर्थ और अच्छे हैं। जिन्होंने यह सब कर रखा है। हिंदी की खड़ी बोली की कविता में बोलियाँ भी कुछ ज्यादा बोलने लगी हैं। और यह एक तरह से विधेयात्मक विकास है। दो चीजें और भी हैं, कम-से-कम हिंदी में। दलितों ने बहुत बाद में बोलना शुरू किया है। गद्य में अधिक सशक्त हैं, कविता में थोड़ा कमजोर हैं। कम-से-कम अभी कविता में उन्होंने बोलना शुरू किया है। पहले हम बड़े प्रसन्न होते थे; एक मीरा से, एक महादेवी से। जबकि आधी संख्या हमारी स्त्रियों की है। साहित्य में स्त्रियाँ बहुत कम थीं। धीरे-धीरे हिंदी कविता में कवयित्रियाँ बढ़ी हैं। कोई 15-20 कवयित्रियाँ तेजी ग्रोवर, अनामिका, गगन गिल, निर्मला पुतुल, निलेश रघुवंशी इत्यादि हैं। एक दुर्भाग्य की बात है, हिंदी कविता में अल्पसंख्यक आवाज नहीं है। एक असद जैदी थे, अच्छे कवि थे, उनके बाद कोई ऐसा कवि नहीं हुआ, जो ध्यान देने योग्य हो।

इधर कविता में बखान और बयान की विविधता बढ़ी है। बखान के विषय बढ़े हैं, उसे बयान करने के ढंग भी बदले हैं। बयान भी कई तरह से कई चीजों का, जो पहले शायद विषय के प्रति संकोच होने के कारण नहीं कही जा सकती थी, लेकिन अभी भी, मसलन दुनिया की कविता में समलैंगिक कविता की एक बहुत बड़ी धारा है, जो दुनिया में 'गे पोएट्री' या 'लेसबियन पोएट्री' के नाम से जानी जाती है। हमारे उर्दू में तो थोड़ा-बहुत पहले से ही था, लेकिन हमारे यहाँ कविता में ये पक्ष अभी नहीं आए, क्योंकि हमारे मन में आज भी उसको लेकर जो सामाजिक वर्जनाएँ हैं, सो हैं। मैं समझता हूँ कि समकालीन कविता में जो बुनियादी परिवर्तन हुआ है, वह यह है कि अब वह सिर्फ संघर्ष और सौंदर्य की विधा नहीं है, बल्कि अंत:करण की भी विधा है। एक तरह से समकालीन कविता सौंदर्य, संघर्ष और अंत:करण इन तीनों को मिलाकर कुछ करने की चेष्टा करनेवाली कविता बनी। आप बाद में देखेंगे कुछ उदाहरणों से कि ऐसे बहुत सारे संबंध हमारे यहाँ तो हैं, अंग्रेजी में सिर्फ 'कजिन इन ला' वगैरह हैं, संबंधों के बहुत कम नाम हैं, अंग्रेजी भाषा में। लेकिन बहुत से संबंध साले साहब, साढू भाई, चचेरे भाई, मौसेरे भाई, भानजी इन सबको लेकर कविताएँ नहीं हैं। इधर समकालीन कविता में इनको लेकर भी लिखा गया है। मैं मौसेरी बहनों पर एक कविता पढ़ूँगा, एक युवा कवि की है। इस तरह के विषय, जो शुद्ध मानवीय हैं, जिनको हम दिन-रात परखते हैं और जानते हैं, लेकिन जिनको संभवत: कविता में वो स्थान अभी तक नहीं मिला। हिंदी और उर्दू का भेद-मतभेद हिंदी कविता में मिट गया है, जो इस समय लिखी जा रही हैं। हम लोग पाकिस्तान के लाहौर जिले में गए थे। कुँवर नारायण और मैंने अपनी कविताएँ पढ़ीं, तो बाद में लोगों ने आकर कहा—साहिब, आप इसको हिंदी क्यों कहते हो, ये तो उर्दू की है। तब मैंने कहा कि इसलिए कि हिंदी और उर्दू का जो भेद था, वह हिंदी ने मिटा लिया है, उर्दू नहीं मिटा पाई। यह उर्दू की समस्या है। अब दुनिया की बहुत सारी समस्याएँ हमारे मत्थे थोड़ी हैं। ये उनकी समस्याएँ हैं। लेकिन हिंदी और उर्दू की जो दूरी थी, जैसे गद्य में जो दूरी थी, वह कम हुई है। इसी तरह समकालीन कविता ने हिंदी और उर्दू की दूरी को भी बहुत हद तक पाटा है। एक बड़ा दावा मैं इस कविता को लेकर करना चाहता हूँ, आपकी इजाजत से। बड़ा दावा इसलिए कि हिंदी अंचल की सारी राजनीति इतनी भ्रष्ट और इतनी पतित हो चुकी है कि यह कहा जा सकता है कि हिंदी की कोई राजनीति बाकी नहीं है और मैं सिर्फ भाषा की राजनीति की बात नहीं कर रहा हूँ। मुझे लगता है कि इस समय हिंदी साहित्य और उसकी समकालीन कविता हिंदी

समाज का एकमात्र राजनैतिक प्रतिपक्ष है। ये दावा है, क्योंकि जितनी चीजों पर प्रश्न उठाए जा सकते हैं, बिना हिचक और बिना संकोच के, वे इस कविता में, इस साहित्य में उठाए जा रहे हैं।

जिन चीजों के क्षरण की चिंता व्यक्त की जा सकती है, पर्यावरण से लेकर मानवीय संबंधों की गरमाहट और हमारी परंपरा की जातीय-स्मृति के लोप इत्यादि-इत्यादि को लेकर, इन सब पर भी विलाप और इन सब पर भी प्रश्नांकन इस कविता और इस साहित्य में है। इसलिए यह प्रतिपक्ष है। यह कोई सत्ता ग्रहण करने का प्रतिपक्ष नहीं है। यह एक स्थायी प्रतिपक्ष है और यह इसलिए बड़ा विचित्र है। मैं कई बार सोचता हूँ कि हिंदी समाज अपनी साहित्यिक उपलब्धियों से इतना गाफिल समाज क्यों है ? उसे इतना कम पता है कि हमारे साहित्य और कविता में क्या हो रहा है। इसलिए कि यह प्रतिपक्ष है और प्रतिपक्ष को हम आसानी से स्वीकार नहीं करते, क्योंकि हमको उसके सामने जाने में थोड़ी हिचकिचाहट, घबराहट भी होती है। फिर चीजों और व्यक्तियों आदि को लेकर एक नई ऐंद्रिकता विकसित होती है, जिसका एक-दो उदाहरण मैं बाद में जब कविताएँ पढ़ूँगा तो आपको मिलेगा। हम सिर्फ तीन चीजों को पहले ऐंद्रिक मानते थे। जैसे—स्त्री-पुरुष का संबंध ऐंद्रिक है, भक्ति का संबंध ऐंद्रिक है, इत्यादि। ऐंद्रिकता के बहुत ही पारस्परिक परिसर थे, लेकिन इसका विस्तार हुआ है। आप छोटी टेबल पर कविता लिख सकते हैं। खिड़की पर कविता लिख सकते हैं। ये जो ऐंद्रिकता है, उसका विस्तार हुआ है। अधिक संबंध, अधिक चीजें कविता के परिसर में, कविता के भूगोल में आई हैं। अब इसके कुछ नकारात्मक पक्षों पर विचार करना आवश्यक होगा। पहला यह है कि जैसे हर कविता की, वैसे इस कविता की भी कुछ रूढ़ियाँ हैं। उनमें पहली रूढ़ि है अपढ़ मार्क्सवाद। इस समय 80 से 85 प्रतिशत हिंदी के कवि किसी-न-किसी मार्क्सवादी विचार की रोशनी में अपने को प्रकट करते हैं। उनमें से अधिकांश ने, और यह मैं व्यक्तिगत जानकारी के आधार पर कहता हूँ, मार्क्सवाद पढ़ा नहीं, मार्क्सवाद के साथ क्या हुआ, इससे भी उनकी बेखबरी है। लेकिन इससे उनकी मान्यता के प्रचार-प्रसार का सर्टिफिकेट मिल जाता है। एक तरह से अपढ़ मार्क्सवाद भी एक रूढ़ि है। दूसरी मुक्त छंद की रूढ़ि है। अधिकांश महत्त्वपूर्ण कविता मुक्त छंद में लिखी जा रही हैं, बल्कि थोड़े दिन पहले मैंने यह कहा था, साठ बरस से हिंदी की अच्छी कविता मुक्त छंद में ही लिखी जा रही है। कम-से-कम खड़ी बोली की। हमको इस पर विचार करना चाहिए कि मुक्त छंद ही हिंदी खड़ी बोली का जातीय

छंद नहीं है। ऐसा कैसे है कि बाकी छंद सब गायब हैं। अब अष्टभुजा शुक्ल इत्यादि कहीं छंद का प्रयोग कर दें, वह अलग बात है। तो कुल मिलाकर मुक्त छंद की भी एक रूढ़ि है, उसकी भी एक तानाशाही है, जिसको तोड़ सकते हैं।

लोग छोटी कविता लिखते हैं, जो लंबी कविता लिखते हैं, वह अकसर बहुत ही खराब लिखते हैं, जो निहायत अक्षम्य है। जो लिखी गई हैं थोड़ी-बहुत और लंबी, अभी हाल-हाल तक लोगों ने लिखी हैं। कुछ युवा कवियों ने भी लिखी हैं। सौमित्र मोहन ने लिखी थी, धूमिल ने लिखी थी, रघुवीर सहाय ने लिखी थी, अज्ञेय और मुक्तिबोध ने तो लिखी ही थी। लेकिन इस छोटी कविता को भी तानाशाही से मुक्त होने की जरूरत है। कई बार लगता है, जैसे हिंदी में एक ही कवि कई नामों से लिखता है। मतलब उनकी कविता एक-दूसरे से मिली-जुली और इतनी प्रभावित है। लगता है, जैसे कोई समग्र कवि है, जो कई नामों से अलग-अलग लिख रहा है। लेकिन है कवि एक ही। मुझे यह बहुत दुःखद लगता है। दूसरे को भले न लगता हो कि हिंदी में संस्कृति धूमिल हो रही है। इसका यह अर्थ है कि जो पूरी संस्कृति की परंपरा थी, काव्य-संपदा थी, उसकी बहुत कम अनुगूँज अब आज की कविता में बाकी रह गई है। ज्यादातर में वह धीरे-धीरे गायब होती जा रही है।

शिल्प भी एक ढाँचा बन गया है। एक तरह का बना-बनाया ढाँचा, जिसमें एक तरह के कामचलाऊपन से काम चल रहा है। कभी इस कविता को आप पढ़ें और नतीजा निकालने की कोशिश करें। हमारी परंपरा भी इस कविता के लिए छोटी होगी, यानी यह पाँच हजार या सात हजार वर्षों की सभ्यता की कविता नजर नहीं आती। कुल मिलाकर तीस-चालीस साल की परंपरा यानी, जिसको रघुवीर सहाय जैसे पहले के कवि ही याद नहीं आते, भले अपनी वैधता प्रमाणित करने के लिए वे कबीर, निराला इत्यादि का नाम लेते रहे, लेकिन न किसी में कबीर ध्वनित होता है, न ही किसी में निराला ध्वनित होते हैं। ये सिर्फ वैधता के लिए नाम लिये जाते हैं।

समकालीन कविता आलोचकों, संपादकों के संगठनों से ग्रस्त कविता है। मसलन कोई क्या कहेगा? अशोक वाजपेयी क्या कहेंगे? नामवर सिंह को ये कैसा लगेगा या मैनेजर पांडेय को? यानी आलोचकों से ज्यादा प्रभावित कविता है, संगठनों से प्रभावित है। बहुत सारे लेखकों के संगठन हैं, जो वैचारिक हैं। आपको कोई वैचारिक भटकाव न नजर आए। कोई वैचारिक विपथगामी न कह दे आपको, कि आप तो हमारी लाइन से अलग जा रहे हैं, क्योंकि वह सबसे जुड़ी हुई मान्यता है, उसका एक सर्किट है।

एक दुर्भाग्य की बात हिंदी में यह हुई है कि लोकप्रिय और महत्त्वपूर्ण के बीच फाँक बढ़ी है। अधिकांश जो महत्त्वपूर्ण है, वह लोकप्रिय नहीं है और ज्यादातर जो लोकप्रिय है, वह महत्त्वपूर्ण नहीं है। यह तो हर भाषा में पुराने जमाने में भी ऐसा रहा होगा। आखिर भवभूति को समानधर्मा की तलाश थी, लेकिन हमारे समय में लोकप्रियता और महत्त्वपूर्ण के बीच दूरी या फाँक बढ़ी है। एक और विडंबना से यह कविता ग्रस्त है, मेरा खयाल है कि इससे ज्यादा समाज-समाज करनेवाली कविता इससे पहले कभी नहीं रही। सामाजिक दबाव, सामाजिक यथार्थ, सामाजिक सच्चाई, सामाजिक जिम्मेदारी दुनिया भर के ऐसे पद हैं, जिनसे यह कविता अपना बचाव करती है। उसी के घेरे में लिखती है। बल्कि इस हद तक लिखती है कि उसमें, इस सामाजिकता के घेरे में, निजता के लिए जगह ही नहीं है। हम जैसे कुछ अपवाद बचे हैं, जो दुष्ट जिद के कारण दृश्य पर जमे हुए हैं, वरना किसी की हिम्मत नहीं होती कि वह सामाजिक सच्चाई या सामाजिक जिम्मेदारी से प्रश्नांकित करके या उनको छोड़कर कुछ करने की चेष्टा करे। लेकिन इसकी विडंबना यह है कि समाज हिंदी कविता के प्रति इतना विमुख पहले कभी नहीं था, जितना आज है। यानी कविता में जिस समाज का आप ढिंढोरा पीट रहे हैं और कनफोड़ नगाड़ा बजा रहे हैं, जिस समाज का या सामाजिक यथार्थ का, उसी समाज के लिए आपकी कविता में कोई दिलचस्प बात नहीं रही या बहुत कम रह गई है। अब यह दृश्य मेरे पास है, पर इसका कोई समाधान नहीं।

अब मैं कुछ कविताएँ आपको सुनाऊँगा, जिससे किसी हद तक, मेरी बात, जो कही है, स्पष्ट होगी। ये मेरी दृष्टि से अच्छी-बुरी कविताएँ नहीं हैं। ये कविताएँ सिर्फ कविताएँ हैं, जो किसी बात को सत्यापित या पुष्ट या अपुष्ट करती हैं। इसलिए यह न मानिएगा कि मेरी रुचि का कोई प्रमाण है। मैंने जल्दी-जल्दी सोचा कि सिर्फ भाषण देने से क्या फायदा, कुछ कविता भी सुनानी चाहिए।

मंगलेश डबराल की कविता 'क्या करूँगा' सुनिए—

ताकत की दुनिया में
जाकर मैं क्या करूँगा
मैं सैकड़ों-हजारों जूते-चप्पल लेकर क्या करूँगा
मेरे लिए एक जोड़ी जूते ही ठीक से रखना कठिन है
हजारों-लाखों कपड़ों, मोजों, दस्तानों का मैं क्या करूँगा
उन पर मेरे मैल के निशान ही छूटेंगे

मैं इतने सारे कमरों का क्या करूँगा
ये दुनिया कोई होटल नहीं है
और मेरी नींद का आकार
एक चिड़िया से ज्यादा का नहीं है
मैं सिक्कों पर अपना नाम व चेहरा क्यों खुदवाऊँगा
मैं जानता हूँ बाजार से बाहर उसका कोई मोल नहीं है
मैं क्यों बनवाऊँगा कोई मंदिर, मसजिद या गिरजाघर या ऐसा कुछ
मैं जानता हूँ ईश्वर वहाँ नहीं रहता
मैं प्रतिमा की तरह क्यों बैठूँगा
मंचों और चौराहों पर
वे सिर्फ पक्षियों के बीट करने के काम आएँगे
मैं क्यों जमा करूँगा इतने टोप, तमगे, छाते
इतने घोड़े, कुत्ते, हीरे, मोती
इतना हरवा, हथियार
ऐसे-ऐसे जहाज
मैं क्या करने जाऊँगा चाँद पर
वह मुझे धरती से ही दिखाई देता है, बहुत सुंदर
तीन डग में ही क्यों नाप लूँगा तीन लोक
मैं क्यों कब्जा करूँगा धरती पर
संभव होगा तो कर दूँगा दुनिया के नाम
अपने खेत-खलिहान
मैं कोई दरिंदा नहीं
जो कहीं बम गिराने चला जाऊँगा
मैं मनुष्य हूँ
तेल पीते और खून चूसते हुए क्यों बिता दूँगा अपना जीवन।

(आप देखें, मैं टिप्पणी नहीं करता)

व्योमेश शुक्ल की कविता—'मैं जो लिखना चाहता था'—

आँख से अदृश्य का रिश्ता है
मुझे लगा है सारे दृश्य
अदृश्य का परदा डालते हुए होते हैं

जो कुछ नहीं दिखा
वह सब दृश्य में है
और नहीं दिख रहा है
विजय मोटरसाइकिल मिस्त्री की दुकान
शनिवार को खुली हुई है
और उस खुले में
दुकान की रविवार बंदी नहीं दिखाई दी
लेकिन सोमवार को खुला दिख रहा है
इसका उलट एक छुट्टी के दिन हुआ
दुकान बंद थी
बंद दृश्य में दुकान
अदृश्य रूप से खुली हुई थी
और लोग पता नहीं क्यों
उस दिन मजे लेकर मोटरसाइकिल बनवा रहे थे
मेरे पास एक खचाड़ा स्कूटर है
कोई मोटरसाइकिल नहीं
कि मैं भी सिगरेट पीता हुआ
एक बजाज पल्सर बनवा रहा था
अदृश्य से घबराकर मैं दृश्य में चला आया
और दोस्त से पूछने लगा
इस दुकान के बारे में
तो वो बोला
आज ये दुकान ज्यादा याद आ रही
क्या पता आपकी याद की खुली दुकान में
वो भी मेरी सिगरेट आधी पी रहा हो
मैंने घर आकर मन में कहा
पांडिचेरी मैं वहाँ कभी नहीं गया
वहाँ का सारा स्थापत्य मैंने खुद को बताया
पांडिचेरी शब्द की ध्वनि के पीछे है
लेकिन है जरूर

फिर मैंने एक वाक्य लिखना चाहा
लिखने पे चाहे अदृश्य हैं
शब्द दृश्य हैं
शब्द की वस्तुएँ दिखाई दे रही हैं
और जो मैं कहना चाहता था
उसका कहीं पता नहीं है
शायद वाक्य परदे में है, वो नहीं वह है
जो मैं लिखना चाहता था
कतई वह नहीं है।

लीलाधर जगूड़ी की कविता 'सीढ़ी'—

मैं हर सीढ़ी पर हाँफ रहा था
मुश्किल से चढ़ पा रहा था
बावजूद यह सबसे
आखिरी सीढ़ी थी
ये सीढ़ी वो पेड़ तो नहीं थी
जिस पर मैं किशोर लपककर चढ़ता था आकाश में
डाँट पड़ती थी
खिसककर उतर आता था जमीन पर
गिरकर हाथ-पाँव तुड़वाने के मुकाबले
एक बार पेड़ से नहीं
पिटाई से घायल हुआ था मैं
मेरी पौत्री अनन्या कह रही है
आप बहुत अच्छे दादा हैं
आपने सारी सीढ़ियाँ चढ़ ली हैं
उसे मैं समझाना चाहता हूँ
कोई भी अंतिम सीढ़ी नहीं होती है
ऊँचाई में चढ़ रहे हो
तब तो और भी नहीं
कुछ लोग ऊँचाई पाने के बाद
सीढ़ियाँ हटा देते हैं

ताकि लोग इस भ्रम में रहें
कि वो खुद यहाँ तक पहुँचे हैं
बहुत सी सीढ़ियों में से
बचपन जीवन की महत्त्वपूर्ण सीढ़ी है
तुम एक-एक कर सारी सीढ़ियों को याद रखना
अपने बचपन की सीढ़ी सहित
मेरे बारे में नाटक जारी की वह पंक्ति भी याद रखना
जिसमें कह पाया था
कि रोज सीढ़ियाँ उतरता हूँ
मगर नरक खत्म नहीं होता।

नवीन सागर की कविता 'ये संपूर्ण की खामोशी है'—

तुम्हें अचरज होगा
मैं अगर फूलों और पेड़ों के पीछे
अपना ही सूर्यास्त हूँ
न सिर्फ वह जो कहा नहीं जा सकता
बल्कि वह सब जो कहा गया
कुछ भी नहीं है
एक घेरा है
जिसके हर बिंदु पर
रुकी हुई स्मृति अकेली है
जो तुम्हें कहीं से बुला रहे हैं
उन्हें पता है
वे कहाँ हैं
तुम अपनी खाली जगह में
अपना इंतजार कर रहे हो
शब्द अपने भीतर निःशब्द डूब रहा है
ये संपूर्ण की खामोशी है।

ज्ञानेंद्रपति की कविता 'गर्व'—

ककहरा पढ़नेवाला बच्चा
व्यस्त बड़ों को औचक डराता है

डराता कहता है कर्फ्यू
उसके लिए अमूर्त नहीं
मूर्त है
दादी की परी कथाओं के राक्षस से भी अधिक
ऐसे समय में रह रहे हैं हम
चाहें तो गर्व कर सकते हैं
अपने बच्चों की मेधा पर
उससे अधिक खुद पर
आखिरकार हमीं तो हैं
इस प्रकार के समय के निर्माता।

अष्टभुजा शुक्ल की कविता 'जीवन वृत्तांत'—

उठाया ही था पहला कौर
कि पगहा तुड़ाकर भैंस भागी कहीं और
पहुँचा ही था खेत में
कि पानी की छप्पर में आग लगी
बिटिया चिल्लाई
आरंभ ही किया था गीत का बोल
कि ढोलकिया के अनुसार फूट गया ढोल
भीगा था बरतन
धानी चाय जैसा पानी पिया
चाय जैसा पानी
मित्रों ने मेहनत से बनाई ऐसी छवि
घटक-चटक
और दबावदार कविता का कवि
एक हाथ जोड़ा
तो टूट गया डेढ़ हाथ
यही सारा जीवन वृत्तांत रहा दीनानाथ।

पवन करन की कविता 'मौसरी बहनें'—

वैसे ये दोनों सगी बहनें हैं
मगर उनके बीच हर समय

कुछ-न-कुछ घटता देख
मैं उन्हें मौसेरी बहनें कहता हूँ
कितनी मौसेरी हैं
इस बात का अंदाज
इस बात से लगाया जा सकता है
वे नहीं रह सकतीं बिना अपने-अपने मन की किए
ये जानते हुए भी
कि जो वे मन की कर रही
वो अच्छा नहीं उतना
इसके बाद भी
वे रह नहीं सकती
एक-दूसरे को बिना बताए
जैसे एक को हो जाए
कॉलेज से आने में कुछ देर
दूसरी समझ जाती है
वो कहाँ होगी इस वक्त
दूसरी का दफ्तर से लौट आए
भरा हुआ टिफिन
तो वह भी ताड़ जाती है
साहिबा ने क्या खाया होगा
दरअसल वे एक-दूसरे के बारे में उतना ही जानती हैं
जितना हवा के बारे में हवा
या पानी के बारे में पानी
ठीक बात नहीं
कि एक-दूसरे को समझाती हैं
पर दूसरी देखती है
कि वह भी उससे कुछ अलग नहीं
एक-सी गलतियाँ करती दोनों नहीं चाहती उनमें से
किसी से हो जाए कोई गलती बड़ी
एक-दूसरे को करते हुए सचेत

एक-दूसरे के बारे में करते हुए चिंता
अपनी-अपनी गलतियों के कवच में
मादा कछुओं की तरह घुस जाती
एक-दूसरे से ही जान सकी हैं वे
ठोकरें कहाँ-कहाँ तक बिछी हैं रास्ते में
कहाँ-कहाँ चलना है उन्हें सँभलकर
किसको दिखाना है ठेंगा
तो किसके लिए बचाकर रखना है अपने चुंबन
दरअसल उन्हें उपेक्षाओं ने मौसेरी बहनें बनाया है
निराशा ने बनाया है उन्हें एक-दूसरे के प्रति विश्वसनीय
एक-दूसरे के लिए दीवार की तरह
उचटकर खड़े हो जाना
उन्हें चाटने को लपलपाती जीभों ने सिखाया है
वे जो गलतियाँ करती हैं
और फिर उन्हें एक-दूसरे को बता-बताकर हँसती हैं
वे जो गलतियाँ नहीं आजादियाँ हैं
उनकी छोटी-छोटी आजादियाँ
जिन्हें सैंडिलों की तरह पहनकर
एक-दूसरे का हाथ पकड़े हुए
बढ़ रही हैं वे आगे।

अनामिका की कविता 'लकड़ी का चूल्हा'—

बड़ी बुआ, सादर प्रणाम
चूल्हे में थी आग
खेल रही थी लुका-छिपी
तुम्हारी शैली में मैंने एक छड़ लिया
और हिलोड़ दिया
बुझा हुआ चूल्हा
अहराकर गिरने लगे अंगारे
एक-दूसरे के कंधों पर
एक धुआँ-सा उठा

कुछ लपटें झपकीं कुछ लपकीं
कुछ सिसकियाँ भी भभककर रहीं भीतर
ये चूल्हा मेरी हड्डियों में छिपा था
एक होता था पत्थर कोयला
दूसरा लकड़ी का
है न
भूल रही है कुछ-कुछ
अपने घर आता था शायद लकड़ी का कोयला
जिसमें बोझा जाता था
शिव की जटा-जूट सा
कहलाता था वही लकड़ी का चूल्हा
कहती हूँ बच्चों से आज हँसते हैं
चूल्हा, और लकड़ी का
फिर बत-कुच्चन नहीं करती
रह जाती हूँ चुप ही
और धुआँ जाता है हड्डियों में
वही पुराना अपना लकड़ी का चूल्हा।

अनीता वर्मा की कविता 'फिलहाल'—

अभी थोड़ी दूर है हमसे मौत
शमशीर-सी लपकती
तेजाबी बूँदों की बौछार-सी
अभी वह इराक की
किसी सफेद सड़क पर बरस रही है
एक माँ की बाँहों में दो बच्चे हैं
रेत में मुँह छिपाए
दो शुतुरमुर्ग शिकारी बाज से बचने की जुगत में
एक जबड़े से निकलकर दूसरे में गिरते हुए
माँ बच्चों को बचा लेगी
तो यह खबर होगी
मार्मिक ये तसवीर सुबह अखबार के पन्ने पर

बच्चे मर गए
तो शायद मृतकों की गिनती में होंगे शामिल
कुछ ही फासले पर हो रहा है ये सब
सुरक्षित हमारी दुनिया से बस थोड़ी दूर
अभी हम सुबह दफ्तर जा सकेंगे
शाम को बेहिचक कर सकेंगे भोजन
अभी हमारा आकाश साफ है
टोही विमानों से
अभी विपत्ति हमसे दूर है
कुछ ही कदम पर।

□

कवि की दृष्टि व्यापक होनी चाहिए

–सुरेश चंद्र पांडेय

कवि लोकोत्तर प्राणी है। वह कलावस्तु के मानस पक्ष का दर्शन करता है। काव्य एकमात्र ऐसा माध्यम है, जो लोकोत्तर बनाने का कार्य करता है।

दर्शन के बिना कवि का कोई अस्तित्व नहीं है। कवि की दृष्टि व्यापक होनी चाहिए। कला ही मानव में अलंकार की दृष्टि उत्पन्न करती है। कलाविहीन व्यक्ति पशु के समान होता है। जो व्यक्ति मन को एकाग्र नहीं करता, वह कवि नहीं होता। कवि प्रत्येक तथ्य पर गूढ़ जानकारी रखता है। भामह, रुद्रक, वामन आदि के द्वारा प्रस्तुत अलंकार की व्याख्या में काव्य का महत्त्व बताया गया है। जिस प्रकार वेदांग का अध्ययन वेदों के लिए किया जाता है, उसी प्रकार अलंकारों का अध्ययन वेदों के लिए किया जाता है। सौंदर्य अलंकार में समाहित है। गुण अलंकार, रीति अलंकार, रसालंकार आदि आपस में जुड़े हुए हैं। इन्हें एक-दूसरे से अलग नहीं किया जा सकता। अलंकार का इतिहास अत्यंत पुराना है। काव्य की आत्मा रस है, जिसकी अनुभूति करना अत्यंत आवश्यक है। रस सिद्धांत में आनंदवर्धन के सृजन के साथ ही काव्य को महत्त्व प्रदान किया गया है। उपमा से अलंकार का आरंभ होता है। आचार्य आनंदवर्धन से पहले भी पाँच आचार्य हुए। उनके योगदान को भी जानने का प्रयास किया जाना चाहिए।

अलंकार में है काव्य की शोभा

अलंकार में अकार लगा है, वह ओंकार में अंतर्निहित है, अलंकार किसी भी काव्य का आभूषण होता है। अलंकार से युक्त काव्य की शुरुआत उपमा से हुई, काव्य में अलंकार की सीमा वाक्य तक है।

आचार्य आनंदवर्धन द्वारा स्थापित ध्वनि सिद्धांत में यह कहा गया है कि व्यंजना शक्ति ध्वनि का मूल है। अर्थ परिवर्तन का व्यंजना पर कोई प्रभाव नहीं पड़ता है। आनंदवर्धन ने ध्वनि को विशेष महत्त्व प्रदान किया और वाल्मीकि, कालिदास, व्यास अश्वघोष की परंपरा को आगे बढ़ाया। यह कार्य उन्होंने अपनी कृतियों के माध्यम से किया। कवि का ललित रूप पांडित्यपूर्ण हो गया, जिससे यह परंपरा समाप्त होने की कगार पर आ गई। भाषा में आया विकार ध्वनि की आकर्षण शक्ति को कम कर देता है। काव्य के सर्वश्रेष्ठ भाव वाच्यार्थ तथा व्यंजक होते हैं। काव्य के ये दोनों रूप ध्वनि को प्रभावित करते हैं। ये दो भाव अलग होते हुए भी परस्पर एक साथ काम करते हैं। काव्य के आस्वाद में विश्लेषण का स्थान नहीं होता है। आनंदवर्धन ने ध्वनि तथा अलंकार के लिए व्याकरण की सहायता ली है, जिसके लिए वह सदा व्याकरण के ऋणी रहेंगे। आनंदवर्धन को ध्वनि सिद्धांत के प्रवर्तन के समय समकालीन कवियों की आलोचना का सामना करना पड़ा। अखंड, अक्रम, निरअंश के माध्यम से ध्वनि सिद्धांत का प्रतिपादन किया। व्यंग्य अलंकार में ध्वनि का अंतर्भाव नहीं होता है। शब्दों में इतनी शक्ति होती है कि वे भाव को व्यक्त कर देते हैं। ध्वनि में व्यंग्य अर्थ की प्रधानता होती है।

ध्वनि सिद्धांत का उद्भव, विकास एवं विरोध पर विचार करने के लिए अखंड बुद्धि की जरूरत पड़ती है। अखंडता में ही काव्य-रस का पूरा आनंद प्राप्त किया जा सकता है।

ध्वन्यार्थ, वाच्यार्थ से उत्कृष्ट होता है—जहाँ वाच्यार्थ की सीमा समाप्त हो जाती है, वहाँ ध्वन्यार्थ ही कार्य करता है।

काव्य की आत्मा रस है। काव्यत्व शब्द के अर्थ में नहीं व्यापार, अर्थात् क्रिया में रहता है। काव्य में शब्द गौण हो जाते हैं और रस प्रमुख हो जाता है। इस रस को पाने के लिए श्रोता या दर्शक को कवि के धरातल तक पहुँचना होगा।

रस केवल काव्य और नाटक में ही विद्यमान होता है। लोक जीवन को रस विहीन बताते हुए कहा कि उसमें भाव होता है। रसानुभूति के लिए सहृदयता जरूरी है। मनुष्य अपने भाव से ही आनंदित होता है। काव्य भाव जगानेवाला तत्त्व बताया। सहृदय संवाद एवं तन्मयता को उन्होंने रस दशा की पहली सीढ़ी बताया है।

कवि के हृदय में रस मूल रूप में होता है। वह रस ही संसार को सरस बनाता है। रस ही आनंद स्वरूप है तथा काव्य नाट्य का सर्वश्रेष्ठ जीवित रूप है। रस की चर्चा लोक में ही नहीं, अपितु काव्य एवं नाटक में भी होती है। काव्य में नाट्यमान

होने से रस की उत्पत्ति होती है। यह नाट्यमान सहृदय के कारण ही संभव है, जिसमें विषय के प्रतिबिंब का सामर्थ्य आ जाता है, जिसमें कवि के भाव हृदय तक पहुँचाए जा सकते हैं। स्थायी भाव की अभिव्यक्ति ही रस है। सहृदय कभी भी तटस्थ नहीं रहता, जब तक मानव चित्त व्यक्तिगत रहता है, तब तक उसे रस की प्रवृत्ति नहीं होती है। भावना व्यापार के द्वारा साधारणीकरण होता है। जो रस की अनुभूति संभव करता है। अलौकिक विभाव का साधारणीकरण भी रस की उत्पत्ति करता है। सहृदय समभाव का आनंद ही लोकोत्तर आनंद होता है।

काव्य में व्यंजना शक्ति की स्थापना करना ध्वनि का मूल उद्देश्य है। व्यंजना दो प्रकार की होती है—शाब्दी एवं आर्थी। आचार्य आनंदवर्धन के मत में अलंकारों में वह सौंदर्य नहीं होता, जो लावण्य में होता है। लावण्य ही काव्य का मूल तत्त्व है। □

संस्कृत भाषा का वैशिष्ट्य

–वेम्पटि कुटुंब शास्त्री

पंडित विद्यानिवास मिश्रजी एक युगपुरुष थे। उनके जीवन से मेरा अधिक निकटतम परिचय तो नहीं, परंतु परिचय तो जरूर रहा है। पंडितजी का कार्यक्षेत्र बड़ा विस्तृत रहा है। संस्कृत के विद्वान् होते हुए भी पंडितजी का अन्यान्य क्षेत्रों में विशिष्ट योगदान रहा है। अंततः राज्यसभा में पहुँचकर पंडितजी ने संस्कृत की गरिमा को स्थापित किया है, राजनीति की एक मर्यादा स्थापित की है, यह हम सभी जानते हैं।

हनुमानजी ने सीता माता को अशोकवन में देखकर कहा है कि 'आम्नायानामयोगेन विद्यां प्रशिथिलामिव'। इसलिए जब आम्नाय कम होता है, तब विद्या शिथिल होती है। 'पंडित विद्यानिवास स्मृति व्याख्यान' से हम सभी को संस्कृत वाङ्मय का पुनः-पुनः आम्नाय करने का सुअवसर मिला है।

हम सभी यह जानते हैं कि संस्कृत एक अद्भुत भाषा है। मगर इसके ज्ञाता हर युग में कम ही रहे हैं और कम ही रहेंगे। इसका एक उदाहरण और कारण मैं आपको बताता हूँ। आप चाहे वेदांत सिद्धांत में ब्रह्मतत्त्व को लीजिए अथवा भक्ति सिद्धांत में भगवत्तत्त्व को। भगवान् को सीधा-सीधा अनुभव करके, उसका आनंद लिये हुए महात्मा कितने होंगे? जितनी जनसंख्या है, उतने तो कभी नहीं होंगे। कदाचित् समग्र जनसंख्या का सहस्रांश होंगे। संस्कृत के विषय में भी बात यही है। पर संस्कृत की एक विशेषता है कि जो एक बार संस्कृत के रहस्य को जान लेता है, वह संस्कृत को कभी छोड़ नहीं सकता और न कभी संस्कृत उसको छोड़ती है। संस्कृत एक अयस्कांत मणि की तरह है, जो सभी को अपनी तरफ आकर्षित करती रहती है।

संस्कृत साहित्य में ज्ञान का अद्वितीय भंडार है। संस्कृत साहित्य में वर्णित कुछ तथ्यों को तो आज तक आधुनिक वैज्ञानिक ठीक से समझ नहीं पाए हैं। संस्कृत साहित्य की एक विशेषता यह है कि उसमें एक वाक्यता है। भगवद्गीता के अष्टादश अध्याय हैं। वहाँ किसी अध्याय में ज्ञान की प्रधानता है तो कहीं भक्ति की प्रधानता। लेकिन इतना सबकुछ होते हुए भी उनमें एक वाक्यता है। यही संस्कृत का वैशिष्ट्य है। कंप्यूटर की भाषा संस्कृत है। संस्कृत भाषा में सूत्र वाङ्मय है। संस्कृत भाषा में स्मरण शक्ति की क्षमता है, कंठस्थ की परंपरा से व्याकरण साहित्य के सूत्रों का विकास हुआ है। दर्शन साहित्य संपूर्ण सूत्रों की परंपरा पर विकसित है। संस्कृत भारत की सांस्कृतिक भाषा रही है। हजारोहजार वर्ष तक इसी भाषा ने समग्र भारत को सांस्कृतिक और भावात्मक एकता में आबद्ध रखने का महत्त्वपूर्ण कार्य किया है। यही कारण रहा है कि भारतीय मनीषा ने इस भाषा का 'देववाणी' के नाम से सम्मानित किया है। संस्कृत भाषा का साहित्य अमूल्य ग्रंथ रत्नों का समुद्र है। इतना समृद्ध साहित्य किसी भी दूसरी प्राचीन भाषा का देखने को नहीं मिलता है और न ही किसी अन्य भाषा की परंपरा अविच्छिन्न प्रवाह के रूप में इतने दीर्घ काल तक रह पाई है। संस्कृत भाषा अति प्राचीन होने पर भी इसकी सृजन शक्ति इतनी है कि इसका धातुपाठ नित्य नए-नए शब्दों का आविष्कार करने में समर्थ रहा है।

संस्कृत भाषा को विश्व की सर्वप्राचीन भाषा होने का गौरव प्राप्त है। आज संसार में कोई भी ग्रंथ ऋग्वेद से प्राचीन नहीं है। इस तथ्य को भारतीय ही नहीं, अपितु विश्व के समस्त विद्वान् स्वीकारते हैं। वस्तुतः संस्कृत साधना की भाषा है। इसलिए जो व्यक्ति साधना युक्त नहीं होता है, उसे संस्कृत का रहस्य समझ में नहीं आ सकता। प्राचीन काल में संस्कृत भाषा ने चिंतन की जिन ऊँचाइयों को छुआ है, वहाँ तक आज का विकसित विज्ञान भी नहीं पहुँचा है। आज से हजारों वर्ष पहले वेदों ने जिन उदात्त विचारों को संसार के सामने रखा है, वह आश्चर्यजनक है। ऋग्वेद में कहा गया है कि अच्छे विचार सभी ओर से हमारे पास आएँ, यह सारा संसार एक परिवार है। वनस्पति, पशु-पक्षी से लेकर मनुष्यपर्यंत सभी जीवों का कल्याण हो, प्रकृति के साथ मित्रवत् व्यवहार हो, इन सभी का चिंतन संस्कृत साहित्य में ही विद्यमान है। विद्या जब मुद्रित रूप में नहीं थी, लिपि कला का प्रादुर्भाव नहीं हुआ था, तब भारतीय मनीषियों ने वेदों के लाखों मंत्रों को कंठस्थ कर वेद-विज्ञान का संरक्षण किया। उच्चारण की शुद्धता को इतना सुरक्षित रखा गया कि ध्वनि और मात्राएँ ही नहीं, सहस्रों वर्षों से आज तक अविकृत रहा है यहाँ का

सूत्र साहित्य, प्रतिभा की पराकाष्ठा को प्रदर्शित करता है, भारत के सभी भाषाओं में संस्कृत के 80 प्रतिशत शब्द हैं। तमिल में भी 20 प्रतिशत से भी अधिक संस्कृत शब्द हैं, क्योंकि नए-नए शब्दों की उत्पत्ति करने की शक्ति संस्कृत में ही है।

विश्व की जितनी भी प्राचीन और प्रागैतिहासिक संस्कृतियाँ हैं, उसमें संस्कृत भाषा का सर्वोत्तम स्थान रहा है। इस भाषा में चिंतन की जो पराकाष्ठा है, वह किसी और भाषा में देखने को नहीं मिलती है। जैसे जाग्रत्, स्वप्न और सुषुप्ति—इन तीन अवस्थाओं की चर्चा करना बहुत आसान है, क्योंकि हम हर दिन उनका अनुभव करते हैं। लेकिन चार अवस्थाओं को किसने देखा है। किंतु इस चतुर्थ तुरीयावस्था का उल्लेख उपनिषद् में पाया जाता है। कितने हजारों वर्ष पहले यहाँ के ऋषि-मुनियों ने कह दिया कि जाग्रतादि अवस्थाएँ तीन नहीं, अपितु चार हैं। इसके बाद आनंदमय को कोश ही मानकर कोश बहिष्कृत करके शुद्धचैतन्य की अवधारणा करना—यह कितनी साहसिक बात है। इस बात का संस्कृत साहित्य के सिवाय और कोई स्रोत नहीं है। आज कितनी सायकोलॉजी, पैरासायकोलॉजी इत्यादि सभी विधाएँ जिस निष्कर्ष पर पहँचती हैं, उस प्रक्रिया का विशद वर्णन संस्कृत साहित्य में पहले से विद्यमान है। आधुनिक शल्यचिकित्सा भी पंचकोश की प्रक्रिया पर आधारित है। अन्नमय कोश से क्रमश: उत्तरोत्तर कोशों में चेतना को पहुँचकर शल्यचिकित्सा करना आयुर्वेद की देन है।

संस्कृत भाषा में प्राचीनता होते हुए भी नूतन, मौलिक और आधुनिक तथ्यों का भी समावेश है। मेधा संपत्ति संस्कृत माध्यम से ही संभव है। दूसरी कोई भी भाषा आप पढ़ें, आपकी मेधा संपत्ति उतनी समृद्ध नहीं होगी, जितनी कि संस्कृत भाषा के अध्ययन से संभव होती है। संस्कृत भाषा के चमत्कार की एक बात मैं आपको बताना चाहता हूँ कि आज तक संस्कृत को छोड़कर संसार की किसी अन्य संस्कृति की दृष्टि इस बात पर नहीं गई कि हमारी बुद्धि में स्मृति की भी एक जगह है। आधुनिक चिकित्सा विज्ञान में बुद्धि तत्त्व पर बहुत शोध हुआ है, फिर भी हमारी बुद्धि में स्मृति की जो अद्भुत शक्ति है, उसका उपयोग कैसे करना है, इस बात पर संस्कृत मनीषा के अलावा किसी और साहित्य में सूक्ष्म चिंतन नहीं हुआ है। यह तो हमारी कमजोरी है कि आज हम पाश्चात्य लोगों को देखकर मानसिक रूप से दुर्बल हो रहे हैं। बुद्धि तत्त्व के इस अद्भुत स्मृति अंश का अध्ययन और उपयोग करने के लिए यहाँ की मनीषा ने विकृति पाठों का आविष्कार किया है। जो अपौरुषेय मंत्र है, उस पर पौरुषेय प्रयत्न किया है। विकृति तो पौरुषेय है, उसको कहीं पर भी

अपौरुषेय नहीं माना गया है। इसलिए विकृति पाठ से कहीं भी यज्ञ-यागादि नहीं होता है, अनुष्ठान नहीं होता है, क्योंकि विकृति पाठ तो केवल स्मृति के लिए है और स्वरसिद्धि के लिए। अनुलोम स्वर अलग है, विलोम स्वर अलग है। इस प्रकार ऋग्वेद की कुल आठ विकृतियाँ हैं। ये सभी चीजें वेद की रक्षा के लिए हैं।

संस्कृत भाषा संस्कार की जननी और आनंदानुभूति की भाषा है। वैदिक साहित्य भारतीय भाषाओं में प्राचीनतम है। भाषा विज्ञान के संरचनावाद की प्राथमिक पाठशाला संस्कृत भाषा है। क्योंकि यह भाषा प्रकृतिजन्य है। संस्कृत भाषा के द्वारा भारतीय मनीषा ने संसार में अन्यत्र अनुपलब्ध अवधारणाएँ, कल्पनाएँ, प्रतिक्रियाएँ या कुछ आविष्कार हमारे सामने स्थापित किए हैं, जो अन्य प्राचीन ग्रीक, लैटिन आदि भाषाओं में कहीं नहीं है। संस्कृत साहित्य संसार का सबसे प्राचीन साहित्य है। इससे बढ़कर गंभीर, प्रामाणिक और विशद साहित्य अन्य किसी भी संस्कृति में नहीं है। यद्यपि संसार में भाषाओं की कमी नहीं है। भारत में ही करीब-करीब तीन सौ से ज्यादा बोलियाँ और भाषाएँ हैं। इतनी भाषाओं के होते हुए भी संस्कृत भाषा का ही वैशिष्ट्य सर्वत्र है।

एक मनुष्य के जीवन का जो परम तात्पर्य होता है, जीवन जीने का जो वास्तविक तरीका होता है, उस जीवन जीने के वास्तविक तरीके को दिखानेवाला सारा विज्ञान केवल संस्कृत में है। मनुष्य जन्म प्राप्त करने के बाद वास्तविक जीवन किस तरह व्यतीत करता है, जिसमें न केवल आमुष्मिक अपितु ऐहिक सुख-दुःख का भी भोग होना चाहिए। संस्कृत मनीषा का चिंतन कितना सूक्ष्म है कि हमने काम और अर्थ को भी पुरुषार्थ माना है। अर्थ को तो फिर भी कुछ संस्कृतियों में पुरुषार्थ के रूप में स्वीकार किया गया है, किंतु काम को संस्कृत के अलावा और किसी संस्कृति में पुरुषार्थ के रूप में स्वीकार नहीं किया गया है। अतः जीवन जीने का जो चिंतन रहा है, उस चिंतन का माध्यम संस्कृत रही है।

हम धर्मशास्त्रों को बहुत छोटा समझते हैं। आजकल धर्मशास्त्रों और मनु आदि की निंदा करना एक फैशन हो गया है। भले ही वहाँ कुछ चीजें हमको पसंद न आएँ, पर इससे धर्मशास्त्र की प्रासंगिकता समाप्त नहीं हो जाती है। संस्कृत मनीषा की सबसे बड़ी विशेषता यह रही है कि उसने धर्म को कभी चरम लक्ष्य नहीं माना है। धर्म तो हमारी संस्कृति में हर वक्त अपेक्षित रहा है। जो ब्राह्मण का धर्म है, उसकी विधि ब्राह्मणेतर जन के लिए नहीं है। उन वर्णों को जितना करने से धर्म की प्राप्ति होती है, उनके लिए उतने का ही विधान किया है। इसलिए धर्मशास्त्र और

हिंदू मान्यता के अनुसार संसार में सबसे दु:खी आदमी ब्राह्मण है। उसका जीवन अभिशप्त होता है। यहाँ मैं 'अभिशप्त' शब्द का प्रयोग बुद्धिपूर्वक कर रहा हूँ, क्योंकि उसके जन्म से लेकर मृत्युपर्यंत दु:ख, प्रयत्न, आयास के सिवाय और कुछ बचा ही नहीं है। धर्मशास्त्रों में जितना विधि-विधान ब्राह्मण के लिए किया गया और उसका स्वल्पांश भी अन्य वर्ण के लिए विहित नहीं किया गया है। इतना होते हुए भी संस्कृत मनीषा ने धर्म को नित्य और शाश्वत नहीं माना है, क्योंकि नित्य और शाश्वत धर्म कुछ नहीं है। सब आपेक्षित धर्म है। हम जानते हैं कि कहीं सत्य असत्य हो जाता है, असत्य सत्य हो जाता है। इसलिए संस्कृत मनीषा धर्म को काल के अनुसार परिष्कृत करती आई है। क्योंकि काल के अनुरूप जो समाज अपने आप को परिवर्तित नहीं करता, वह समाज मृतप्राय हो जाता है। हमारी संस्कृत मनीषा के शाश्वत चिंतन ने हमें अमृतत्त्व की प्राप्ति करवाई है। इसलिए तो वेद में साक्षात् कहा गया है कि हम सब 'अमृतस्य पुत्रा:' हैं। इसलिए यहाँ कहीं क्षति होने की संभावना नहीं है। जीवन के प्रत्येक पहलू में संस्कृत मनीषा की सूक्ष्म दृष्टि रही है। जीवन का एक आदर्श रहा है। इसलिए वेदों में जितना अभ्युदय का वर्णन है, उतना नि:श्रेयस का वर्णन नहीं है और 'यतोऽयुदयनि:श्रेयस: स धर्म:'—ऐसा संस्कृत मनीषा का चिंतन रहा है।

हमने आज तक जितनी प्रगति की है, जिन प्रखर और तीक्ष्ण मेधासंपन्न प्रतिभाओं ने जो चिंतन किया है, उन सभी के चिंतन का माध्यम संस्कृत ही रही है और इसी कारण से हजारों वर्ष से हम इतनी दूर आ सके हैं। विगत कुछ शताब्दियों से, जब से विदेशी आक्रमणकारी यहाँ आए हैं, तब भी संस्कृत अक्षुण्ण रही है। यवनों और तुर्कों के समय में भी संस्कृत का कोई ह्रास नहीं हुआ है, अपितु संस्कृत के सबसे बड़े-बड़े ग्रंथ तो उसी कालखंड में लिखे गए हैं। संस्कृत साहित्य में नव्य शब्द से कहा जानेवाला जितना भी साहित्य है, वह इसी समय में लिखा गया है। उस वक्त भी हमारे चिंतन का माध्यम संस्कृत ही रही है। किंतु उसके बाद अंग्रेज आक्रमणकारियों ने भारत की संस्कृत चिंतन पद्धति पर आघात कर भारत को आर्थिक और मानसिक रूप से गुलाम बनाने का जो कुचक्र चलाया था, उसमें संस्कृत का बहुत ह्रास हुआ है।

□

भक्तिकाव्य और तुलसी

—अनंत मिश्र

ऐसा प्रतीत होता है कि मनुष्य अपनी प्रारंभिक अवस्था से ऊपर उठकर धीरे-धीरे सभ्य होने लगा होगा और उसके भीतर चेतना के भी भीतर जाने की प्रवृत्ति पैदा हुई होगी। तब उसने अपनी चेतना में ईश्वर जैसे प्रत्यय का निर्माण किया होगा। दीर्घकाल तक जब उसे सृष्टि के निर्माण और उसकी अनेक अवस्थाओं का कारण समझ में न आने पर यह भावना उत्पन्न हुई होगी कि कोई न दिखाई पड़नेवाली, अदृष्टिगोचर शक्तिशाली सत्ता अवश्य होगी, जिसने सृष्टि का निर्माण किया होगा। जब लोक में भी कोई-न-कोई परिवार या कबीले का अधिपति होता है तो इतनी बड़ी संस्था का भी अधिपति भी कोई होगा, यह प्रज्ञा विकसित न होने का कोई तर्क नहीं बनता। इस चेतना के उद्रेक ने ज्ञात सभ्यताओं के भीतर ईश्वर की भाषा को जन्म दिया। मैं तब 'विष्णुसहस्रनाम' पढ़ रहा था तो उसमें भगवान् का एक नाम 'उत्तर' भी मिला और मेरी धारणा दृढ़ हुई कि ईश्वर सभी प्रश्नों का उत्तर है, कम-से-कम जिन प्रश्नों का उत्तर हमें ज्ञात नहीं है, उनका भी। इस तरह साहित्य के मूल में पहली भाषा ईश्वर की भाषा है। भारतीय मनीषा के इतिहास में ऋग्वेद पहला वेद माना जाता है और इसे एक काव्य की तरह देखा जाए, तो कहना पड़ेगा कि पहला साहित्य ईश्वर संबंधी साहित्य ही है। भारतीय साहित्य के विकास को देखा जाए, खासकर हिंदी साहित्य को, तो सिद्धों और नाथों की परंपरा हमारी हिंदी की पहली परंपरा है और इसका मुख्य सरोकार भी ईश्वर है। यह ईश्वर त्याग से मिलेगा, या योग से, यह विमर्श व्यर्थ है। उल्लेखनीय यह है कि ईश्वर की चेतना हिंदी साहित्य की भी प्रारंभिक चेतना है। आचार्य शुक्ल ने भले ही हिंदी साहित्य का आरंभ वीरगाथा काल से यह मानते हुए माना कि इसके पहले का साहित्य रहस्यपूर्ण

है, लौकिक नहीं है, आदि-आदि। पर दुनिया में अलौकिक भी लौकिक है, क्योंकि अलौकिक की चर्चा और उसके इर्द-गिर्द कोई-न-कोई व्यक्ति या समूह ही रहता है। जीवन से परे का चिंतन भी अंततः जीवन में ही है और शब्द से परे की भी अभिव्यक्ति अंततः शब्द में होती है। कोई भी रहस्य हो, किसी-न-किसी के पास वह खुला रहता है और इस प्रकार का रहस्य भी अंततः सबका ही है, क्योंकि कभी-न-कभी उसे खुलना ही है। लंबे समय तक सिद्धों, नाथों, बौद्धों ने ज्ञान और ईश्वर का तत्त्व निरूपित किया। हिंदी कविता का जन्म भी इसी प्रकार हुआ। आगे चलकर एक और आयाम वीरगाथा काल के रूप में आया। ऐसा प्रतीत होता है कि हिंदी की प्रमुख काव्यधारा तो अंततः भक्ति और ईश्वर संबंधी ही रही, कुछ तात्कालिक रूप से समय और शक्तिशाली कवियों का उभार था कि वीरगाथा की परंपरा प्रधान बन गई। इसलिए यह विवाद व्यर्थ प्रतीत होता है कि भक्तिकाल वीरगाथा की प्रतिक्रिया है या कि हिंदुओं के पराजय-बोध से उसका उन्मेष हुआ। इस संदर्भ में आचार्य हजारीप्रसाद द्विवेदी की यह बात ज्यादा महत्त्वपूर्ण लगती है, जिसके अनुसार वीरगाथा की परंपरा के बावजूद भक्तिकाल का आना एक स्वाभाविक प्रक्रिया है, क्योंकि मूल में सामाजिक ज्ञान आदि की चर्चा का स्वाभाविक विकास भक्ति में ही हो सकता है। ईश्वर को सार्वजनिक रूप देने में भक्ति की भूमिका है। समाज अपने लिए लोकतांत्रिक दृष्टि से धन, राज्य, ईश्वर सबको चाहता है। लंबे समय बाद लोकतंत्र और लंबे समय बाद भक्ति एकमात्र सामाजिक न्याय के संदर्भ में मानवता की उपलब्धि है। धन के विकेंद्रीकरण करने का संघर्ष आज भी जारी है।

भक्तिकाल की लंबी चर्चा करना या उसके व्यापक फलक का पुनरावतार करना यहाँ उद्देश्य नहीं है। तुलसी ने जिस प्रकार व्यक्ति को ग्रहण किया और उसके जिस व्यक्तिगत और सामाजिक स्वरूप को सामने रखा, वह यहाँ विवेचन का बिंदु है। तुलसी के काव्य-भक्ति या काव्य पर विचार करने से पूर्व एक बात तो अत्यंत महत्त्वपूर्ण लगती है, वह है—उनकी अत्यधिक विनम्रता। वैसे भी जिन्होंने भी जीवन को एवं ईश्वर को ठीक से जाना, वे सब बड़े विनम्र लोग थे। तुलसी तो भक्ति के शिरोमणि हैं। वे रामकथा का आरंभ करते हुए कहते हैं—बात है कि जो अत्यंत प्रिय होता है, उसका थोड़े दिनों का वियोग भी युगों की भाँति लगता है। भाव और प्रेम की दुनिया में तुलसी की अचूकता का कारण शायद यह भी है कि वे हर क्षेत्र, अवसर, मनोदशा आदि के दोनों ध्रुवांतों को पहचानते हैं। उदाहरण के लिए—

बिछुरत एक प्रान हरि लेही।
मिलत एक दारुन दुख देही॥

खल और सज्जन, ऊँच और नीच, माँहुर (विष) और मेचु (अमृत), जलज, जोंक, देव-दनुज, कुमति, सुमति, नीति, अनीति, संग्रह-त्याग आदि कितने ही द्वैतों के बीच उनकी चेतना का संवेदनशील स्वरूप सामने आता है।

तुलसी की भक्ति 'संयुत विरति विवेक' है। ध्यान देने की बात यह है कि उनकी विरति केवल संसार से पराङ्मुख नहीं, अपितु संसार के भागवत् स्वरूप के प्रति आत्यंतिक विशेष रति है। वह संसार त्याज्य है, वह राममय नहीं है। राममय होने का अर्थ है, वह संसार जो अपने धारण-कारण के प्रति सजग है, जो बड़ों का आदर करता है, छोटों को स्नेह करता है, जो गीध, शबरी, निषाद को तो गले लगाता है, वानर-भालुओं पर विश्वास करता है, पर जो वेद और तंत्र के ज्ञाता महामहिमाशाली रावण का वध करता है। जो देवताओं को भी स्वार्थी और मनुष्यों से छोटा समझता है—'साधन धाम दुर्लभ तनु, मोरहि कृपा करि दीन्हें।' मनुष्यता की महिमा का जो शाश्वत गुणगान भक्त कवियों ने किया, वह तुलसी के साहित्य में अपने चरम पर देखा जा सकता है।

तुलसी की आत्माभिव्यक्ति भक्ति और काव्याभिव्यक्ति उनके लोक-संग्रह के रूप में देखी जा सकती है। दोनों ही क्षेत्रों में उनका मानक बहुत ऊँचा है। आत्माभिव्यक्ति करते हुए उनकी इच्छा है कि

कब हुँक हौ यहि रहनि रहौगो।
यथा लाभ संतोष, काहू सा कुछ न चाहौगे।

और लोक-संग्रह इस रूप में कि

'सबहिं सुखी सब रन कामा।' जिमि
कहँ रघुपति के चरित उदारा। कहँ मतिमंद निरत संसारा।
विधि हरिहर कवि कोविद वानी। कहत जासु महिमा सकुचानी॥
सोमो सन कहि जात न कैसे। साक बनिक मनि गुन गन जैसे।
और सिया राम मय सब जन जानी करहुँ प्रनाम जेहि जुग यानी।
कवि न होइ नहिं चतुर कहाऊँ। मति अनुरूप राम गुन गाऊँ।
कवित विवेक एक नहिं मोरे। सत्य कहहुँ लिखि कागद कोरे॥

प्रारंभ से ही खल सुजन, चराचर जगत् देव दनुज गंधर्व सृष्टि के समस्त विस्तार के प्रति विनम्रता का परिचय देते हुए वे कथा का विस्तार करते हैं। कथा क्या अपनी लंबी कविता लिखते हैं और जीवन की व्याख्या करते हैं? जीवन के

परम चरम महान् स्वप्न का निर्माण करते हैं, मानवीय संस्कृति की किसी महान् ऊँचाई की अवधारणा को कविता का, प्रेम का, जीवन का और जिजीविषा का विषय बनाते हैं। तुलसी की भक्ति कविता को ध्यान से देखने पर लगता है कि ईश्वर, घटनाएँ, प्रकृति और चरित्र सब उनके भावबोध के महासागर में अपनी-अपनी लहरें और अंततः एक महान् रमणीय और स्पृहणीय महासागर का निर्माण करते हैं। यह वह सरोवर है, जो सागर की महानता और सरोवर की सुंदरता दोनों का युगपत् उदाहरण बन जाता है, जो उनकी गहरी पैठ जनमानस में है, उसका कारण उनकी अत्यंत संवेदनशीलता है। तुलसीदास की एक अन्य विशेषता भारतीय साहित्य में अद्भुत है। कम-से-कम हिंदी कविता के इतिहास में। वाल्मीकि ने जिस नायकत्व की प्रतिष्ठा राम के रूप में दी थी, उसे तुलसी ने हिंदी में थोड़ा और आगे बढ़ाया। तुलसी के राम अर्थात् तुलसी के लोक नायकत्व का स्वप्न कितना ऊँचा हो सकता है। वह इन पंक्तियों में देखा जा सकता है—

जिन्ह कै लहहिन रिपु रन पीठी।
नहिं पावहिं परतिय मनु दीठी॥
मंगन लहहिं न जिन्ह कै नाँही।
ते नरवर थोरे जगमाही॥

वह 'नरवर' थोड़े से ज्यादा हो जाए, तो समाज पुरुष चरित्र का प्रतिमान बनेगा, यह है उनके लोकनायकत्व की प्रतिष्ठा।

क्या चीज है, जो तुलसी को इतना आदरणीय बनाती है? असल में लोकजीवन तुलसी के काव्य और रामचरित के रूप में अपना अवलंब पाता है। राम दीनबंधु हैं, निष्कपट और सच्चे आदमी के एकमात्र सहारे। लोक को उन्हें पाने, उनसे कृपा पाने के लिए और कुछ नहीं करना, सिर्फ मन को निर्मल और निष्कपट करना है।

'बंदऊँ सीता राम पद जिहहिं परम प्रिय खिन्न।' यह अशरण शरणदानशीलता राम के लोकप्रिय होने का कारण है और तुलसी के काव्य-संसार का मूल महत्त्व-प्रतिष्ठादायी शक्ति। जीवन के अपार दुःखों के बीच हर व्यक्ति राम को अपने सामने खड़ा पा सकता है। चाहे वह कैसा भी हो, पर वह उनकी ओर उन्मुख हो। एक बात यह देखने की है कि भक्ति जिनमें नहीं है, वे कैसे राम को देखेंगे? राम केवल ईश्वर नहीं हैं, वे एक ऐसे स्वप्न पुरुष हैं, जिनकी प्रत्यभिज्ञा का स्मरण कम-से-कम 'अंधकार' में भी दीपक का कार्य कर सकता है। यही स्वप्न का काव्यात्मक अवतार होता है। जीवन के हर मोड़ पर तुलसी की कविताई काम की दिखती है, चाहे कुछ पाने के बाद, चाहे खोने के बाद। पाना भी लोक की कृपा है और खोना

भी लोक का कोप। लोक और लोकेश्वर जहाँ मिल जाते हैं, एक हो जाते हैं, उस बिंदु पर तुलसी की रामकथा का पुनः काव्यात्मक अवतार होता है।

तुलसी ने 'रामचरितमानस' की भूमिका में कहा कि वे 'नाना पुराण निगमागम सम्मतं यत्', जो है उसी को अपना निरूप्य विषय मानते हैं। यह भी कहा कि रामायण में जो निगमित है, उसे खास मानते हैं, पर यह भी कहा कि 'क्वचित् अन्यतोऽपि'। यह अन्यत्र से लाया हुआ उनका निरूप्य उनके अनुभव और उनकी मर्यादा दृष्टि का परिचायक है। मसलन उन्होंने सीता के निष्कासन का वर्णन नहीं किया; और भी अन्य बातें, जो रामायण में थीं, उनको भी छोड़ दिया। राम के महान् गुणों की चर्चा की, उनकी और ईश्वर की एकता में संशय करनेवालों को आड़े हाथों लिया, पर रावण को महात्मा नहीं कहा। रामायण में रावण को भी विशेष गरिमा दी गई है, जो तुलसी के यहाँ नहीं है। उसके बल पराक्रम की चर्चा करते हुए वे यह नहीं भूलते कि वह देवताओं और सद्मनुष्यों का तथा धर्म, विवेक, कर्म का द्रोही है। वह अहंकार है, राक्षस है और दंड का पात्र है। सार यह कि उनका विवेक डिगता नहीं और जहाँ कहीं वे या उनके महानतम पात्र डिगते भी दिखते हैं, वहाँ भी वे डिगते नहीं, अपने मूल्यों की रक्षा करते हैं। बालि जब राम को प्रश्नाकुल करता है—

धर्म हेतु अवतरेउ गोसाई। मारेहुँ मोहि व्याघ की नाई।

तब राम स्पष्ट करते हैं—

अनुज वधू भगिनी सुत नारी। सुनु सठ कन्या सम में चारी॥
तिहहिं कुदृष्टि विलोकहि जोई। तिन्हहिं बधे कछु पाप न होइ॥

उनके राम का मन उग्र तब भी नहीं होता, जब उनकी पत्नी का अपहरण हो जाता है। यहाँ तक कि लक्ष्मण को शक्ति लगने के बाद भी विनम्र और कातर ही दिखते हैं, पर जब उन्हें समाज के सच्चे लोगों के प्रति घोर अनर्थकारी राक्षसों द्वारा की गई करतूत का पता चलता है तो वे उग्रता की पराकाष्ठा पर पहुँच जाते हैं।

निशिचर हीन करहुँ महि। भुज उठाइ प्रन कीन्ह॥

तुलसी की गहरी पैठ का कारण उनकी लोकाभिमुखता और निरीक्षण क्षमता है। वे जानते हैं कि खल 'पर अकाज लगि तन परिहरहीं', वे यह भी जानते हैं कि 'ज्यों कपूत के ऊपजे धन कुल रीति नसाहि'। वे जानते हैं कि 'नहि दरिद्र सम दुःख जगमाँही', यह भी जानते हैं कि इससे भी बढ़कर दारुण दुःख अपमान है। काम, क्रोध, तृष्णा, ईर्ष्या, द्वेष, लोभ और लालच, चापलूसी, बड़प्पन, छोटापन सब

उनकी अनुभूति की गहराइयों से उनके काव्य जगत् में आए हैं। ऐसा नहीं लगता कि वे केवल मनोभावों, निकायों का सर्वेक्षण लिख रहे हों। जीवन उनके सामने खुली किताब है। विशेषकर कटु यथार्थ का वर्णन कर रहे हैं, पर कलिकाल का मिथक उनके बड़े काम का है। किसी भी समय, खासकर भारतीय परिवेश में उनके ऐसे वर्णनों की चरितार्थता देखी जा सकती है—

जे जनमे कलि काल कराला। करतब वाचस वेष मराला॥

'दोहावली' में वे लिखते हैं—

हृदय कपट बर बेधि घटि बचन कहहिं गढ़ि छोलि।
अब के लोग मयूर ज्यों क्यों मिलिए मन खोलि॥

तुलसी रामकथा के गायक हैं। राम उनके जननायक, लोकनायक और अखिल ब्रह्मांड नायक परात्पर पुरुष हैं। उन्होंने मनुज अवतार किया है, अतः मनुष्य के इर्द-गिर्द तुलसी का काव्य-विवेक उनकी प्रत्येक रचना में दिखाई पड़ता है। बचपन, यौवन, मानवीय पुरुषार्थ, सुख-दुःख, हानि लाभ, लोभ-तृष्णा, अच्छा-बुरा सब तुलसी के काव्य के सरोकार हैं। आदमी जहाँ शांति पाता है, वह भी और जहाँ-जहाँ उसे अशांति मिलती है, वह सब भी तुलसी के वर्णनों में अच्छी तरह से गुंफित है। जीवन के परिवार्श्वों का इतना बड़ा कवि शायद बिना मिथकीय संरचना में संभव न था। कवि को एक यथार्थ भी प्रस्तुत करना था, तो एक स्वप्न भी। उनकी रचना बढ़-चढ़कर बोलती है। रूप वर्णन की आशा से पढ़ें, प्रकृति चित्रण की दृष्टि से देखें, भाव अनुभाव और रस की प्रज्ञा से पढ़ें या काव्य के चमत्कार पर ही आपका ध्यान हो और उसी से देखें तो भी रचना की शक्ति आकृष्ट करती है। बहुत लोग ऐसा सोचते हैं कि अलंकार बहुत महत्त्वपूर्ण है तो अलंकार पदे-पदे मिलता है। पर यह बात पूरे तुलसी साहित्य में देखी जा सकती है कि इन सबसे बड़ी चीज वे मूल्य को मानते हैं। मूल्य जो उनके अनुसार श्रेष्ठ है, वह है राम का रामत्व। रामकथा स्वयं में एक जीवन मूल्य है, रामलीला मानवीय मूल्यों की एक समांतर सृष्टि है, जो अपने लक्षणों, उपलक्षणों तथा सरोकारों से पदे-पदे मानवीय मूल्यों की चर्चा करती है। इसीलिए वे जहाँ यह कहते हैं कि—

भावभेद रस भेद अपारा।
कवित दोस गुन विविध प्रकारा॥
कवित विवेक एक नहिं मोरे।
सत्य कहहुँ लिखि कागद कोरे॥

अर्थात् कविता का महत्त्व बहुत ज्यादा है, पर काव्य सत्य और मूल्य की यदि प्रतिष्ठा कर ली जाए तो वही सबसे बड़ा काव्य विवेक है। राम नाम अर्थात् एक मूल्य की संरचना ही जीवन के सत्य की परम अभिव्यक्ति है। जीवन के कर्दम के बीच मानवीय धर्म और मूल्य का कमल ही परिमल प्रदान कर सकता है। मानव तभी तक मानव है, जब तक उसका धर्म है, विवेक है, अच्छे-बुरे की पहचान है, एक कोई लोकमत या वेदमत से उसका ध्येय है, उसके जीवन में साधन की पवित्रता है और उसके भीतर संसार के स्वरूप और उसकी नियति की पहचान है। जन्म और मरण के बीच का जीवन जिस पथ में चलकर स्पृहणीयता को प्राप्त करता है, वह विवेक अपने आप में काव्य है। उस मूल्य को जीनेवाले कवि का काव्य के लिए शारदा विधाता का भवन छोड़कर स्मरण करते ही दौड़ती हुई आती है और कविता अनायास अपनी पूर्णता में प्रकट होती है।

असल में रामकथा, जो वाल्मीकि की है, वह तुलसी के समय में कुछ और हो जाती है। यह एक पाठ का दूसरे पाठ में रूपांतरण है। पर आज जब हम उस पाठ को देखते हैं तो वह पाठ तृप्ति तो देता है, पर कुछ प्रश्न भी पैदा करता है। पहला प्रश्न तो यह कि जो लोग श्रद्धा, विश्वास नहीं रखते, क्या वे इस काव्य-संसार से संतुष्ट हैं? उन्हें आपत्ति हो सकती है, क्योंकि वर्ण, आश्रम और सनातन धर्म के प्रति तुलसी अपने विश्वास में दृढ़ हैं। वे यहाँ तक कहते हैं कि रामकथा के सरोवर के निकट अन्य जन आने की बात नहीं सोच सकते। उन्हें इस कथा से कुछ मिलेगा नहीं, आदि। तो ऐसे लोग हैं, जो तुलसी पर हिंदू होने तथा कट्टर ब्राह्मणवादी सोच रखने का आरोप लगा सकते हैं। ऐसे भी लोग हैं, जो राम के परात्पर रूप के प्रति अपनी असहमति व्यक्त कर सकते हैं। पर जैसा कि पहले कहा जा चुका है, वह एक भाषा थी, भक्तिकालीन प्रज्ञा की सीमा भी, शक्ति भी, जिसमें जीवन को समझने-समझाने का काम भक्तिकालीन कवियों ने किया। उस भाषा में गए बिना तुलसी की कविताई को सराहा नहीं जा सकता। आज उसका पाठ अनेक रूपों में हुआ है, हो रहा है। रामकथा जीवन की भाँति कभी रुकती नहीं। उसका उत्तर पाठ होगा, होता रहेगा, पर देखना यह है कि यह उत्तर पाठ जीवन की उतनी सार्थकता रच पा रहा है, जो रामभरोसे तुलसी ने रची।

तुलसी जिस समय में थे, वह बहुसंख्यक जनता के मुगलिया शासन के तले दबे-दबे रहने का काल था। अनेक मत-मतांतर हिंदुओं में व्याप्त थे। बहुत सारी जनता धर्म और ईश्वर की चेतना के सरोकारों से वंचित थी। विषमता, दरिद्रता और

अपमान का वातावरण था। कोई सपना नहीं रह गया था, जिससे हर तरह से गरीब आदमी अपने को कहीं खड़ा पाता। तुलसी ने गरीबनेवाज राम को भूख की तृप्ति के रूप से सामने रख दिया। अवधी में एक बड़े भूभाग ने अपनी परंपरा, अपना ईश्वर और अपना मुहावरा प्राप्त कर लिया। जीने और मरने का तर्क, दुःख और सुख का तर्क, हानि-लाभ का तर्क, यश-अपयश का तर्क, विपत्ति-संपत्ति का तर्क, देव-दनुज का तर्क, सबका तर्क उसे मिला। बड़े पैमाने पर कविता में समाज की हिस्सेदारी पैदा करने का काम जिस तरह और बड़े कवि करते हैं, तुलसी ने किया। लोगों के नाम राम से, लोगों के काम राम से, लोगों का जीवन राम से, लोगों का मरण राम से, लोगों का सुख राम से, दुःख राम से, नाते-नेह राम से और संपूर्ण घृणा रावणत्व से जो अंधकार का सीधा द्योतक है। ऐसी सहज, सरल काव्यात्मक कृति रचने का साहस तुलसी में है, वह वाल्मीकि से भिन्न लोकमानस रच रहे थे, महापुरुष की रचना तो कथा में ही थी, वे एक लोकपुरुष रच रहे थे। लोकरानी रच रहे थे, लोकसेवक, लोकमाता का निर्माण कर रहे थे, जो अन्य किसी काव्य जगत् में दुर्लभ था। यह तुलसी का प्रबंधन है और केवल प्रबंध काव्य में ऊपरी लक्षणों के नाते ही नहीं, उसके भीतरी कारणों से वे 'रामचरितमानस' को वास्तविक प्रबंध काव्य बना सके। काव्य तो बनाया ही, पूरे जीवन का, पूरी बहुसंख्यक जनता का मन, बुद्धि और प्राणगत प्रबंधन किया। एक तरह का अवलंब प्रस्तुत किया, बुद्धिवादी तार्किक कह सकते हैं कि यह अवलंब नहीं है, राज्य और धन, पद और खेती-बारी, दुकानदारी या बैंक बैलेंस नौकरी या व्यवसाय आदि के सहारे हैं, पर यह सब कितनों के पास है, जिनके पास कुछ नहीं है, उनके जीवन का अवलंब वे रच रहे थे, वही उनकी महान् रचना है।

□

भारतीय भाषा चिंतन

—माणिक गोविंद चतुर्वेदी

यह सत्य है कि भारत में बहुत सारी भाषाएँ हैं, बहुत सारी बोलियाँ हैं और भाषा के अनेकानेक भेद हैं। इस सत्य को भलीभाँति जानते हैं। प्रसिद्ध उक्ति है—दो कोस पर पानी बदले, चार कोस पर बानी। यद्यपि इन सब बोलियों को हम जिस तरह से देखते आ रहे हैं, वह बात दूसरी है। विदेशियों ने इसको ऊपर से देखा और झट 'बहु भाषाभाषी' करार दिया। वस्तुतः भाषा के इतिहास के साथ बड़ा दुर्व्यवहार हुआ है। यह इतिहास भारतीयों ने नहीं, अपितु जो बाहर से आए, उन्होंने लिखा और उसे ही सच मानकर स्वीकार कर लिया गया। अंग्रेजी की अंधभक्ति ने इस देश में वास्तविक चित्र ही मिटा दिया, उसे ध्वस्त कर दिया। अब एक छोटा सा उदाहरण देता हूँ कि मैं यह कहूँ 'मैं घर जा रहा हूँ', देवनागरी लिपि में और दूसरा वही वाक्य उर्दू/फारसी की लिपि में लिखूँ तो दो भाषा हो गई। एक उर्दू हो गई और एक हिंदी हो गई। ये काम अंग्रेज कर गए और हमारे पढ़े-लिखे विद्वान् यह मान लेते हैं। अरे, हमारी एक ही भाषा संस्कृत है। तमिलनाडु में जाओ तो तमिल लिपि में, गुजरात में जाओ तो गुजराती लिपि में है। उत्तर में जाओ तो देवनागरी लिपि में है, भाषा तो एक ही है। पंजाबी पाकिस्तान में जाकर फारसी लिपि में लिखी जाती है, हिंदुस्तान में गुरुमुखी में। यहाँ पर भाषा तो एक ही है। एक जुबान के दो टुकड़े करके इस देश में सांप्रदायिक दृष्टिकोण के साथ नत्थी कर दिया। जब सन् 1857 में गदर हुआ, तो अंग्रेजों ने भारत में गजब की हिंदू-मुसलिम एकता देखी। वे उससे भयभीत हो गए और एक गहरी चाल चली। पहले उत्तर भारत में हमारे यहाँ उर्दू में कई काम होते थे। फिर हिंदी में और फिर फारसी में सब काम होने लगे। देवनागरी का प्रचार कम रहता था, इसलिए काशी नागरी प्रचारिणी सभा स्थापित हुई। उनका भाषा से कोई

लेना-देना नहीं था। वे मात्र देवनागरी सिखाती थी। उर्दू को देखते-देखते हिंदी बनी। आप उर्दू की कहानी, गजल, शेर और शायरी को देवनागरी लिपि में लिखते हैं तो हिंदी है, और फारसी में लिख दो तो उर्दू है। यह रीति जो हमारे देश में अंग्रेजों ने चलाई, आज तक चल रही है। हमने अपनी किताब में लिख भी दिया है कि हमारे संविधान में उर्दू एक भाषा है और हिंदी दूसरी भाषा है। उसी संविधान में हिंदुस्तानी का भी उल्लेख आता है। कोई बुद्धिमान तार्किक ढंग से सोचे, तो कैसे मानेगा। मजेदार बात यह है कि विदेशी लोग निर्णय कर गए, हमारी सरकार मान गई। बुद्धि का प्रयोग नहीं हुआ। इस स्थिति को बनाने में सबसे बड़ा योगदान हमारा है।

गांधीजी आए। उन्होंने इस फोनोलॉजी को पहचाना और चिल्ला-चिल्लाकर कहा—एक हिंदुस्तानी भाषा हमारी आम भाषा है। उर्दू से बोली जानेवाली हिंदुस्तानी हिंदी के पंडित भी नाराज हो गए और जो हिंदी साहित्य सम्मेलन का इंदौर में अधिवेशन हुआ, उसमें गांधीजी को हटा दिया गया और तय हुआ कि हिंदी, हिंदी रहेगी; उर्दू, उर्दू रहेगी। उसका परिणाम आगे चलकर क्या हुआ ? एक हिंदुस्तान बन गया, और एक पाकिस्तान।

मैं यह कहना चाहता हूँ कि विदेशियों ने हमें बहु भाषाभाषी घोषित किया और हम बिना विचारे मान गए। एक विदेशी विद्वान् मिला है मुझे, उसका नाम एम.वी. एमेन्यू है। उसने इन सबसे हटकर कहा है कि 'इंडिया इज ए लिंग्विसटिक एरिया' हिंदुस्तान एक भाषायी क्षेत्र है, इस देश में चार भाषायी स्तर की अवधारणा की गई है। एक है अर्थ विज्ञान का स्तर, उसके नीचे वाक्य-विन्यास का स्तर, उसके नीचे शब्द विन्यास का स्तर, फिर ध्वनि विज्ञान का स्तर। हमारा जो सबसे उच्च स्तर का व्याकरण है, जैसे देखिए, वाक्य की परिभाषा करने का काम अर्थ विज्ञान करता है। वाक्य है, उसको तोड़ना है, तो अर्थ के अनुसार उसका खंडन करना है और उस वाक्य के आधार पर हम अर्थ ग्रहण करते हैं। जो सिंटेक्स या वाक्य-विन्यास है, उसके नियमों का उपयोग होता है। ध्वनियों का विश्लेषण होता है, जो बोल रहा हूँ, उन ध्वनियों को कहाँ तोड़ा जाएगा। जो ध्वनियों की कड़ी होती है, उसको कैसे तोड़ेंगे ?

एक विद्वान् ने कहा कि भैया, जो हिंदी के स्वर और व्यंजन हैं, उनको ड्रॉप कर लीजिए, ऐसे काम चलेगा। हमारे वर्ण घट जाएँगे और प्रयोग किया था कि जितनी हमारी भाषा है, उनको ही स्वर मान लेते हैं और एक अर्थ निकालते हैं तो कू लिखना है तो अ के नीचे उ लगाएगा। अगर इ लिखना है तो अ के पीछे ई की मात्रा लगाएगा। ऐसे ही ऋ लगाएगा।

कोई कहता है, हम शब्दों को तोड़ते हैं। हिंदी शब्दों में जैसे कुछ जगह हमें 'ध' को तोड़ना पड़ता था। 'ख' या 'ध' को तोड़ना पड़े, यह बिल्कुल भाषा विज्ञान का एक अच्छा तर्क है। एक हमारे मित्र थे, वह कहा करते थे, वर्ण नहीं मानूँगा या स्वर मानूँगा!

तो यह ध्वनि विज्ञान की समस्या थी। हमारी अर्थव्यवस्था सिमेंटिक्स से चल रही है। वैसे कहने के लिए हमारे देश में चार-पाँच भाषा परिवार हैं। सबसे पुराना जो भाषा परिवार है, आग्नेय परिवार है। पूरब में आग्नेय परिवार मुंडा है, मध्यदेश में भी एक परिवार सबसे पुराना है, इसके नाम श्रवण जाति है, जो पूरी विकसित थी।

गाँव में रहनेवाले को गँवार नहीं कह सकते। जंगल में रहनेवाले को जंगली नहीं कह सकते। जंगल में तो बुद्धिमान लोग रहते हैं और अपना काम करते हैं। हमारे सारे वेद और उपनिषद् जंगल में ही जन्मे। तो ये जंगली जातियाँ कहना सही नहीं है। हमारे यहाँ जंगली जाति नहीं है। ये अंग्रेजों ने यहाँ आकर किया कि पाँच परिवार बनाए, उसके बाद द्रविड़ परिवार, भारोपीय परिवार, फिर तिब्बत और चीन परिवार, ये चार परिवार हैं। एक परिवार और है, जो अंडमान-निकोबार में जातियाँ हैं। अब ये चार प्रमुख भाषा परिवार हमारे देश में हैं। यह भी रोचक है कि वेद में पंचजन बार-बार आता है। इसमें पाँच तरह के लोग थे—चार वर्ण, एक निषाद।

हिंदुस्तान एक जाति का कभी भी नहीं रहा। बहुत सी जातियाँ हैं और उनमें आदान-प्रदान, लेन-देन सब बराबर चलता रहा है। उनमें छोटा-बड़ा कोई नहीं है, चाहे वो जंगल में रहे या नगर में। ये सारी शब्दावली जो एस.सी., एस.टी. बनाई गई है, उनको लोग मानकर चलते हैं। हमारे साथ एक एन.सी.ई.आर.टी. में एक प्रोफेसर थे, उन्होंने मुझसे व्यक्तिगत रूप से कहा कि चतुर्वेदीजी, मुझे ड्रागन मत कहिए। हम बर्मा में राजा थे और हम वहाँ से भागे, और दूसरे राजा आ गए। आकर यहाँ भारत की एक पहाड़ी में बस गए। ड्रागन कहाँ से हो गए? ये सारी बदमाशियाँ अंग्रेजों की हैं और याद रखिए, आज देश में हमारी सरकार नहीं है। वह अंग्रेजों की है, जो अंग्रेज बनाकर छोड़ गए। हमारी भाषा जो एक बहुमुखी विधान है, जैसे मैं घर जाता हूँ। हिंदी में पहले कर्ता है, फिर कर्म है और फिर क्रिया। अंग्रेजी में होगा—पहले कर्ता, फिर क्रिया, फिर कर्म। ये अंग्रेजी इंडो आर्यन परिवार की है, जिसकी हमारी हिंदी है, ये अभी भी भारोपीय परिवार के हैं और इनकी संरचना है अलग-अलग, लेकिन तमिल उठाइए—'नान वेट को कोरयल'। बिल्कुल हमारी तरह कर्ता-कर्म किया। तो हमारी भाषाओं का एक आर्थिक स्तर है, जो विभिन्न

परिवारों की भाषाओं को निकट लाता है। हमारे अंधविश्वास भी ऐसे ही हैं। बिल्ली रास्ता काटती है तो हम बुरा मानते हैं। ये हिंदुस्तान में उत्तर में भी है, पूरब में भी है, दक्षिण में भी है।

हिंदी और भोजपुरी में जो वाक्य-विन्यास पर विचार करें, तो पाएँगे कि हिंदी की क्रिया संरचना थोड़ी कम जटिल है, भोजपुरी की अधिक। ये जो वाक्य संरचना है, वह भोजपुरी, तेलुगु, तमिल में भी है। मेरा विचार है कि व्याकरण हमारा लगभग एक-सा है और उसके नीचे आइए। ध्वनि व्यवस्था में थोड़ी अधिक निभता है।

लेकिन 10,00,000 की जनसंख्या में बोली जानेवाली केवल 25-30 भाषाएँ हैं। एक ही शहर में दो-तीन भाषाएँ चलती हैं। काशी में ही जो मल्लाह बोलता है और जो पक्के महाल में रहनेवाले बोलते हैं, उससे बनारसी बोली अलग है। तो यहाँ कई समुदाय के लोग आकर बसे हुए हैं। यहाँ हर जगह का आदमी आकर बस गया है। यहाँ बंगाली भी हैं, तमिलनाडु से भी हैं, गुजराती भी हैं। अलग टोली आकर बस गई और अपनी टोली को बचाए रखती है और सबमें जब बाहर निकलेंगे तो एक सामान्य बनारस की बोली है, जो भोजपुरी नहीं, लेकिन भोजपुरी के बहुत नजदीक है।

मैं वर्षों से दिल्ली में रह रहा हूँ, लेकिन दिल्ली की जो पंजाबी है, वह मुझे नहीं आती है। मैं बोल नहीं सकता, लेकिन कोई पंजाबी में कुछ बोले, समझ लेता हूँ। दक्षिण की जो हमारी भाषा है, उसमें समस्या यह हुई कि उन्होंने संस्कृत का प्रयोग कम कर दिया। लेकिन एक जमाना था। तमिल नाम की जो शैली है, बड़ी ही प्रामाणिक है। इसमें एक शब्द तमिल का, एक संस्कृत का। ऐसी ही शैली में कविता की जाए और देवनागरी में छाप दी जाए, तो पढ़कर समझ में आ जाएगी। ऐसी संरचना यूरोप में नहीं हो सकती। एक वाक्य फ्रेंच भाषा का इंग्लैंड में पढ़ाइए, तो वह नहीं पढ़ पाएगा, न ही समझेगा कि इसमें अंतर क्या है? भाषा भेद यूरोप में ज्यादा है। हमें यह समझना चाहिए कि पूरे यूरोप में अंग्रेजी नहीं समझते हैं। अंग्रेजी से घृणा भी करते हैं। यदि आप लोग पेरिस जाएँ और अंग्रेजी में कुछ पूछ लें, तो आदमी आपको देखेगा ही नहीं। और आप भोजपुरी में कहें—मुझे बता दो ये, तो ध्यान से सुनेगा। इशारों में समझाएगा। यूरोप में अंग्रेजी बोलना ही नहीं, जब तक सामनेवाले के बारे में पता न हो जाए कि उसको अंग्रेजी आती है। जो पेरिस के लोग हैं, वे अंग्रेजी को गँवारों की भाषा मानते हैं। कल्चरल भाषा तो फ्रेंच है। सामान्य राजा-रानी, महारानी और जो बड़े-बड़े थे, उनकी भाषा फ्रेंच थी। हमारे देश में

भाषिक एकता आज से नहीं है, सात सौ साल से है। तीन-चार सौ साल से एक प्रदेश में कई जातियों के लोग रहे हैं तो हमारा आदान-प्रदान हो रहा है। भाषिक एकता के कारण इस देश का खंडन नहीं हो सकता है। जो जाति-भेद-भाषा, भेद बने हैं, ये सब अंग्रेजों की देन हैं।

संक्षेप में, भाषा वैज्ञानिक स्तर चार हैं—अर्थ, वाक्यविज्ञान, पदविज्ञान और ध्वनिविज्ञान। इन चारों स्तरों पर हमारे पाँच परिवार की भाषाओं के बीच गहरा आदान-प्रदान हुआ है और उनमें समानता आ गई है। इस सबका जो मॉडल था, यहीं का था। पाणिनि के 'अष्टाध्यायी' के आधार पर जो कारक विचार है, वह आधार बनाकर प्रोग्राम बनाया जाना चाहिए। अब स्थिति यह है कि सिस्टम बन गया है और कार्य प्रगति पर है। भारत की भाषिक एकता बहुत ही मूलबद्ध और भारत की भाषा परंपरा बड़ी प्राचीन है, पारंपरिक है।

भारत में संसार की सबसे अधिक प्राचीन साहित्य संस्था एवं परंपरा आज भी जीवित है, जो वैदिक ग्रंथों के रूप में विद्यमान है। वह संसार में सर्वाधिक जीवंत है और उसकी परंपराएँ आज तक चली आती हैं। चीन ही एक ऐसा देश है, जहाँ इस तरह की परंपरा है। वहाँ साम्यवाद आया, सांस्कृतिक क्रांति हुई और पूरी परंपरा भी भ्रमिक हो गई। लेकिन यह हमारे देश का सौभाग्य है कि हमारे यहाँ भी अनेक परिवर्तन हुए, आक्रमण हुए, ध्वंस भी हुआ, फिर भी कुछ ऐसी बात है कि हमारी परंपरा जीवंत है और आज तक जीवित है, थोड़ी कम जरूर हो गई, सीमित हो गई है, तब भी आज भी वेदानुयायी लोग हैं, वे वेदों को पढ़ने के लिए तैयार हैं, वेदों की ऋचाओं का अपने जीवन में दिन-प्रतिदिन उपयोग कर रहे हैं। वेदों की तिथि के बारे में विवाद है। कुछ इसे 4500 ई.पू. मानते हैं, कुछ 3500 मानते हैं तथा कुछ 2200 मानते हैं। पूरी रेंज है इस वेद की तिथियों की और यह विदेशियों ने किया है। दूसरी महत्त्वपूर्ण बात यह है कि वैदिक काल में ही साहित्य की दो धाराएँ—एक ललित साहित्य की और दूसरी शास्त्रीय साहित्य की स्थापित होती हैं। जो वेद हैं, वे हमारे साहित्य के मूल हैं और जो वेदांग हैं, वे हमारी शास्त्रीय परंपरा के मूल हैं। उन दोनों का शुभारंभ वैदिक काल में ही हो गया था। वैदिक काल की परंपरा के बाद (कहते हैं न आगम, निगम और आगम) उसमें वेद, वेदांग, संहिता ग्रंथ, आरण्यक ग्रंथ, उपनिषद ग्रंथ, ये चार चीजें हैं, जिनको वैदिक वाङ्मय में शामिल किया जाता है। सूक्त, अनुक्रमणिका आदि तमाम चीजें हैं। इन सबमें वेदों का विकास हुआ। इनको प्राथमिक शिक्षा की कड़ी माना जाता था।

प्राथमिक शिक्षा में अमूमन श्रुतिपूर्णता चलती थी। गुरुजी बोल रहे हैं—हम लोग सुनते हैं और पुनः पाठ करेंगे, इसको कैसे अपनी स्मृति में स्थापित किया जाए। इसके लिए ही पाठ परंपरा विकसित की गई थी। बिना कलम-कागज बच्चों को बार-बार बुलवाकर कंठस्थ करा दिया जाता। ऐसा कंठस्थ कराया कि विस्मृति न हो। घनपाठ, जटापाठ की परंपरा है। ये दिमाग में शब्दों को स्थापित करते हैं। अब यहाँ एक फॉर्मूला है, जिसकी सीमित मैमोरी है, वह कम है। हमारे मस्तिष्क में छोटा सा स्पेस है, जितनी सामग्री भर देंगे, अगर सिस्टम से भर देंगे, तो हमेशा काम आएगी। एकाध अपवाद तो है। कहीं भी आप रहें, लेकिन आपके दिमाग में जो चीज स्थापित हो गई है, ये सिस्टम से हुई है। वह पाठ एक व्यवस्थित चीज है और उससे हम सीख लेते हैं। स्वरों का आदान करते हैं। वेद मंत्रों का गायन है, एक स्वर व्यवस्था है। यदि उस हिसाब से गाएँगे, तो निश्चित है कि मस्तिष्क में एक चीज बन जाएगी। लेकिन मस्तिष्क के बारे में एक बात निश्चित जानिए। ये बिल्कुल मिट्टी है। इसको यदि मारा जाए तो दर्द नहीं होगा और जैसे हम आपको सुनते हैं, देखते हैं, ये मूर्ति में प्राण-प्रतिष्ठा करते हैं तो मूर्ति पूज्य हो जाती है। ये तो मिट्टी है, ऐसे ही जब तक इसमें प्राण-प्रतिष्ठा आप करेंगे। जितना अधिक प्राण डालेंगे, उतनी ही मूर्ति पूज्य हो जाएगी, छोटा सा शब्द है 'ध्यान'। ध्यान पर ध्यान दीजिए, उसमें 'धी' और 'आन' दो शब्द हैं। यह यण् संधि होगी। बुद्धि में 'आन' माने 'प्राण', 'प्राण' आन ही है। 'ण' की जगह 'न' है। जितना प्राण डालेंगे, प्राण के साथ जो संकल्प डालेंगे, वह स्थिर रहेगी। और जप करके और स्थिर करेंगे, राम-राम-राम-राम रोज करेंगे तो एक ही जगत् गहराई में जाएगा। तो उसमें से एक नई शक्ति, एक नई सामर्थ्य उत्पन्न हो जाती है। और जो शब्द सामान्य स्तरीय है, सामान्य शब्द है, महान् बन जाता है। उसमें शक्ति आ जाती है।

सारा काम हमारे ऋषि-मुनियों ने समझा था, जाना था और इसीलिए ये पाठ परंपरा विकसित की थी। पाठ पढ़ाया गया। ये परंपरा बहुत दिनों तक चलती रही, बुद्ध के आने के बाद भी चलती रही। बुद्ध की जो शिक्षा संस्थाएँ बनीं, उनमें भी यही परंपरा स्थापित हुई। कोई भी बालक वेद पढ़कर बुद्ध बन जाता था। लेकिन जितनी शैक्षिक संस्थाएँ हैं, उनमें क्या पढ़ाया जाता था? सबसे पहले 'श्रुति स्मृति' पढ़ाया जाता था। सबको पढ़ाया जाता था। आज तो यह हो गया है कि लोग कहते हैं, ब्राह्मण धर्म के विरुद्ध बुद्ध खड़े हुए। लेकिन हमारे यहाँ ये कभी नहीं हुआ। ये जो विदेशी दृष्टि है, उन्होंने हम पर आरोपित किया है और आज भी हम लोगों को

सिखाए जा रहे हैं। खासतौर से नए विद्यार्थियों से हमारा विशेष आग्रह है कि आप सोचिए। आपसे जो कहा जाता है, उसको मत मानिए। अपनी बुद्धि से सोचिए और तर्क लगाइए।

अंग्रेज मुसलमान से कहता था कि देखो, तुम तो आदम की औलाद हो, तुम आदमी जाति के हो। हिंदू से कहते थे, तुम मनु की संतान हो, मनुष्य जाति के हो। इसलिए मुसलमान से कहता, उर्दू को बढ़ाना है तो फारसी पढ़ो। अरबी-फारसी के शब्द डालो। हिंदू से कहता था, संस्कृत शब्द का प्रयोग करो, तो मैं मुसकराया। वे राजा थे, हम प्रजा थे। जो कहा गया, वह माना गया। तो वह आज भी सरकारी काम है। उसमें आज भी उर्दू एक अलग भाषा है, हिंदी अलग भाषा है। आपकी सूचना के लिए कह रहा हूँ कि इंग्लैंड में तो हिंदी उर्दू क्लब बनाया गया है। ये दो नहीं हैं, एक ही हैं। ऐसे ही बातें करेंगे। यहाँ पर पहले धर्म के नाम पर बाँटा गया, फिर जाति के नाम पर। भारतीय साहित्य के बारे बताना चाहूँगा कि भारतीय वाङ्मय के दो खंड हैं। एक ललित है, जिसमें भावना है, जिसे काव्य कह सकते हैं। दूसरा है, जिसे शास्त्र कहते हैं। शास्त्र उस विषय विशेष का आध्यात्मिक-वैज्ञानिक चिंतन-मनन है। कविता क्या है? कविता के कितने प्रकार होंगे? इन सबकी चर्चा शास्त्र में है और काव्य अलग है। यहाँ पाँच भाषा का परिवार है, सैकड़ों साहित्य हैं। आप देखेंगे कि गुजरात में जितने राजदरबार थे, जितनी छोटी-मोटी भाषाएँ थीं, हर एक रियासत में ब्रजभाषा का कवि बैठा हुआ था। तो मथुरा में ही ब्रज भाषा नहीं है, ब्रज में ही नहीं है, वह तो पूरे देश की है और इसमें देश के सभी लोगों ने लिखा है। केंद्रीय भाषा तो संस्कृत है। लोग इस भाषा को पश्चिमोत्तर प्रदेश की भाषा मानते हैं। लेकिन जो काशी की संस्कृत है, उसका क्षेत्र मध्यदेश है। मध्यदेश का मतलब है, गंगा-यमुना के बीच हिमालय और विंध्य के बीच का जो क्षेत्र है। वह उसकी भाषा प्रारंभ से हिंदी तक पूरे देश की भाषा रहती थी। इस प्रदेश की भाषा ही पूरे देश में छाई है। केंद्रीय भाषा में ललित साहित्य भी लिखा गया। तमिल भाषा में साहित्य के साथ-साथ शास्त्र साहित्य भी है। एक पुस्तक है—'तोलकप्पम'। वह काव्य है। आदिकाल से दसवीं शताब्दी तक इस देश में एक ही भाषा का राज रहा है। दसवीं शताब्दी के बाद एक नई प्रवृत्ति जनमी और क्षेत्रीय भाषा के साथ-साथ साहित्य विकसित होने लगा। महाराष्ट्र में मराठी लिखनेवाले संतों का नाम है—ज्ञानश्री। वह पहले से चली आ रही है। लेकिन वहाँ शास्त्र परंपरा नहीं है। कविता लिखने के लिए, छंद लिखने के लिए है। या गुजराती उनका मूलतः लोकसाहित्य

ही प्रमुख रहा। लोक-कीर्तन रहे, लोककथाएँ रहीं, वार्त्ताएँ रहीं। उड़िया का भी यही हाल है। मध्यदेश की भाषा में दोनों ही परंपराएँ मिलती हैं। तब तक रीतिकाल आ गया। रीतिकाल शास्त्रीय ग्रंथों से भरा पड़ा है। अलंकारशास्त्र, छंदशास्त्र, रस, सिद्धांत आदि पर ग्रंथ लिखे गए। आयुर्वेद, इतिहास, गणित की पुस्तकों का अनुवाद किया गया। कर्मकांड की किताब लिखी गई। 'लीलावती' संस्कृत में गणित की बहुत अच्छी पुस्तक है। इस तरह की अनेक रचनाएँ मिलेंगी। आयुर्वेद के ग्रंथ अनुवाद करके देशी भाषाओं का उदय हुआ। इसकी व्याख्या में, मैं नहीं जाऊँगा कि ये दसवीं शताब्दी में क्यों हुआ? दसवीं शताब्दी से आधुनिक भारतीय भाषाओं की शुरुआत हुई। फिर अपभ्रंश आती है। तब मराठी, बंगाली, भारतीय भाषाएँ साहित्यिक भाषाएँ बनती हैं और फिर वे अपने-अपने क्षेत्र में स्थापित हो जाती हैं। गुजरात में, अहमदाबाद और वडोदरा इन दोनों नगरों के बीच का जो इलाका है, वो मूल गुजराती क्षेत्र है। इस इलाके में भाषा का जो मानकीकरण किया गया, तो उससे साहित्य का उदय हुआ। बंगाल का हाल यही है। मराठी का हाल यही है। पुणे के आसपास की मराठी माणिक हुई, फिर मानक भाषा बन गई। इस तरह एक क्षेत्रीय भाषा एक विशेष प्रदेश के क्षेत्र को अपने अंदर लेकर मानकीकरण किया और उसको शिक्षा का माध्यम बनाया और वह पूरे प्रदेश में छा गई। हिंदी की कहानी उलट है। हिंदी एक ऐसी साहित्यिक भाषा है, जिस साहित्यिक भाषा में रूपांतर हुआ है। एक साहित्यिक भाषा अपभ्रंश है, उसका रूपांतरण पिंगल, पिंगल का रूपांतरण खंड भाषा और खंड भाषा की जो शाखा है, वह दक्षिण में जाती है और वहाँ बनती है हिंदी। हिंदी शब्द का तो यहाँ अमीर खुसरो ने प्रयोग किया। उत्तर भारत में दक्षिण में कुतुबशाह राजा था हैदराबाद का, उसने एक रचना लिखी है हिंदुस्तानी में, वह कहता है कि मैं हिंदी में लिख रहा हूँ। उस समय हम उत्तर की भाषा को 'भाखा' कह रहे थे। उस समय वह हिंदी कह रहा था और कालांतर में यहाँ हिंदी और उर्दू बन जाती है। भाखा से निकली हिंदी, जिसे हम 'दक्खिनी हिंदी' कहते हैं, उत्तर के लखनऊ में आती है। दिल्ली में आती है तो उर्दू बन जाती है।

□

भारतीय संस्कृति की सामासिकता और हिंदुत्व पर पुनर्विचार

–अंबिका दत्त शर्मा

भारतीय संस्कृति के मौलिक प्रतीकों पर ध्यान रखते हुए विचार करें तो यह कहा जा सकता है कि धर्म और मोक्ष इसमें प्रमुख हैं। इसमें वैदिक संस्कृति का प्रतीक धर्म है, जिसमें लोकभावना, जगद्‌भावना ही प्रधान रही है। 'मोक्ष' द्राविड़ या आर्येतर किसी अन्य सांस्कृतिक धारा का प्रतीक है और उसमें वैदिक जीवन-विधि का निषेध, संन्यास का प्राधान्य तथा लोकातिक्रमण-पूर्वत स्वरूप-सिद्धि ही श्रेय है। इतिहास के गर्भ में छिपी यदि यह बात सही भी हो तो बाद में इन दोनों धाराओं के प्रतीक भारतीय संस्कृति में संयुक्त होकर उसके दो अविभाज्य अंग बन गए। इन दोनों की अविभाज्यता ही भारतीय संस्कृति की आत्म-प्रतिमा है। इस आत्म-प्रतिमा ने ही भारतीय संस्कृति को इतना समन्वयात्मक बनाया है कि पक्ष-प्रतिपक्ष, प्रश्न-प्रतिप्रश्न भी इस संस्कृति के अंगभूत हो जाते हैं। प्राग्वैदिक मनुओं के द्वारा पुनः-पुनः प्रवर्तित यही 'सा प्रथमा संस्कृतिर्विश्ववारा' है। यही आर्य, आर्ष, हिंदू या व्यापक अर्थों में वैदिक संस्कृति के नाम से जानी जाती है।

भारतीय संस्कृति ने अपने सुदीर्घ जीवन के इतिहास में अनेक उतार-चढ़ाव देखे हैं और विजातीय प्रहारों को भी सहा है। प्राचीन काल से ही भारत में अनेक जातियों का आगमन होता रहा है और वे सभी जातियाँ भारतीय संस्कृति की गंगा में मिलकर उसी तरह एकमेव हो गईं, जैसे अनेक छोटी-बड़ी नदियाँ गंगा में मिलकर गंगा ही हो जाती हैं। चारों तरफ से सत्य का स्वागत, चाहे वह किसी भी दिशा से आए। रुचीनां वैचित्र्याद् ऋजु-कुटिलनाना-पथयुषां। नृणामेको गम्यस्त्वमसि पयसामर्णव इव। रुचि-प्रवृत्तियों की अनगिनत विभिन्नताओं को एक सर्वसमावेशी

गंतव्य में नियोजित करने की अद्‌भुत क्षमता इस संस्कृति में रही है। संस्कृति के इसी समन्वयात्मक चरित्र के चलते यहाँ कभी भी और किसी भी प्रति-संस्कृति का निर्माण नहीं हुआ। स्मार्त, वैष्णव, शैव, शाक्त, बौद्ध, जैन और लोकायत जैसी परंपरा विरोधी या समानांतर विचारों की यहाँ स्वस्थ और परस्पर समादृत परंपराएँ रही हैं। फिर भी इन सभी ने अपनी-अपने सांस्कृतिक स्वायत्तता का दावा नहीं किया और न ही सभी ने मिलकर किसी सम्मिश्र संस्कृति का निर्माण ही किया है। भारतीय मूल की इन सभी विचार-परंपराओं को न अ-हिंदू, न तो हिंदुत्व-भ्रष्ट, बल्कि हिंदुत्वोपजीवी रूप में ही पुरस्कृत किया जा सकता है। द्रष्टव्य है कि कुछ लोग शैव-शाक्त और स्मार्त-वैष्णव परंपरा को तो नहीं, लेकिन लोकायत, बौद्ध और जैन परंपराओं की सांस्कृतिक स्वायत्तता की बात अवश्य सोचते हैं; परंतु वास्तविकता यह है कि ये सभी हिंदू संस्कृति के अनुशयी मात्र हैं। अनुशयी कहने का तात्पर्य यह है कि एक शरीर में अनेक जीव निवास करते हैं और उनमें कोई एक जीव ही शरीर को स्वायत्त करनेवाला होता है। वस्तुतः वही शरीर के प्रति उत्तरदायी और शरीर उसी से परिभाषित होता है। शेष जीव अनुशयी मात्र ही होते हैं। भारतीय संस्कृति में दिखाई पड़नेवाली अनेकता एवं विभिन्नताओं की स्थिति और भूमिका अनुशयी मात्र होने में है।

द्रष्टव्य है कि भारत भूमि पर वेदों की घोर निंदा करनेवाले, ऋषियों को धूर्त, भाँड, निशाचर कहनेवाले लोकायत दर्शन की परंपरा तो रही और आद्यंत रूप से उसे पूर्वपक्ष के रूप में सम्मान भी मिलता रहा; लेकिन लोकायतिक जैसी कोई सांस्कृतिक धारा भी इस देश में रही हो, ऐसा नहीं कहा जा सकता। यदि कुछ कहना आवश्यक हो तो अधिक-से-अधिक इसे प्रति-संस्कृति ही कहना उपयुक्त होगा। यह बात अलग है कि प्रति-संस्कृति केवल मूल सांस्कृतिक परंपरा का क्षय ही करती है, स्वयं में कोई संस्कृति नहीं होती।

अब यदि जैन दर्शन के संदर्भ में भारतीय संस्कृति की सामासिकता पर विचार करें तो यह परंपरा ऋषभदेव से महावीर स्वामी पर्यंत अपने घोर निवृत्तिवादी निहितार्थों के साथ वैदिक संस्कृति के साथ रची-बसी रही है। वास्तव में, इसे मुनि बनने की प्रक्रिया में लोक-जीवन के विधि-निषेध से परे संस्कृति-निरपेक्ष ही कहा जा सकता है। जैन परंपरा में हिंदू संस्कृति से इतर किसी सांस्कृतिक अस्मिता के लिए सैद्धांतिक और व्यावहारिक तौर पर कोई आग्रह भी नहीं दिखाई पड़ता है। सोमदेव सूरि ने इस अभिप्राय को स्पष्ट शब्दों में व्यक्त करते हुए कहा है कि 'सर्व

एव हि जैनानां प्रमाणं लौकिको विधिः। यत्र सम्यक्त्वहानिर्न यत्र न पतदूषणम्', अर्थात् 'जैन कोई भी लौकिक मर्यादा स्वीकार कर सकते हैं, यदि सम्यक् दृष्टि की हानि न हो और पत दूषण की संभावना न हो।' पुनः जैन परंपरा में हिंदू देवी-देवताओं का प्रवेश, श्राद्ध-तर्पण, जप-महिमा, अस्पृश्यता, गोमय लेपन, शुद्धि का अतिरेक, मांस दान, दानाष्टक और समन्वय दृष्टि इत्यादि ऐसे तत्त्व हैं, जो जैन धर्म-दर्शन को हिंदू संस्कृति का समानधर्मा सिद्ध करते हैं। कुल मिलाकर हिंदू संस्कृति और जैन परंपरा के अंतर्संबंध के प्रश्न पर इतना ही ध्यातव्य है कि दोनों की आत्म-प्रतिमा एक-दूसरे के विरुद्ध नहीं। निवृत्तिवादी चरित्र में जैन परंपरा मोक्षगामी है और प्रवृत्तिवादी चरित्र में वह धर्म की हिंदू अवधारणा की विरोधी नहीं, बल्कि उससे सामंजस्यित है।

इसी तरह बौद्ध परंपरा भी आद्यंत रूप से निवृत्तिवादी परंपरा ही रही है। इसमें भिक्षु, संघ और विनय इत्यादि सबके सब निर्वाणोन्मुखी अनुशासन हैं। यहाँ लोकसाधन और परमार्थसिद्धि के लिए दोनों को सोपान क्रम में अन्वित करने के लिए कोई पुरुषार्थ व्यवस्था स्वीकृत नहीं है। निर्वाण साधन के लिए संन्यास व तप एकमात्र पुरुषार्थ है। इसलिए श्रामण्य और निर्वाण का लोक-व्यवस्था में सीधे-सीधे कोई प्रवृत्तिमूलक संबंध बनता भी नहीं है। भिक्षु बनना समाज और संस्कृति से निरपेक्ष होने की प्रक्रिया है। इसीलिए लोकजीवन के विधि-निषेध, जाति-पाँति, शिक्षा-सूत्र के भेदभाव भिक्षु पर उसी तरह लागू नहीं होते, जैसे हिंदू परंपरा में ये सबकुछ संन्यासी अथवा ब्रह्मज्ञानी पर लागू नहीं होते। बुद्ध ने 'विनयपिटक' तो दिया, लेकिन कोई धर्मशास्त्र प्रस्तुत नहीं किया। स्वयं बुद्ध का कथन है कि 'लोको मया सार्धं विवदति, नाहं लोकेन सार्धं विवदामि', अर्थात् लोक से बुद्ध का विवाद नहीं, लोक ही उनसे विवाद करता है। इस संदर्भ में वाचस्पति मिश्र की यह टिप्पणी उचित ही है कि 'बौद्धों के पास लोक-व्यवस्था के लिए कोई विधान नहीं और न वैयक्तिक तथा सामाजिक जीवन के लिए आगम। अतः लोकयात्रा के निर्वाण हेतु उन्हें श्रुति-स्मृति, इतिहास-पुराण का ही अनुसरण करना पड़ता है।' जयंत भट्ट ने भी इसी प्रकार की टिप्पणी करते हुए कहा है कि वैदिक मर्यादा के प्रभाव में बौद्ध भी स्पृश्यास्पृश्य भेद करते ही हैं। यद्यपि ऐसे सभी उदाहरणों के स्वर आलोचनात्मक हैं, फिर भी दो मूर्धन्य विद्वानों की उपर्युक्त टिप्पणी से इतना तो अवश्य संकेतित होता है कि वैदिक परंपरा और बौद्ध परंपरा के मध्य दार्शनिक विरोध कितना भी तर्क-कर्कश क्यों न रहा हो, उस काल तक बौद्ध धर्म-दर्शन ने किसी प्रति-संस्कृति

का रूप अख्तियार नहीं ही किया गया था। वस्तुतः एक बृहत् परंपरा में जिस तरह लघु परंपराएँ निजी पहचान बनाए हुए भी रच-बस जाती हैं, उसी तरह जैन-बौद्ध विचारधाराएँ भी भारतीय संस्कृति के अंगभूत रूप में रची-बसी परंपराएँ हैं।

वास्तव में, देखा जाए तो बौद्ध धर्म-दर्शन ने वैदिक संस्कृति की धार्मिक और दार्शनिक चेतना को बहुत व्यापक रूप से प्रभावित किया है। किंतु इस प्रभाव का स्वरूप संस्कृति-निरपेक्ष इस अर्थ में है कि इसका किसी सामाजिक-सांस्कृतिक आचार-संहिता से कोई विरोध नहीं। यदि बौद्ध वाङ्मय में अवांतर रूप से हिंदू सामाजिक-सांस्कृतिक व्यवस्था की यत्र-तत्र आलोचनाएँ मिलती हैं तो उसका मुख्य स्वर परिष्कार का है, न कि समानांतर विकल्प की स्थापना का। वास्तविकता यह है कि बौद्ध धर्म-दर्शन का मूलगामी प्रश्न यह है कि मनुष्य नैतिक क्यों नहीं है? अपने मार्ग को परिशोधगामी कहकर भगवान् बुद्ध ने इसी प्रश्न का उत्तर दिया है।

संक्षेप में, इसका अभिप्राय यह है कि सर्वप्रथम मानवीय चेतना के प्राकृतिक प्रवाह, पाशव, वृत्तियों का आत्यंतिक निरोध होना चाहिए। मनुष्य की चेतना जब अपनी प्राकृतिक और जैव बुभुक्षाओं से ऊपर उठती है, तभी उसमें होने के अर्थ और गंतव्य की आत्मचेतना जागती है। अन्यथा वह राग-द्वेष, मान-मोह, मद-मत्सरादि में उलझे रहने को ही सत्य समझती है। बौद्ध चिंतन में यह बात देखने लायक है कि बुद्ध की 'सत्कार्य दृष्टि' से लेकर नागार्जुन की 'सर्वदृष्टि प्रहाण' तक की समस्त सैद्धांतिक और मूल्यात्मक संरचनाएँ मनुष्य की कर्तव्याकर्तव्य के लिए कोई सामाजिक आचार-संहिता न प्रदान कर उसे पहले-पहल नैतिक होने की मूलभूत पात्रता प्रदान करती हैं। यह ऐसा तत्त्व है, जो किसी भी सामाजिक-सांस्कृतिक व्यवस्था को उसके आदर्श स्वरूप में आत्मसात् कर निर्वाणोन्मुखी हो सकता है। बौद्ध दृष्टि इसी अर्थ में आर्य मार्ग है और उसके आर्यत्व की यही पहचान है। ध्यातव्य है कि इसी मूलगामी दृष्टि के साथ बौद्ध धर्म-दर्शन इस देश से बाहर जहाँ भी गया, कहीं भी पूर्व प्रचलित सामाजिक-सांस्कृतिक व्यवस्था का प्रतिरोधी नहीं बना।

अब, यदि भारतीय संस्कृति की सामासिकता का विचार इसलाम की धार्मिक संस्कृति के संदर्भ में करें तो इस देश में बहुत से विचारक इस बात का प्रबल समर्थन करते हैं कि भारत में इसलाम के आगमन के पश्चात् यहाँ एक गंगा-जमुनी संस्कृति का विकास हुआ है। यहाँ यह संभव नहीं कि गंगा-जमुनी संस्कृति के पक्षकारों को सर्वांशतः संदर्भित किया जाए; परंतु समवेत रूप से उनकी दृष्टिहीनता

के प्रति इतना ही कहा जाना पर्याप्त होगा कि सांस्कृतिक साझेदारी महज एक भौगोलिक साझेदारी नहीं है, जो केवल दो संस्कृतियों के संपर्क से निरूपित होती हो। सांस्कृतिक साझेदारी वास्तव में तात्त्विक साझेदारी होती है, जो दो संस्कृतियों की वैचारिक सगोत्रीयता से निरूपित होती है। ध्यातव्य है कि भारतीय संस्कृति और इसलामी संस्कृति के बीच तात्त्विक साझेदारी संभव ही नहीं है और इस कारण वह समाज की ओर सांप्रदायिक समूह में प्रवर्तित होती है, जिसमें धार्मिक चेतन का 'स्व' इतना कट्टर होता है कि वह किसी भी 'पर' को उसके 'स्वत्व' में स्वीकार ही नहीं कर सकता। यह बात इसलाम के पूरे इतिहास को चरितार्थ होते देखी जा सकती है। वे सभी लोग, जो इस बात का दंभ करते हैं कि इसलामी योगदान से भारत में एक मिली-जुली संस्कृति बनी है, वे इस ऐतिहासिक तथ्य पर क्यों नहीं विचार करते कि ऐसा भारत में ही क्यों संभव हुआ और अन्यत्र क्यों नहीं हुआ, जहाँ इसलाम इससे पहले ही पहुँचा था। उदाहरण के लिए—तुर्किस्तान, मिस्र, सीरिया, ईरान, इराक, अफगानिस्तान और इंडोनेशिया में इसलामी सत्ता से पूर्व समृद्ध संस्कृतियाँ विद्यमान थीं; लेकिन वे सब कहाँ लुप्त हो गईं और वहाँ मिश्रित संस्कृति क्यों नहीं बनी? फिर, यह भी उन्हें सोचना चाहिए कि भारत से महज सन् 1947 में अलग हुए पाकिस्तान में मिश्रित संस्कृति कहाँ गुम हो गई? यह विशुद्ध इसलामिक संस्कृति अर्थात् फारस और गांधारवाली धार्मिक संस्कृति में अविलंब क्यों रूपांतरित हो गई? अत: इस संदर्भ में इतना ही गौरतलब है कि स्पेन से लेकर मध्य एशिया तक जहाँ भी इसलाम का प्रसार हुआ, वहाँ 'सम्मिश्र संस्कृति' का कोई इतिहास नहीं है। भारत में यदि कुछ सौ वर्षों में तथाकथित गंगा-जमुनी संस्कृति बनी भी, तो इसका निहितार्थ इसलामी विश्व-विजय का भारत में पराभव ही है। यहाँ इस पर भी ध्यान देना होगा कि बड़े पैमाने पर धर्मांतरण के बावजूद भारतीय मुसलमान वह नहीं बन पाए, जो इसलाम का आदेश था। इसीलिए बीसवीं सदी में यहाँ 'तबलीगी आंदोलन' चलाया गया, ताकि भारतीय मुसलमान पुन: भारत से विमुख होकर अरबमुखी हो सकें।

द्रष्टव्य है कि लाला लाजपत राय, जवाहरलाल नेहरू तथा बी.डी. पांडेय और इतिहासकार ताराचंद जैसे अनेक विचारक भी इस बात की हामी भरते कभी थकते नहीं कि भारत में मुसलिम शासन वास्तव में विदेशी शासन था ही नहीं। इसलामी शासकों ने यहाँ की हिंदू स्त्रियों से विवाह रचाए और उसके बाद यहाँ न कोई विजेता रहा और न ही विजित। सबके सब घुल-मिल गए। परंतु इसके पलट के परिदृश्य

पर उनका ध्यान नहीं जाता कि किसी हिंदू शासक ने भी मुसलिम स्त्री से विवाह किया हो और उसे स्वीकृति मिली हो। पुनः ऐसे विचारकों का ध्यान अमीर खुसरो के इस प्रकार के वक्तव्यों पर क्यों नहीं जाता कि "संसार की अनादिकाल से यह रीति चली आ रही है कि हिंदू सदा तुर्कों का शिकार बना है। हिंदुओं का अस्तित्व ही केवल तुर्कों के लिए है। तुर्कों से ये सदा विजित होते रहे हैं। जो जब चाहता है, इन्हें पकड़ता है, खरीदता है और बेचता है।" वह तो यहाँ तक कह जाता है कि यदि हिंदुओं से जजिया लेकर उन्हें बख्शा न गया होता, तो हिंदुओं का नामोनिशान ही मिट जाता।

गंगा-जमुनी संस्कृति की वकालत हुए कुछ लोगों का यह मानना है कि भारत में उर्दू भाषा और साहित्य का विकास हिंदू-मुसलिम संस्कृति के मिश्रण का ही परिणाम है। परंतु इकबाल जैसा व्यक्ति जब यह कहता है कि 'मेरा मटका अजती (अरब इतर) है तो क्या, मेरी शराब तो हिजाजी (अरबवाली) है। मेरा गाना अजमी है तो क्या, मेरी लय तो हिजाती है।' तो बात कुछ और ही बनती दिखती है। इस प्रकार के अनेक संदर्भों को देखने से विदित होता है कि उर्दू भाषा और साहित्य की प्रेरणा इसलामी संस्कृति ही रही। इसे अधिक-से-अधिक इसलामी स्वर का भारतीय परिधान मात्र ही कहा जा सकता है। हाँ, इसलाम की सूफी धारा अपेक्षाकृत उदार मानी जाती है। इस धारा की फकीरी में एक ओर विद्रोही विचारों के गुण-सूत्र उस तरह से नहीं देखे जाते, तो दूसरी ओर भारतीय संस्कृति के उत्पाटन की आक्रामक कट्टरता भी देखने को नहीं मिलती। परंतु इतिहास में सूफी-संतों के कुछ कारनामे ऐसे हैं, जो उनकी उदारमना साधुता पर सवालिया निशान छोड़ देते हैं। उदाहरण के लिए, ख्वाजा मुईनुद्दीन चिश्ती ने तो मुहम्मद गोरी को भारत पर आक्रमण के लिए आहूत ही किया था। ऐसे ही सैयद नूरुद्दीन मुबारक जब गजनवी सुहरावर्दी सुल्तान इल्तुतमिश के धर्माचार्य नियुक्त किए गए, तो वे उलेमाओं का एक प्रतिनिधिमंडल लेकर सुल्तान से फरियाद करने गए कि हिंदुओं को इसलाम या मृत्यु में से एक के वरण करने की अंतिम चेतावनी दे दी जाए। सौभाग्य से धर्माचार्य की इस फरियाद पर अमल न कर टाल दिया गया था। इसी तरह कुछेक सूफी-संतों द्वारा खुलेआम आक्रामक युद्धों में भाग लेने के ऐतिहासिक साक्ष्य मिलते हैं और उसके उपलक्ष्य में उन्हें 'कत्ताल' (बहुत अधिक कत्ल करनेवाला) और 'कुफ्फार-भंजन' (काफिरों को खत्म करना) की उपाधि से नवाजा गया था।

बातों को और अधिक न बढ़ाते हुए हम केवल इतना ही कहना चाहते हैं

कि भारत में हिंदू-मुसलिम इतिहास का चित्रपट इतना विशाल है कि हाशिए पर दोनों के बीच अपनेपन और नितांत पराएपन के बहुतेरे संदर्भ प्राप्त होते हैं। लेकिन सत्य जो केंद्र में है, वह यह कि अपनेपन का प्रस्ताव हिंदू पक्षीय और पराएपन का प्रस्ताव इसलाम पक्षीय है। हिंदू-मुसलिम इतिहास की यही वह सच्चाई है, जिसके आधार पर यह कहा जाता है कि भारत में इसलाम के राजनीतिक विजय अभियान को पूरे तौर से सांस्कृतिक पराजय का सामना करना पड़ा। दूसरे शब्दों में कहें तो इसलाम की धार्मिक संस्कृति और साम्राज्य विस्तारवादी राजनीतिक सैन्य शक्ति पर हिंदू संस्कृति का सहिष्णु स्वभाव भारी पड़ा और इस कारण इसलाम के योगदान से भारत में कोई गंगा-जमुनी सामासिक संस्कृति नहीं बनी। इसलाम यहाँ आद्यंत रूप से एक प्रति-संस्कृति की भूमिका और स्थिति को ही अख्तियार किए रहा है। भारतीय संस्कृति का एक विलक्षण वैशिष्ट्य इस बात में निहित है कि इस संस्कृति में अनेक धार्मिक आस्थाएँ समाहित हो सकती हैं। इसलिए भारतीय संस्कृति में इसलाम ही नहीं, कोई भी धार्मिक आस्था अपनी संस्कृति को बनाए रखकर स्वीकृत हो सकती है। भारतीय संस्कृति में आत्मसातीकरण के अद्‍भुत सामर्थ्य का यही रहस्य है। कहने का तात्पर्य यह है कि कोई भी धर्मावलंबी अपनी धार्मिक आस्था में अक्षत रहते हुए भी भारतीय संस्कृति का अंग हो सकता है। परंतु इसलाम या समान परंपरा की अन्य धार्मिक संस्कृति में किसी दूसरी धार्मिक आस्था के स्वीकार्य होने के लिए कोई अवकाश नहीं। अत: उनका किसी भी धर्म या संस्कृति से इस प्रकार का तालमेल संभव ही नहीं कि अंतर्धार्मिकता अथवा सांस्कृतिक सामासिकता को सुदृढ़ आधार प्राप्त हो सके।

भारतीय संस्कृति में सहिष्णु जीवन-दृष्टि का इतना व्यापक आधार किसी दूसरी सभ्यता और संस्कृति में दुर्लभ है। महाकवि रवींद्रनाथ टैगोर ने हिंदू संस्कृति के इस अमृतनाभ को बहुत ही अंतरंग रूप से पहचाना था। तभी उनके कवि हृदय से यह सच्चाई बेबाक फूट पड़ी थी कि—'हेथाय आर्य हेथाय अनार्य हेथाय द्राविड़-चीन। शक-हूण-दल पाठान-मोगल एक देहे होलो लीन।' इसी सच्चाई को बहुत पहले 'भागवत' में उद्‍घोषित किया गया था—'किरातहूणान्ध्रपुलिन्दपुक्कसा: आभीरतरव: यवना: खसादय:, शुद्धयन्ति तस्मै प्रभविष्णवे नम:।' द्रष्टव्य है कि इसी सच्चाई को हाली ने मुसद्दस में स्वकीय अस्मिता भीति के साथ उजागर किया है—'किए पै सिपर जिसने सातों समुंदर, वो डूबा दहाने में गंगा के आकार।' 'रहा शिर्फ बाकी न वह्मोगुमाँ में, वो बदला गया आ के हिंदोस्ताँ में।'

हिंदू संस्कृति की ऐसी सहिष्णुता और उदारता सांस्कृतिक सामासिकता के तथाकथित आधुनिक आदर्श से कहीं अधिक और आगे का सत्य है। इस सत्य को उजागर करने के लिए हम यहाँ एक अत्यंत ही संवेदनशील मुद्दे को एक नवीन प्रकाश में विश्लेषित करना चाहेंगे। हिंदू संस्कृति की समस्त उदारता के बावजूद सन् 1947 में भारत का विभाजन हुआ और मुसलमानों के रहने के लिए एक अलग राष्ट्र 'पाकिस्तान' बना। हम और आप सभी जानते हैं कि यह विभाजन धर्माधारित है। ऐसी परिस्थिति में हिंदुओं को यह अधिकार नैतिक रूप से अपने आप ही प्राप्त हो जाता है। परंतु हिंदुओं ने वैसा नहीं किया, अर्थात् राजनीतिक-धार्मिक इसलाम की प्रतिक्रिया में अपने को परिभाषित करना उन्हें अपने सांस्कृतिक चरित्र के प्रतिकूल लगा। इस तरह शेष भारत को ही 'संपूर्ण भारत' के रूप में स्वीकार किया गया।

सन् 1947 की विपरीत परिस्थितियों में लिया गया यह निर्णय किसका था? स्पष्ट है कि यह ऐतिहासिक निर्णय महात्मा गांधी, जवाहरलाल नेहरू या किसी राजनीतिक दल का न होकर हिंदुत्व का महाविमर्श था। इस निर्णय के माध्यम से स्वयं उस भारत में अपने को संपूर्ण जातीय अनुभवों के साथ प्रकट किया था, जिसके चलते सभ्यता और संस्कृतियों के विश्व इतिहास में उसे महान् कहा जाता है। यदि थोड़ी देर के लिए भारत को उसके महान् अतीत से काट भी दिया जाए, तो सन् 1947 के इस निर्णय के आधार पर यह कहा जा सकता है कि आजाद, लेकिन विभाजित भारत की नींव और प्रतिष्ठा भी हिंदुत्व की सांस्कृतिक भावभूमि पर हुई है। हिंदुत्व के इस सांस्कृतिक सच को जब तक इस देश के इसलाम धर्मावलंबी नहीं समझेंगे, तब तक वे अपनी संख्यात्मक विशालता को चाहे जितना बढ़ा लें और कुटिल भारतीय राजनीतिज्ञों से चाहे जितना तुष्टीकरण पा लें, पर उन्हें हिंदू संस्कृति की सहिष्णुता के मर्म को सचमुच समझना होगा और कुछ ऐसा कर दिखाना होगा, ताकि वे उस ऐतिहासिक निर्णय के सहभागी बन सकें।

किमत्र बहुनोक्तेन नास्तिक्यं हेतुकारकम्।
जिज्ञासा हि न नास्तिक्यं, साधयेत् साधुबुद्धिषु॥

—शिवपुराण

□

संस्कृति और कला के अंतर्संबंध

–कपिल तिवारी

संस्कृति ज्ञान की छाया में विकसित होती है और ज्ञान की छाया के मूल में एक जीवन दृष्टि होती है। जीवन दृष्टि का मूल नहीं बदलता। मूल जीवनदृष्टि संस्कृति की ज्ञान परंपरा का प्राण होती है और ज्ञान परंपरा में हम सदियों-सदियों दीक्षित होते आ रहे हैं। उसमें संस्कारित होते रहते हैं। एक अर्थ में सर्जित भी हुए और नहीं हो पाए, तो ऐसे भावुक तो जरूर हुए, जो सर्जना का सम्मान करते हों। यह उल्लेखनीय है कि जैसे ज्ञान-परंपरा की छाया में एक संस्कृति विकसित हुई, ठीक इसी तरह से संस्कृति की छाया में एक पूरी-की-पूरी कला-परंपरा भारत में विकसित हुई। इस क्रम में महान् वैष्णव परंपरा भारत में पनपी। भक्ति की परंपरा के चार महान् वैष्णव आचार्यों ने संप्रदाय स्थापित किए। एक-एक कृष्ण भक्ति संप्रदाय की साधना में खूब रचा गया है। इस देश की संस्कृति का बड़ा हिस्सा कृष्ण को घेर रखा था। डॉ. वासुदेव शरण अग्रवाल ने इस बात का जिक्र किया है कि भारत के सबसे प्राचीन लोकनृत्य का अगर वाङ्मय में कोई उल्लेख आता है तो उसका नाम 'हल्लिरास' है, जो ब्रज जनपद में होता था। उसकी अवधि उन्होंने करीब 5000 हजार साल पूर्व की बताई है। पहले आभीरों के संस्कृति की लोक मंडलाकृत होता था और स्त्री और पुरुष दोनों इस नृत्य को करते थे। श्रीकृष्ण इसके केंद्र में थे। जरासंध के कारण कृष्ण को मथुरा छोड़नी पड़ी और एकदम भारत से दूर पश्चिम द्वारिका में अपनी राजधानी बनाई। यह नर्तन की लोक-परंपरा गुजरात में जनमी। आज आप जिस चीज को 'डाँडिया रास' और 'गरबा रास' कहते हैं, वह यह हल्लिरासक का अपभ्रंश रूप है। अब वहाँ हो क्या गया, कच्छ का जो इलाका गुजरात में है, उसमें एक समुदाय, जिसको 'मालदारी' कहा जाता है, जिनको आप

अपने काशी में अहीर या यादव लोग कहते हैं, जो गौपालन करनेवाले हैं, इन लोगों को कच्छ में 'माल्वी' कहा जाता है। भारत में करीब सोलह लोकशैलियों द्वारा हल्लिरासक का यह अपभ्रंश नृत्य उन समुदायों के लोगों द्वारा किया जाता है।

उत्तर प्रदेश में बुंदेलखंड का जो हिस्सा है, उसमें यादव लोग एक 'पाइदंडा' नृत्य करते हैं। यह उरई, जालौन आदि में बड़ा ही प्रसिद्ध है। यह दीपावली पूजा के समय होता था। यानी मूल लोकपरंपरा एक सांस्कृतिक परंपरा से जुड़ी। गोवर्धन पूजा गाय की पूजा होती थी। 15 दिनों तक लगातार परेति नृत्य बुंदेलखंड के उत्तर प्रदेश और रूहेलखंड में होता था। छत्तीसगढ़ में इस संप्रदाय को 'राहूत' कहते हैं और नृत्य का नाम ही पड़ गया—राहूत। ठीक इसी तरह से कच्छ में यादवों को मालीरा/मालधारी कहा जाता था और मालधारी समुदाय जो है, डाँडिया करता हाथों में डंडे लेकर, एक-दूसरे से टकराते हुए ध्वनि करते हुए बड़ा सुंदर नर्तन होता है। उसकी 16 नृत्य मुद्राएँ हैं। 16 कलाओं से पूर्ण है। सत्रहवीं मुद्रा में उस नर्तन के दो हिस्से कर दिए गए। स्त्रियाँ अलग हो गईं। उन्होंने क्या किया, ताली बजाकर गरबा करना शुरू कर दिया? मालधारी तो डाँडिया ही करते हैं, पर स्त्रियों ने गरबा शुरू कर दिया और वह जुड़ गया शाक्य परंपरा से। उसकी जो अवधि थी, वह दीवाली के बजाय दशहरा कर दी गई। नवरात्रि में गरबा और डांडिया दोनों हैं, वहाँ पर। कला पर कोई विचार मानव स्वतंत्रता की बुनियाद में है। कमाल देखिए कि कृष्ण का जन्म कारागार में हुआ। स्वतंत्रता को बंदीगृह से ज्यादा अलग कहाँ अनुभव किया जा सकता है?

जो स्वयं स्वतंत्रता का विराट् समष्टिगत आकार था, देवरूप होकर धरती पर आया, उसका जन्म हो रहा है, कारागार में। लेकिन जब स्वतंत्रता जनमती है तो कृष्ण के जन्म के साथ कारागार के सारे द्वार खुल जाते हैं, जेल टूट जाती हैं। प्रहरियों को नींद आ जाती है। यह तो उनका जन्म है। महान् समय में कला की महान् स्वतंत्रता का जन्म है। विचार करिए, क्या अद्‍भुत बातें हैं? जन्म देनेवाली माँ और जन्म देनेवाले पिता तो कारागार में हैं। धीरे-धीरे कृष्ण बड़े होते हैं। संस्कृति में दीक्षित हो रहे हैं, विलास कर रहे हैं और अंतत: भारतीय आध्यात्मिक जीवन और गहरी चेतना में मधुरता पैदा करते हैं। एक हँसता-गाता धर्म धरती पर आकर किसी ने प्रस्तावित किया तो वह कृष्ण हैं। हँसता, नर्तन करता प्रसन्न। वह कहता है—कौन से इंद्र की पूजा कर रहे हो, जो इतना उत्पात मचा रहा है? मेरी छाँव में आओ, मैं गोवर्धन को ऐसे करके छाया में तुम सब लोगों को कर दूँगा।

आओ, मैं हाथ बढ़ाता हूँ। मेरे साथ नृत्य करो। मेरे साथ गीत गाओ। ऐसा लगता है कि कृष्ण के समय में भारत को एक अवसाद घेर गया था और वह उससे बाहर निकालने के लिए उपस्थित हुए।

वे कहते हैं—धर्म कुछ नहीं है। तुम्हारी प्रसन्नता से बड़ा धर्म संसार में कोई और है? तुम्हारे आनंद से बड़ा धर्म कोई और है? और देखते-देखते एक महान् युगल मूर्ति राधाकृष्ण के रूप में भारतीय कला में श्रीमद्भागवत में प्रस्तुत है। श्रीमद्भागवत के ऊपर सखियों के नाम हैं। राधा का नाम नहीं है। ये राधा कहाँ से प्रकट हुई और देखते-देखते कृष्ण की आद्यशक्ति बन गई। आराधना होने लगी। विग्रह बनने लगे। रास होने लगे। प्रेम और मिलन की लीला संभव होने लगी और अनंत सुंदरता चित्त में फैल गई। ये पुष्टिमार्गी वैष्णव संप्रदाय में, निंबार्क संप्रदाय में, हरिदासी संप्रदाय में, श्रीनाथजी के विग्रह के पीछे उनके पूजन के ठीक पहले एक चित्र गाथा जो है, उसको लगाया जाता है। उनकी पूजा के तुरंत बाद हटाकर प्रसाद के रूप में दे दिया जाता है। श्रद्धापूर्वक ग्रहण किया जाता है। ऐसी एक परंपरा है, लेकिन इसने सदियों-सदियों तक भारतीय चित्र परंपरा को पुष्ट किया। ये सारे कारीगर चित्रकार थे, जो विग्रह के साथ जानेवाली टोली थी, उसके साथ जाते थे। संस्कृति, कला-परंपरा दोनों साथ-साथ जुड़े हुए हैं।

कृष्ण का एक उदाहरण ध्यातव्य है। यशोदा नाराज हो गई। कृष्ण उत्पात में मोह आसक्ति के बंधनों को अज्ञात के बंधनों को तोड़नेवाले महापुरुष थे। समष्टि और चराचर जगत् के स्वामी जो हैं। सबको पता है, माँ की ममता के आगे इतने विवश हैं, यह अद्भुत है। माँ, माँ होती है। ममत्व चित्त और भाव का पूरा विषय है। सूर को जब पढ़िए, कृष्ण को कभी बड़ा नहीं मानते। कमाल है, सारे बाललीला के पद मैंने पढ़े। 'सूरसागर' को पूरा पढ़ा। क्या बात है, कृष्ण इसमें जैसे जानते हों कि सब बच्चे बड़े हो गए हों। बाहर चले जाते हैं, फिर लौटते नहीं हैं और सूरदास कृष्ण के बिना रह नहीं सकते, जैसे कहते हों कि मैं अंधा आदमी, तुम चले जाओगे बाहर तो मैं गिर पड़ूँगा। मैं तुम्हें बड़ा नहीं होने दूँगा। आप अष्टछाप के कवियों का कवित्त तो पढ़िए, मानो भाव का पूरा समुद्र। मीरा कहती है—वह मेरे प्रेमी हैं, मेरे पति हैं।

ये कवियों का ख्वाब था। आप जरा इस पर विचार करिए, भक्तिकाल की यह जो महान् कविता है, क्या यह काव्य आस्वाद के लिए भारत में रची गई थी? धरती भर कविता के पूरे इतिहास में यह एक अपूर्व घटना है। जब थोड़े से संत-

कवियों की जो वाणी है, कुछ सदियों के भीतर देखते-देखते लोगों का भजन बन जाए। ऐसा सौभाग्य तो धरती में कविता के लिए भारत के अलावा और कहीं नहीं मिलता।

इसका संस्कृति के साथ एक गहरा संबंध है। कवि होने के पहले वे संत थे और संत होने का और कोई अंत नहीं है, सिवाय इसके कि जिन्होंने अपने भीतर देखा, सत्य को जाना और तब कहीं जाकर रचा। कभी-कभी चीजें सरलीकृत होकर नारे भी बन जाती हैं। जैसे हम लोग कहते हैं—भारतीय संस्कृति की विविधता ही एकता है। एक स्लोगन बन गया, तो एक तरफ से चलें, या तो ठीक से इसकी विविधता को देखें, तो उसकी एकता समझ में आ जाएगी या एकता का जो केंद्र है, उसको ठीक से समझें, तो जो हजार-हजार रूपों में दिखता है, वह समझ में आ जाएगा। कठिनाई यह है कि न तो आप उसके केंद्र में हैं और न ही उसकी विविधता की संपूर्णता को जानना चाहते हैं। कला आराधना के लिए भी हो सकती है। ऐसा भी भारत में दिखाई देता है। ऐसा बौद्ध परंपरा, वैष्णव परंपरा ने सिद्ध किया।

मैं उन भाग्यवानों में से हूँ, जिसे हबीब तनवीर के साथ 15 वर्ष रहने का मौका मिला। मैं जिस अकादमी में निदेशक था, उस अकादमी का और उनके जीवन के 75 वर्ष पूरे होने के उनके सम्मान में मैंने एक विशाल रंग उत्सव किया था। उसको मैंने नाम दिया था 'प्रणम', उसकी सर्जना के लिए प्रणाम करना, उनके साथ और देश भर के रंग समीक्षकों को बुलवाकर उस पर कुछ बातचीत की, एक बहुत बड़ी प्रदर्शनी, जिसमें जीवन भर के फोटोग्राफ, पुराने कॉस्ट्यूम और भी सारी चीजें थीं। मैंने उनसे पूछा कि ये ब्रिटिश राडा अकेडमी में ट्रेनिंग करने के बाद छत्तीसगढ़ के नाचा के कलाकारों के साथ कैसा लगा? दरसल छत्तीसगढ़ में नाचा ही लोक रंग भरता है और इतना लोकप्रिय है कि दस-दस हजार लोग आज भी दुर्ग, रायपुर, बिलासपुर आदि जगहों पर नाच देखने जाते हैं। नाच के कलाकार बड़े प्रतिष्ठित और प्रतिभाशाली होते हैं। एक और बात, तनवीरजी ने एक ऐसे समुदाय की बात की, लोगों को छत्तीसगढ़ में अपने रंगकर्म से जोड़ा। जो घुमंतू समुदाय, गायक समुदाय के लोग हैं। तनवीरजी की रंगमंडली में जो गायिकाएँ हैं, वे सब अद्‌भुत हैं।

उन्हें एक वरदान मिला है। इतने मीठे हैं और गजब की समझ है, उसका क्या कहना, माल्हा, केदार, बिरहा। जवाब मुझे इसलिए मिला कि वह रंगमंच के लिए

आदमी रखते हैं। मुझसे कहते थे—'कोरे लोग', मैंने कहा—कोरे लोग का क्या मललब है? वह बोले—यार, बात असल में यह है कि सभ्यता-संस्कृति पैरों को बहुत बाँध देते हैं। तुम्हारी सभ्यता-संस्कृति की पकड़ जिन लोगों पर बहुत नहीं हुई है, वैसे थोड़े खुले हुए लोग मुझे चाहिए। जो अगर हाथ ऐसे करते थे तो हमें पूरा हाथ फैलाना आता है। अगर वे कोई चक्कर लगाते थे तो सचमुच में कुछ सेकंडों में एक वृत्त बनाना जानते थे। ये लोग गा भी सकते थे। नर्तन भी कर सकते थे। अभिनय भी कर सकते थे। शर्ट डिजाइन भी कर सकते थे। कोरे लोगों को सिखाया जा सकता है। प्रशिक्षित और संस्कारित लोग तो बहुत जटिल हो जाते हैं। इनके मन बहुत जटिल होते हैं। उनकी धारणा ही बँध जाती है। बँध जाता है सबकुछ। हमारे यहाँ बुंदेलखंड एक जगह है। वहाँ एक लोकनर्तन है, उसे 'कुलदहका' कहते हैं। बड़े संपन्न किसान या जमींदारों के घर लोग नर्तन करने जाते थे तो कोदो या सरसों फर्श पर फैला दी जाती थी। जितनी दूर तक नृत्य कर लोग उतना बटोर लो और ले जाओ। मैं यह देखकर बहुत दंग था कि जो कोल लोग हैं, उनकी उँगलियों के अलावा शरीर का और कोई हिस्सा नर्तन ही नहीं करता था, सिर्फ उँगली ही नाचती थी। मैं बड़ा आश्चर्यचकित हुआ और चेहरा भी ढका रहता है। उन लोगों का घूँघट रहता है। दरअसल अगर किसी क्षेत्र में सामंतवाद सदियों-सदियों तक भयानक बर्बरता का रूप ले, तो मनुष्य के पूरे शरीर को बाँध देता है। हाथ नहीं उठते, आँखें नहीं दिखतीं। आँखें बाहर किसी को देख नहीं सकतीं। आत्मविश्वास के साथ चल नहीं सकते। आँख अंतराकाश में नर्तन के लिए फिर से फैलती नहीं। कोई गति नहीं रहती। यह जो आत्मा में घुस गया है सामंतवाद, वह उसकी आत्मा को खा जाता है। ऐसे नृत्य से सूचना मिलती है। ऐसे नृत्य भारत में हैं। मुझे तनवीरजी की बात समझ में आती है। मुझे कोरे लोग चाहिए, ऐसे जो बँधे हुए न हों, जो कुचले नहीं गए, जिनको इतना अनुशासित नहीं किया गया है, मुझे ऐसे लोग चाहिए रंगमंच के लिए। उन्होंने सबसे पहले ज्ञानी लोगों का चुनाव छत्तीसगढ़ में अपने लिए किया और पूरे संसार में भारतीय रंगकर्म की पताका फहराई। आपको मालूम है कि अकेले भारतीय रंगकर्मी, जिनको थियेटर अवार्ड दुनिया में मिला और वो मिला था 'चरनदास चोर' के लिए, जो एक लोककथा पर खड़ा किया गया था।

एक ऐसे चोर की कहानी जो पकड़ा जाता है। एक साधु के समक्ष आता है और साधु उससे कहते हैं—अच्छा जीवन जीने के लिए मेरी दीक्षा यही है कि तुम सच बोला करो, झूठ बोलो तो वह रहा चोर। झूठ के बिना उसका काम

नहीं चलनेवाला और वह सच बोलना शुरू करता है। एक साथ उसके जीवन में कठिनाई, मुश्किलें पनपने लगती हैं। और अंततः एक रानी के प्रेम में पड़कर सच बोलने के कारण मारा जाता है। वह बचता नहीं है। हम सत्यवादी हरिश्चंद्र की कथा पढ़ते हैं कि अपने पुत्र के शव को देखकर सत्य उनकी परीक्षा लेता है और फिर ईश्वर प्रकट होते हैं, दर्शन देकर पुष्पवर्षा करते हैं, लेकिन उस अद्‌भुत लोककथा में लोक का अपना अनुभव सत्य के अन्य कई पहलू स्पष्ट करता है।

संस्कृति की समझ हमें अपनी ज्ञान-परंपरा से होती है। यह जो कला है, सुंदरता का पूरा संसार है।

□

संस्कृत का वैश्विक स्वरूप

—अभिराज राजेंद्र मिश्र

स्वर्गीय बाल गंगाधर तिलक के वसंतसंपात-सिद्धांत के अनुसार मैत्रायणी संहिता में उपलब्ध वसंतागम विवरण ईसा से प्राय: 4500 वर्ष प्राचीन सिद्ध होता है। 'दि ओरियन' नामक ग्रंथ में प्रतिपादित तिलक का यह सिद्धांत, ग्रह-स्थिति की ज्योतिषीय कालगणना पर आधारित होने के कारण, शंका-संदेह से परे है।

संप्रति सूर्य के पूर्वा भाद्रपद नक्षत्र के चतुर्थ चरण में संक्रांत होने पर वसंत ऋतु का प्रारंभ हो रहा है। परंतु 'शतपथ ब्राह्मण' में यही वसंतारंभ मृगशिरा की संक्रांति से तथा मैत्रायणी-संहिता में पुनर्वसु नक्षत्र की संक्रांति से बताया गया है। इसका अर्थ हुआ कि वसंतारंभ कराने में सूर्य निरंतर पिछड़ता जा रहा है। तिलक का यह मत था कि सूर्य यदि अपनी संक्रांति में पूरा एक नक्षत्र पिछड़ जाए, तो इस खगोलीय घटना में 960 वर्ष लगते हैं। आज का सूर्य मैत्रायणी-संहिता में वर्णित सूर्य से चूँकि साढ़े चार नक्षत्र पीछे आ चुका है। अत: वेदमंत्र-वर्णित सूर्य की वह स्थिति अब से $4\frac{1}{2} \times 960 = 4320 + 2013 = 6633$ वर्ष पूर्व रही होगी। चूँकि पुनर्वसु नक्षत्र की अधिदेवता देवमाता अदिति है, इसीलिए तिलक ने विश्व-संस्कृति के इस सु-ज्ञात प्राचीनतम कालखंड को 'अदिति युग' नाम दिया।

अदिति युग भारतीय संस्कृति का वह युग है, जब वेद अस्तित्व में आए। उस समय संपूर्ण विश्व अंधकार के गर्त में था। वैदिक संस्कृति के ही प्रचार-प्रसार ने ज्ञान का आलोक एशिया माइनर (तुर्किस्तान) से लेकर मिस्र की फराह संस्कृति तक फैलाया। इस संस्कृति का एकमात्र माध्यम थी संस्कृत भाषा, जिसे ई.पू. आठवीं शती में (डॉ. वासुदेवशरण अग्रवाल; पाणिनिकालीन भारतवर्ष) महर्षि पाणिनी ने सदा-सदा के लिए स्थिर रूप प्रदान किया।

वैदिक धर्म-संस्कृति एवं संस्कृत की प्रतिष्ठा मध्येशिया की हिसी तथा मितानी संस्कृतियों में, ई.पू. 2500 वर्ष में भी थी। इसका पता तब चला, जब चेकोस्लोवाकिया के प्राग यूनिवर्सिटी के उत्खनन विशेषज्ञ प्रो. हाज्नी ने 1895 ई. में (वर्तमान) तुर्की के बोगाज-कोई टीले की खुदाई कराई। अनेक विस्मयावह प्रमाणों के साथ, इसी खुदाई में उत्कीर्ण संधि-पत्र का वह शिलापट्ट भी मिला, जिसमें दोनों पक्षों के युद्धरत राजाओं ने मित्र-वरुण-नासत्य तथा इंद्र को साक्षी मानकर संधि की है। 1905 ई. में प्रो. हाज्मी की रिपोर्ट के प्रकाशित होते ही पूरे विश्व में हड़कंप मच गया। हाज्मी ने यह गहन शोध किया था कि हित्ती तथा मितानी संस्कृतियाँ पूर्णत: वैदिक थीं तथा डेढ़ हजार ई.पू. तक उनका अंत हो गया था। इस स्थापना के बाद ही फ्रेडरिक मैक्समूलर को फ्रांस की एक सभा में, क्षमायाचना-सहित वेदतिथि-संबंधी अपना मत (ई.पू. 12वीं शती) वापस लेना पड़ा।

मिस्र देश की राजसत्ता भी वैदिक संस्कृति के सन्निकट थी। यूनानी विद्वान् जॉन बोकह के मतानुसार ई.पू. 6502 में मेनस् (मनु) से प्रारंभ होनेवाली यह शासन-परंपरा ई.पू. 11वीं शती तक आई। मध्यवर्ती पाँच हजार वर्षों में फराह (देवदूत) पदवीवाले, मिस्र के 18 राजवंशों के राजाओं ने यहाँ राज किया। अंतिम नरेश तूतनखामन था। ई.पू. 14वीं शती में सम्राट् अमन होतप ने, यहाँ बहुदेववाद को समाप्त कर, एक देव (सूर्य) की प्रतिष्ठा की। उसने सूर्य की अद्‌भुत स्तुतियाँ लिखवाईं, जो वेद के सवितृसूक्त से मेल खाती हैं। कुछ उदाहरण द्रष्टव्य हैं—

नत्रुइ सुनुइन त्याउ आसा ससु
पुआ औं आरफ हरुपन श्वन्तत पुऊन।
अरि बुनकर अरुअन् आँखियु
ववु वातु आबु बस अस आन् सुतन
ओम् ओषान रपिन्तु आतन॥

हे जीवनदाता सूर्य! तुम्हारा सांध्यकाल कितना सुंदर है। जब तुम अस्ताचल का संस्पर्श करते हो तो संपूर्ण चराचर जगत् तुम्हारा रूप देखकर, उस परमेश्वर की वंदना करता है, जिसने तुम्हें सिरजा है। तुलना करें—

आ कृष्णेन रजसा वर्तमानो निवेशयन्नमृतं मर्म्यच।
हिरण्मयेन सविता रथेना देवो याति भुवनानि पश्यत्॥

सम्राट् अमन होतप ने अखनतन् (सूर्यप्रकाश) की उपाधि धारण की थी तथा कर्नाक में अत्न (सूर्य) देवता का विशाल मंदिर भी बनवाया था। उसकी राजधानी

'तेल अल अमर्णा' थी, जो अब ध्वंसावशेष-मात्र है।

ईसा पूर्व पाँचवीं-छठी शताब्दी तक यूनान से भारत के संबंध सुदृढ़ हो चुके थे। सिकंदर के आक्रमण के साथ ही उसके प्रमाण मिलने लगते हैं। इस युग के यूनानी इतिहासकार टॉलिमी, प्लिनी, पाम्पिनस दि मेला, पेरिप्लस तथा इरिथ्रियन-लेखक आदि एक बृहत्तर भारत के भूखंडों की प्रभूत सूचनाएँ अपने ग्रंथों में देते हैं। प्रश्न यह है कि यदि भारत एवं यूनान का गहरा संबंध नहीं था तो उन्हें भारत-विषयक इतनी विस्तृत सूचनाएँ मिलीं कहाँ से?

मेगस्थनीज का तो भारत आगमन इतिहाससिद्ध है, जो कि मेगस्थनीज-प्रणीत 'इंडिका' अब मिलती नहीं। बस उसके छिटपुट उद्धरण ही परवर्ती ग्रंथों में मिलते हैं, तथापि उनमें मौर्ययुगीन भारतीय समाज का बोध होता है।

सेल्युकस का एक सामंत निआर्कस, जो पचास वर्षों तक पश्चिमी पंजाब में रहने आया, ने भी 'इंडिया' नाम से अपने संस्मरण ई.पू. 150 में लिखे। वह बताता है कि पंजाब में रुई से उत्कृष्ट कागज बनाया जाता था। महर्षि पाणिनि को न केवल यवनी तथा यवनानी शब्दों का ज्ञान था, प्रत्युत दोनों का अंतर भी वे जानते थे।

'रामायण', 'महाभारत', 'कथासरित्सागर', 'वृहत्कथामंजरी', 'महावंश', 'लंकावतार' तथा अन्यान्य संस्कृत कथाग्रंथों में द्वीपांतर सागर-यात्रा के रोचक लोमहर्षक वर्णन मिलते हैं। वर्षा ऋतु की समाप्ति के बाद ये यात्राएँ ताम्रलिप्ति नदी के मुहाने तथा उत्कल के सागर-तट से की जाती थीं। इन यात्रियों में कुछ महत्त्वाकांक्षी साहसी राजकुमार तथा पुरोहित भी थे, जिन्होंने वृहत्तर भारत के भूखंडों पर भारतीय उपनिवेशों की स्थापना की। फूनान (कंबुज) में ब्राह्मण कौण्डिन्य ने, चंपा (वियतनाम) में राजा श्रीमार ने तथा जावा में पूर्णवर्मा ने प्रथम से चौथी शती के बीच भारतीय साम्राज्य स्थापित किया।

जावा का ऐश्वर्यशाली साम्राज्य सन् 1478 तक स्थिर रहा। इस अवधि में मतराम, कडिरी, सिंहसारि तथा मजपहित वंशों के सैकड़ों नरपतियों ने अद्भुत शासन किया तथा समय की शिला पर अपने अमिट हस्ताक्षर छोड़े।

महाभारत के नौ पर्वों (आदि, विराट, उद्योग, भीष्म, स्त्री, आश्रमवास, मृसल, प्रास्थानिक तथा स्वर्गारोहण) का प्राचीन जावी भाषा में गद्यानुवाद मतरामनरेश धर्मवंश तथा उसके जामाता सम्राट् एरलंग के शासनकाल में संपन्न हुआ।

इसके भी पूर्व, नवीं शती के अंतिम चरण में महाकवि योगीश्वर (सम्राट् बलितुंग के राजकवि) की रचना वाल्मीकि रामायण, भट्टाकाव्य तथा कालिदास

की कृतियों (मेघदूतादि) के आधार पर कर चुके थे। इस कालजयी कृति में 26 सर्ग तथा 2778 पद्य हैं। छंद संस्कृत के हैं, परंतु भाषा मलयमिश्रित संस्कृत (प्राचीन जावी) है।

ईसा की पंद्रहवीं शती (1478 ई.) में जावा का इसलामीकरण होने तक, प्रायः संस्कृत का संपूर्ण काव्य एवं शास्त्र-साहित्य प्राचीन जावी तथा बाली भाषा में अनूदित अथवा पुनः प्रस्तुत हो चुका था।

म्पू काण्व (1035 ई.) ने 'अर्जुनविजय', म्पू त्रिगुण (12वीं शती) ने 'कृष्णायन', म्पू मोणगुण (12वीं शती) ने 'सुमनसांतक', म्पू धर्मज ने (1106-35) 'स्मरदहन', म्पू संग्रह (1157) ने 'भारतयुद्ध', म्पू तथा पनुलुह (12वीं शती) ने 'हरिवंश', 'भारतयुद्ध' तथा 'घटोत्कचाश्रय', म्पू तनकुंग (1222.27) ने 'चक्रवाकदूत' तथा 'लृब्धक', म्पू तन्तृलर ने (1350-89) 'सृतसोमककविन्' की रचना क्रमशः 'किरातार्जुनीय', 'रुक्मिणीहरण', 'रघुवंश', 'कुमारसंभव', 'महाभारत', 'हरिवशंपुराण', 'नभिमन्यृविवाह' तथा 'सृतसोम जातक' के आधार पर की।

वस्तुतः जावा तथा बाली के संग्रहालयों में सुरक्षित प्रायः 18 हजार पांडुलिपियाँ भारत की अमूल्य संपत्ति हैं, जो वहाँ बदले परिवेश में संकटापन्न हैं। कभी भी नष्ट हो सकती हैं, कट्टरता के नाम पर। उन्हें भारत ले आना चाहिए। अनेक ऐसे ग्रंथ भी हैं, जो भारत में सुनने को भी नहीं मिलते, जैसे—'संधिसूत्र इंद्राणी', 'स्मरतंत्र', 'रहस्यसंगम', 'अन्गाशास्त्र', 'स्मरक्रीडालक्षण' (कामशास्त्र शमुनापशकुन (भूकंप) 'इंद्रलोक', 'मंत्रिशासन', 'नवशासन', 'नवनाट्यक्रमनगर', 'धर्मशिष्य' (राजशास्त्र)।

यद्यपि पारसियों के धर्मग्रंथ अवेस्ता में भी भारत संबंधी उल्लेखों की भरमार है, तथापि इसलाम के उदयानंतर अरब से भारत के साहित्यिक-सांस्कृतिक संबंध खलीफा उस्मान के शासनकाल में स्थापित हुए। मुहम्मद साहब के चाचा अब्बास के वंशजों ने ईरानियों तथा शियाओं के सहयोग से 750 ई. में उमय्यावंश का विध्वंस कर, खलीफा का पद प्राप्त कर लिया। उन्होंने दमिश्क के स्थान पर बगदाद को राजधानी बनाया तथा 1258 ई. तक वे शासन करते रहे। इसी वंश के खलीफा मंसूर (753-74) तथा हारुन रशीद (786-809) के शासनकाल में अरबों ने भारतीयों से विज्ञान, दर्शन, चिकित्सा, ज्योतिष की शिक्षा प्राप्त की। अनेक अरब यात्री (अलबरुनी, सुलेमान, मसूद आदि) व्यापारी, संत तथा विद्वान् भारत

आए। इसी प्रकार अनेक संस्कृत पंडित एवं विद्वान् अरब भी गए, संस्कृत ग्रंथों का अरबी में अनुवाद करने के उद्देश्य से। इन विद्वानों की नामावली जहीज-इब्न-अल-उज-बियाह तथा इब्न-अल-नदीम द्वारा प्रस्तुत की गई है।

कश्मीर में तंत्राख्यायिका के रूप में जनमी तथा कालांतर में 'पंचतंत्र' के नाम से लोकप्रिय बनी जंतुकथा छठी शती ई. में ही फारम पहुँच चुकी थी। सम्राट् खुसरो नौशेखाँ (531-579) ने इसका प्राचनी पहलवी में अनुवाद कराया। बूद ने इसी का अनुवाद 570 ई. में सीरियाई भाषा में किया। हकीम ब्रर्जोई ने 750 ई. में पुनः इसी का अरबी भाषा में अनुवाद कलेला-दमेना नाम से किया। 'पंचतंत्र' के इसी अरबी अनुवाद से यूरोपीय भाषाओं के भी अनुवाद हुए। अमेरिका की लाइब्रेरी ऑफ कांग्रेस में 'पंचतंत्र' के साठ भाषा से भी अधिक अनुवाद संकलित एवं सुरक्षित हैं।

अलबरुनी के आग्रह पर ही महमूद गजनवी ने अपने सिक्कों पर अरबी कलमे का संस्कृत अनुवाद उत्कीर्ण कराया—

अव्यक्तमेकम् अवतारमुहम्मदः नृपति महमूदः।
अयंटङ्क महमूदपूरे घटितः।

बृहस्पति सिद्धांत (गणित ग्रंथ) का अनुवाद अरबी में अल् खाँ टिज्मी ने अस् सिंद हिंद सगरी नाम से किया। कालांतर में अरबी से लैटिन तथा लैटिन से अन्यान्य यूरोपीय भाषाओं में इसका अनुवाद हुआ। रुद्रकवि ने 1609 ई. में 'नवाबखानखानाचरितम्' नामक चंपूकाव्य लिखा। स्वयं अब्दुर्रहीम खानखाना (1554 में जन्म) ने 'खेटकौतुक', 'गंगाष्टक', 'मदनाष्टक' तथा 'त्रयस्विंशद्योगावली' आदि ग्रंथ संस्कृत में लिखे। पं. लक्ष्मीधर ने 'अब्दुलाहचरितम्' लिखा, जिसमें औरंगजेब के प्रपौत्र मुहम्मद शाह तथा उसके महामंत्री अब्दुल्ला का चरित वर्णित है।

मिथिलावासी महेश ठक्कुर ने अकबर के शासनकाल में अकबरनामा का संस्कृत अनुवाद 'सर्वदेशवृत्तांतसंग्रह' नाम से किया।

कश्मीर के सुल्तान जैनुल आब्दीन ने 15वीं शती ई. में 'धातुवाद', 'रसशास्त्र', 'कल्पसूत्र', 'दशावतार', 'बृहत्कथासार' तथा 'हाटकेश्वर' संहिता आदि संस्कृत ग्रंथों का फारसी अनुवाद कराया। 'राजतरंगिणी' तथा 'महाभारत' का भी फारसी अनुवाद मुल्ला मुहम्मद ने इसी समय किया। श्रीवर तथा जोनराज की 'राजतरंगिणी' में सल्तनतकालीन कश्मीरी भाषांतरों का प्रभूत विवरण मिलता है।

जैन साधु शांति चंद्र ने प्रायः छह महीने अकबर के साथ रहते हुए कृपारसकोश

नामक प्रत्यक्ष काव्य लिखा। मेरी दृष्टि में अकबरसहस्रनाम भी शांति चंद्र की ही कृति है। अकबर की आज्ञा से ही अब्दुल कादिर बदायूँनी ने महाभारत का फारसी अनुवाद 'जंगनामा' नाम से किया। पद्मसागरगणिकृत 'जगद्गुरुकाव्य', हेमविजय-गणिकृत 'विजयप्रशस्तिमहाकाव्य', देवविमलगणिकृत 'हीरसौभाग्यकाव्य' भी शहंशाह अकबर के शासनकाल (16वीं शती का अंतिम चरण) में ही लिखा गया।

मुगल शहजादा दारा शिकोह ने 1656-57 में संस्कृत के 52 उपनिषदों का फारसी रूपांतर 'सिर्रे अकबर' नाम से करवाया। उसने 'योगवाशिष्ठ' तथा 'गीता' का भी फारसी रूपांतर कराया तथा 42 वर्ष की अवस्था में स्वयं 'मज्म-उल्-बहरीन्' (समुद्रसंगम) नामक स्वतंत्र ग्रंथ फारसी में लिखा।

सहमति चाणक्य-प्रणीत 'अर्थशास्त्र' तथा 'नीतिग्रंथ' भी कालजयी कृतियाँ हैं। लुडविक् स्टर्नबाख ने चाणक्य के पद्य-संग्रह की छह वाचनिकाएँ एकत्र कीं तथा इन्हें सन् 1963 में विश्वेश्वरानंद संस्कृत-सीरिज में प्रकाशित कराया। वे वाचनिकाएँ हैं—

1 तथा 2. 'वृद्धचाणक्य', क्रमशः 8 एवं 17 अध्याय, 336 श्लोक।

3. 'चाणक्यनीविशास्त्रम्' 208 पद्य।

4. 'चाणक्यसारसंग्रह' : 300 अनुष्टुप्।

5. 'लघुचाणक्यम्' 8 अध्याय। प्रति अध्याय 20 पद्य।

6. 'चाणक्यराजनीतिशास्त्रम्' 8 अध्याय, 397 श्लोक।

लघुचाणक्य का गेलेनास नामक यूनानी विद्वान् ने ग्रीक अनुवाद के साथ 1825 में प्रकाशन कराया। समस्त यूरोप में चाणक्य का प्रचार इसी संस्करण से हुआ।

छठीं वाचना का भोटभाषांतर (तंजूर) नवीं शती में हुआ। भोटभाषा से पुनः संस्कृत में अनूदित हो, यह ग्रंथ शांति निकेतन से प्रकाशित हुआ। यह चाणक्य का सर्वाधिक लोकप्रिय रूप है। इसके अन्य भाषांतर इस प्रकार हैं—

1. तिब्बती अनुवाद—तंजूर (नवीं शती)
2. नेपाली अनुवाद—चाणक्यसारसंग्रह
3. सिंहली अनुवाद—1. व्यासकारय, 2. प्रत्ययशतकय
4. बर्मी अनुवाद—लोकनीति
5. ख्मेर अनुवाद—लोकनीतिपकरण (कंबुज)
6. जावी रूपांतर—1. श्लोकांतर, 2. नीतिसार

7. अरबी रूपांतर स्पेनी विद्वान् द्वारा 12वीं शती में, कालांतर में फारसी रूपांतर

भारत में ईस्ट इंडिया कंपनी का वर्चस्व स्थापित होने के बाद (प्लासी का युद्ध 1756 ई.) जब वारेन हेस्टिंग्स गवर्नर जनरल हुआ, तब संस्कृत की प्रमुख रचनाधर्मिता पुन: जाग्रत् हो उठी।

वारेन हेस्टिंग्स की प्रेरणा से ही अनेक संस्कृत की कालजयी कृतियाँ अंग्रेजी में तथा अंग्रेजी ग्रंथ संस्कृत में अनूदित हुए। चार्ल्स विल्किंस ने 'गीता' का अनुवाद किया (1784) तथा सर विलियम जोन्स ने 'शाकुंतल' का। यही अंग्रेजी 'शाकुंतल' जॉर्ज फास्टर द्वारा 1791 में जर्मनी में अनूदित हुआ। मधुसूदन तर्कालंकार ने एम. डब्ल्यू. वोलास्टन की कृति 'प्रिंसिपुल्स ऑफ इंगलिश ग्रामर फॉर दि यूज ऑफ नेटिव्स ऑफ इंडिया' को 'इंग्लैंडडीयव्याकरणसार:' के नाम से 1835 में अनूदित किया। श्री शैलदीक्षित तथा के. कल्याण रामशास्त्री ने शेक्सपीयर की नाट्य कृतियों 'कॉमेडी ऑफ एरर्स' तथा 'ल्यूकेस' का क्रमश: 'भ्रान्तिविलासम्' तथा 'कनकलतस' नाम से संस्कृत रूपांतर किया। 1808 से 11 के बीच विलियम कैरी द्वारा न्यू टेस्टामेंट का प्रकाशन तीन खंडों में किया गया।

संस्कृत रूपांतरों का यह विवरणवृत्त इतना विपुल है कि इसको लघु सार-संक्षेप में दिया नहीं जा सकता। आज कुरान, बाइबिल, रामचरितमानस, कामायनी, प्रियप्रवास, उमरखय्याम, रुमी, फिरदौसी, गालिब, विश्वकवि रवींद्र, प्रेमचंद, रामकुमार वर्मा, मैथिलीशरण गुप्त, कबीर, रहीम, आदि के संस्कृत अनुवाद विद्यमान हैं। उन्नीसवीं शती ई. में ग्रिस, ग्रासमान एवं वर्नर के भाषा-नियमों से यह सिद्ध हो गया कि संस्कृत भारोपीय परिवार की मूलभाषा है। यही कारण है कि समग्र यूरोपीय भाषाओं में संस्कृत शब्दों की भरमार है। भारतीय भाषाओं की तो जननी ही है संस्कृत संस्कृत की गल (क: गल्प:), थल्ले-थल्ले (स्थले-स्थले) जैसे पंजाबी शब्द संस्कृतजन्य ही हैं। वस्तुत: दक्षिण के चार राज्यों की भाषाओं को छोड़ समूचे भारत की प्रांतीय भाषाएँ शब्द-संपत्ति के लिए संस्कृताश्रित हैं।

□

भाषा, अध्ययन की परंपरा और संस्कृति

—कमलेश दत्त त्रिपाठी

पं. मधुसूदन ओझा और पं. मोतीलाल शास्त्रीजी ने 20वीं शताब्दी के भारत विद्या के उन्नयन तथा भारतीय संस्कृति की व्याख्या करने और संपूर्ण भारत विद्या को अग्रसर करने में अत्यंत महत्त्वपूर्ण योगदान किया है और उसमें पं. विद्यानिवास मिश्र का नाम जुड़ने पर एक ऐसी धारा का निर्माण होता है, जिसे निरंतर अपनी यादों में लाना और उससे प्रेरित होना आवश्यक है। बिना वेदिका के कोई प्रासाद बनता नहीं है। उसी तरह आज के व्याख्यान की आधारभूमि स्थापित करने का कार्य आचार्य अवधेश प्रधानजी ने कर दिया है। इतने व्यापक आधार को उन्होंने सामने रखा है, जिसको ध्यान में रखते हुए आज की चर्चा को हम विस्तृत दिशाओं एवं आयामों में प्रतिष्ठित कर सकते हैं। उन्होंने आचार्य मधुसूदन ओझा और मोतीलाल शास्त्रीजी का सर्वप्रथम स्मरण किया। यह बहुत ही उचित और बहुत ही प्रासंगिक स्मरण रहा। 20वीं शताब्दी के आरंभ में इस काशी में अनेक विद्वान् थे। उसी समय चलते-फिरते विश्वनाथ के रूप में शिवकुमार शास्त्री स्वयं सभी शास्त्रों के महान् विद्वान् थे और इसलिए जब वे कहीं निकलते थे, काशी में विश्वनाथजी के दर्शन करने के लिए जाते थे तो पालकी पर जाते थे और उस पालकी को कंधा देने के लिए यहाँ के धनी-मानी, विद्वान् और साथ-साथ बहुत प्रतिष्ठित लोग कतार लगाए खड़े रहते थे कि उस पालकी को कंधा देने का अवसर मिल जाए। ये शिवकुमार शास्त्री थे और उन्होंने वेदों की रक्षा के लिए मधुसूदन ओझा को तैयार किया। मधुसूदन ओझा को वेद पढ़ाया और इसके बाद उनसे कहा कि आप जाइए। आपका काम वेदों की रक्षा करना है। और जैसा कि प्रधानजी ने कहा, उन मधुसूदन ओझा द्वारा लिखे गए लगभग दो सौ ग्रंथ हैं, जिनमें से अभी कुछ ही प्रकाशित

हो पाए हैं, शेष अब भी प्रकाशित नहीं हो पाए हैं। उन्हीं मधुसूदन ओझा के शिष्य मोतीलाल शास्त्रीजी हुए। उन्होंने उन पर व्याख्याएँ लिखीं। उन्हीं की परंपरा में महामना पंडित मदनमोहन मालवीयजी ने आचार्य गिरिधर चतुर्वेद को आमंत्रित किया और उनको काशी हिंदू विश्वविद्यालय में भारतीय धर्म की व्याख्या के लिए नियुक्त किया। उनका केवल एक काम था कि वे वैदिक धर्म, संपूर्ण सनातन धर्म की व्याख्या करें और उन्हीं की शिष्य परंपरा में वासुदेव शरण अग्रवाल थे। मधुसूदन ओझा ने भाषा के ऊपर एक अलग से ग्रंथ लिखा। वह बहुत ही अद्भुत ग्रंथ है। उसका नाम है 'पथ्यस्वाष्टीक', और 'पथ्यस्वाष्टीक' में केवल भाषा नहीं है। भाषा के उन सारे रूपकात्मक और प्रतीकात्मक संदर्भों की उन्होंने व्याख्या की है, जो वेद के सम के रूप में हैं। किसी भी भाषा की जो संप्रेषणीयता के लिए मूल तत्त्व उसका 'ध्वनिग्राम' है। ध्वनि तत्त्व है, हम जिसको 'फोनिम' कहते हैं। बिना किसी फोनिम के भाषा होती नहीं है। इसलिए उसके उच्चारण का शास्त्र आधुनिक भाषा विज्ञान में 'फोनिटिक्स' कहलाता है। उस ध्वनिग्राम को कैसे उच्चरित किया जाए, इसका इतना विस्तृत विवेचन 'पथ्यस्वाष्टीक' में किया गया है। भाषा के बिना विश्व है ही नहीं, उसके बिना तो उसकी सत्ता ही नहीं है। और कौन सी ऐसी सभ्यता है, जिसमें भाषा की चर्चा नहीं है। भाषा को समझा नहीं गया है, लेकिन भारतीय चिंतन में और अन्य भाषिक चिंतन में मूलभूत कुछ अंतर हैं। उन पर ध्यान देना जरूरी है। आचार्य विद्यानिवास मिश्र ने इधर हमारा निरंतर ध्यान दिलाया है। यहाँ दंडी की वह उक्ति याद आती है—

इदंमन्धतमं कृत्स्नं जाएत भुवनत्रयम्
यदि शब्दावयं ज्योतिरा संसारं न दीप्यते।

यह पूरा-का-पूरा संपूर्ण विश्व अंधकार में डूब जाएगा, यदि वह ज्योति, जिसे 'शब्द' के नाम से कहा जाता है, वह शब्दात्मक ज्योति प्रदीप्त न की जाए। लेकिन यदि भाषा की ज्योति हमें प्राप्त हो गई है तो यह विश्व प्रकाश में आलोकित होता है। वह विश्व स्वयं आलोक रूप बन जाता है। भाषा की इस भूमिका को जिस देश ने बहुत अच्छी तरह से पहचाना है, उनमें संभवत: भारत अद्वितीय है। प्राचीन सभी धर्मों में—चाहे वह यहूदी हो, इसलाम हो, ईसाइयत हो, सबमें भाषा को बहुत महत्त्व दिया गया है। लोगोस की अवधारणा की चर्चा उस पूरी परंपरा से होते हुए यूनान में आई और यूनान में भाषा के ऊपर विचार किया गया। इसी तरह से जो 'सामी' परंपरा है, सामी परंपरा में भी उसकी पूर्णता की

बात की गई है। जैसे इसलामी परंपरा और यहूदी परंपरा में भाषा को लिया गया है, उसी प्रकार इस परंपरा में भी भाषा को और गहरे अर्थ में जानने की कोशिश की गई है। लोगास या लोगोसेंट्रिक से भारतीय चिंतन की क्या भिन्नता है? इसके ऊपर प्रकाश डालना चाहता हूँ। भाषा तो सारी दुनिया में है और लोगास की उस अवधारणा से आज भी भाषा के ऊपर चिंतन हो रहा है। भाषा की चर्चा 'स्वात्म तत्त्व' के रूप में चेतना की एकता के रूप में भारतवर्ष से आरंभ हुई। भाषा संप्रेषण का माध्यम है, यह सारी दुनिया जानती है। सभी ने इस पर बात की है। अभी कुछ दशकों पहले जर्मनी में इसकी चर्चा हुई कि भाषा केवल संप्रेषण का माध्यम नहीं है, भाषा उससे ज्यादा ग्रहण का माध्यम है। 'थ्योरी ऑफ रिसेप्टिविटी, थ्योरी ऑफ कम्युनिकेशन' सब जगह मानी जाती थी। भाषा हम बोलते हैं, अपने विचारों को पहुँचाने के लिए, पर हम क्या दीवार को बताते हैं। दीवार तो हमारी भाषा ग्रहण नहीं कर रही। जो चेतन हैं, जो स्वयं भाषा में निरंतर रहते हैं। अतएव भाषा संप्रेषण मात्र का माध्यम नहीं है, भाषा ग्रहण का भी माध्यम है, यह चर्चा जर्मन भाषाविदों ने 20–25 वर्ष पहले शुरू की है। यह 'रेसेप्टिविटी थ्योरी' आई है। लेकिन यह देश है, जो कभी भी भाषा को केवल संप्रेषण का माध्यम नहीं मानता है। उससे ज्यादा वह ज्ञान के संप्रसारण (ट्रांसमिशन) और ज्ञान के ग्रहण का माध्यम है। इसलिए ज्ञान के समस्त प्रमाणों में प्रत्यक्ष, अनुमान, उपमान से भी ऊपर शब्द के द्वारा हम उस ज्ञान को ग्रहण करते हैं, वह श्रुति है। हम उसको सुनते हैं, वागात्मिका होने के कारण ही वह हम तक उस परंपरा को ले आती है। वही श्रुति बनती है। इसलिए आंतरिक रूप से जो श्रवण है, आंतरिक रूप से जिसे हम सुनते हैं और वह पुनः हमारी स्मृति में पड़कर उस नैरस्तर्य को प्राप्त करती है। मनुष्य की यह बड़ी विचित्र एवं अद्‌भुत शक्ति है। यदि स्मृति न हो तो संस्कृति है ही नहीं। संस्कृति तो वही स्मृति है, जो भाषा के द्वारा हमको प्राप्त हुई है। उसकी प्रदात्मकता ही उसकी शक्ति है और वही प्रदात्मकता ही उसकी श्रुति है, वही अनादि है। ज्ञान की यही अनादिता है, जो भाषा की अनादिता के रूप में व्याख्यायित होती है, एक पीढ़ी से दूसरी पीढ़ी तक जाने पर वह स्मृति बन जाती है। इसलिए वह भाषा ही अपनी श्रुतिरूपता में रेविलेशन है, लेकिन इससे ज्यादा वह श्रुति के रूप में, स्मृति के रूप में पुनः परिणत होती हुई हम तक आती है, इसलिए वाक् का यह जो स्वरूप है। वाग्मिकता की यही भारतीय चिंतन की सबसे बड़ी विशेषता है।

'शब्द' नाम की ज्योति के लिए तीन शब्दों का प्रयोग किया गया है—वाक्, भाषा और शब्द। इन तीनों के अपने अलग अर्थ हैं और इसलिए भाषा अपने वास्तविक अर्थ में वाक् है। सहस्राक्षरावाक पंडित विद्यानिवास मिश्रजी का बड़ा प्रिय विषय था। विद्यानिवासजी ने उस पर अनेक लेख लिखे हैं। उसकी व्याख्या आज वासुदेव शरण अग्रवाल ने भी की है। सहस्राक्षरावाक का जो 'वाक् सूक्त' है, उसमें आता है—'अहं राष्ट्रीय संगमनी वसूनां अहं चिकितुषी'

ऋग्वेद में वाक् सूक्त है और वाक् सूक्त का दर्शन आम्भ्रणी ने किया है। एक ऋषिका है। आम्भ्रणी उस आम्भृणी ने इसका दर्शन किया है। वह कहती है, उसको बताया गया। ब्रह्मातादात्मियानुभंती आम्भ्रणीएवत्रऋषि। उस परमात्मा के साथ तादात्म्य का अनुभव करनेवाली आम्भृणी उसकी ऋषिका है और उसने वाक् तत्त्व का निरूपण किया है। यह वाक् अपने को कहती है—'ममज्योरतिप्स्वः समुद्रे'।

मेरा मूल कारण उस वैश्व जलराशि में है, उस अंतः समुद्र में है और मेरा मूल पिता जो व्योम है, उस अनंत व्योम में है, क्षिति रूपता में है। यह व्योम बाह्य व्योम नहीं है। यह आकाश अंतराकाश या चित्तव्योम है। यहाँ बाह्य और अंतः एक हो जाता है। जो बाह्य है, वही अंतरित है। जो अंतः है, वही बाह्य है। यहाँ स्थूल और सूक्ष्म एक है। जहाँ बाह्य और अंतर एक है, जहाँ प्रकाश और अंधकार भी एक ही परम ज्योति में निमज्जित है, वही है इस वाक् का मूल। इसलिए यह वाक् दो प्रकार से समझा जाता है। 'इतिवाक्' उच्चतेइतिवाक्' वाक् की निरुक्ति दो प्रकार से की गई है, यह वाक् जो है, जो स्वयं बोलती है, स्वयं कर्तृत्व है इतिवाक्, यहाँ प्रत्यय कर्ता में है। दूसरी निरूपित है 'उच्चतेअनयातिवाक्', तो ये संप्रेषित करती है। वह तो उच्च्यतेअनया है, इसके द्वारा कहा जाता है। लेकिन इसके भी ऊपर एक वाक् है, जो स्वयं कहती है, जो स्वयं ही कहनेवाली है। वह वाणी हमारी चेतना है। इसलिए वाक्यपदीयकार अपनी वृत्ति में कहते हैं—प्रत्यक्षयैस्येअन्तसन्निवेशितावाक्। यह वाक् हमारी चेतना है, जो दो रूपों में व्यक्त है। बहिः रूप में एवं अंतर्मुखता में जो बहिर्मुख है। ये मेज है, कुरसी है। ये बहिर्मुखता में कह रही है। पर अंतर्मुखता में वह जो वाक् है, वह स्वयं चेतना है। इसलिए उसको प्रत्यक्ष चैतन्य कहते हैं। एक तो परा चैतन्य है, दूसरा प्रत्यक्ष चैतन्य है। परा चैतन्य में हम बहिर्मुख होकर चेतन होते हैं। ज्ञान होता है, इस सबका, बाह्य का। लेकिन प्रत्यक्ष चेतना में हमारी आंतरिक चेतना में होता है। उस

चेतना में यह बात गहरे धँसी हुई है, वहीं से आती है। इसलिए भारतीय चिंतन की सबसे बड़ी विशेषता है कि वह वाक् को चेतना से अभिन्न मानती है। वाक् से चेतना का अभिन्नता का दर्शन ही वस्तुतः दर्शन है, इसी से संपूर्ण संस्कृति की व्याख्या होती है, संस्कृति प्रकृति का विलोम नहीं है। प्रकृति का विलोम संस्कृति है, वह पश्चिम का चिंतन है, इसलिए वहाँ प्रकृति पर जय करना आवश्यक है। इसलिए जिस विश्व को वह मानता है, विश्व के लिए जो शब्द है लैटिन का, उससे निकाला हुआ फ्रांसीसी शब्द 'नोमोंड'। 'मोंड' का अर्थ है—वह 'स्पर्श', जिसको आप झाड़-झंखाड़ हटा करके जंगल को साफ करके रहने योग्य बनाते हैं। उसका अर्थ होता है—संसार (मोंड) ऐसे तो प्रकृति रहने लायक है नहीं, बिल्कुल विपरीत है, जीवन के लिए वह हमेशा संकट उपस्थित करती है। लेकिन उसको आप झाड़-झंखाड़ हटाकर जितना करते जाते हैं, उतना प्रकृति के विरुद्ध आप विजय प्राप्त करते हैं और इसलिए उनकी इस विश्व की कल्पना प्रकृति से विरोध करते हुए उस पर विजय प्राप्त करना संस्कृति है। इसलिए 'नेचर' का विलोम 'कल्चर' है, लेकिन ध्यान दीजिए, प्रकृति का विलोम विकृति नहीं है। यहाँ जो संस्कृति का मूलतः अर्थ हो गया। यह कल्चर नहीं है। कल्चर के लिए बड़ी मुश्किल हुई। अंग्रेजी में विचार करने के आदी हो गए हैं। हम अपनी भाषा भूल चुके हैं। हमारा यह बड़ा संकट है। हम परिभाषा का तो आयात करते हैं और उस आयातित परिभाषा में सोचते हैं, पर सोचते कहाँ हैं। सोचते तो हम अपनी भाषा में आ ही जाते, लेकिन हम अपनी पूरी दो सौ सालों की शिक्षा की इस धारा में उन्हीं परिभाषाओं में सोचने के आदी हो गए हैं। हमारी भाषा व्यवहार भाषा है और शास्त्र भाषा है—'भाष्यते अनया इति भाषा'। जिसके बारे में हम कह पाते हैं, ग्रहण कर पाते हैं, वह भाषा है। चेतना से अभिन्न वह वाक् है और जो 'उच्यते अनया' है, वह भाषा है, जिसके द्वारा हम भाषण करते हैं। कहते हैं कि कहने की और सुनने की यह प्रक्रिया 'भाषा' कहलाती है, जबकि कहेंगे तब जब चेतना में हो। जब चेतना में ही नहीं है, तो जो कहेंगे और जो सुनेंगे, वह अपना नहीं उधार का होगा। अतएव हमारी मूल समस्या है कि हम अपनी भाषा से स्वयं ही अजनबी हो गए हैं। भापा से यह अजनबीपन कैसे दूर हो। ऐसा तो नहीं है कि इस देश से सभ्यता से वह भाषा गायब हो गई है। ऐसी बात नहीं है। हमारे गाँवों में वह भाषा अभी है। जितनी दूर आप जाइए, वनों में हमारी चिंतन की वह भाषा अभी सुरक्षित है, जिसको वह आदिम मान लेते हैं। हम उसको

'आदिम' नहीं कहते। वह 'आद्य' हो सकता है, आदिम नहीं हो सकता। वह अरण्य हो सकता है, जहाँ रण नहीं रहता। वहाँ अरण्य होता है, 'रणतुकयोग्य अरण्यं न रण्यं अरण्यं', वह अरण्य है। वहाँ कोई झगड़ा-फसाद नहीं है। वहाँ शांति है, इसलिए शांति में चिंतन होता है। वह 'आरण्यक' कहलाता है। चिंतन अरण्य में होता है। जहाँ अशांति न हो, जहाँ पूरी शांति हो, चिंतन वहीं संभव होता है। इसलिए वह भी मंत्र, जिन पर चिंतन किया गया। वह अरण्य में किया गया। वह नगर में नहीं किया गया, इसलिए यह सिविलाइजेशन नहीं है। यह सिविल सोसाइटी नहीं है। आचार्य विद्यानिवासजी हमको सावधान करते थे। देखो, यह सिविल सोसाइटी नहीं है, यह समाज है। 'समाजः पशुनाम, समाजो ब्रह्माणानाम'। जो यह परिष्कृति है, मनुष्य है, उनके समूह को 'समाज' कहते हैं तो यह समाज है अभिनवगुप्त पाद, जो कला के सर्वोच्च अभिभावक हैं, उनको 'सामाजिक' कहते हैं। वे सामाजिक हैं। अतएव यह गहरा अर्थ संस्कृति का दिया हुआ है। यह जो चेतना की वाक् है, इसकी सबसे बड़ी भूमिका है कि यह मूलतः रूपकात्मक और प्रतीकात्मक है। संपूर्ण संसार में प्रतीक भी है और रूपक भी। लेकिन जिस तरह इतना अधिक यह रूपक आख्यान, मिथक, आख्यायात्मकता, रूपकात्मकता और प्रतीकात्मकता भाषा के साथ जैसे जुड़ा है, ऐसे संसार में कहीं नहीं। वर्ण मात्रिका में एक-एक वर्ण का जो असांकेतिक अर्थ है, भाषा में सांकेतिक अर्थ आता है। यह संकेत मनुष्यकृत भी हो सकता है, इसलिए भाषा व्यवहार भाषा भी है और शास्त्र भाषा आर्टिफिशियल लैंग्वेज है। विट्गेंस्टाइन कहते हैं कि वह सब-के-सब जो भाषाओं के रूप हैं, लैंग्वेज इज ए गेम वट इन वॉट वे? तो यह समझी हुई बात है। भारत में व्यवहार भाषा और इसके बाद जो हम खुद संकेत उसमें डाल सकते हैं, उस संकेत को शास्त्र भाषा कहते हैं, जिसमें निश्चित अर्थ होता है। उसको परिभाषित कर देते हैं। इसलिए उसे 'परिभाषा' कहते हैं और वह अविरुद्ध अर्थ होता है। फिर विरुद्ध नहीं हो सकता। तो शास्त्र की भाषा की विशेषता है कि वह समुचित अर्थ है और अविरुद्ध अर्थ है। इस पूरी रूपकात्मकता में हमारी संस्कृति का आविर्भाव होता है। 'अ' उस अखंड शिव का नाम है। 'अखंड' परतत्त्व ही 'अ' का अर्थ है। 'इ' का अर्थ है—इच्छा। उसमें ये संकेत नहीं हैं, उसके अर्थ वही हैं—'अ' का अर्थ है वह परम तत्त्व, 'आ' का अर्थ है 'आनंद'। 'ई' का अर्थ है 'ऐषणा', जब इच्छा होगी, तब 'ईषन' होगा। जिसकी इच्छा है, उस पर अधिकार होगा, अधिकार करने की वृत्ति होगी। 'ई' का अर्थ

है 'ईषन', 'उ' का अर्थ है 'उन्मेष', और 'ऊ' और ऊर्म और उसके बाद ओ, औ, ऋ, लृ, है, अ इ उ का अ ई का संयोग है, फिर संधि वर्ण है। फिर 'अ' जहाँ जाकर पुनः एक हो जाता है। वह अनुस्वार है, फिर 'अ' विसर्ग है, वह चेतना बाह्यविमुखता होती है। ये जो गहरे अर्थ हैं, इनको वैदिक दृष्टि से पं. मधुसूदन ओझा ने अपनी पुस्तक में लिखा और आगमिक रूप से, इस रूपक की व्याख्या तंत्र ने की। इसलिए भाषा मंत्र के रूप में परिवर्तित होती है। भाषा की मंत्रात्मकता फिर चिंतन-मनन का जो रूप लेती है, चेतना का रूप बन जाती है। यह केवल इस देश में, इस संस्कृति में संभव हुआ है।

□

शिक्षा और संस्कृति

—कपिल कपूर

प्रायः शिक्षा के विषय में यह माना जाता है कि वह एक बहुत ही आवश्यक एवं जरूरी चीज है। समाज में इसका बड़ा महत्त्व माना जाता है। लेकिन शिक्षा का जो आजकल रूढ़ अर्थ हो गया है, वह है—पढ़ना, लिखना एवं बोलना। पढ़ना अर्थात् किताब पढ़ना, लिखना अर्थात् लिपि आधारित सूचनाओं एवं आँकड़ों को इकट्ठा करना एवं इसी विषय में अपनी बात को संप्रेषित कर देना। इसीलिए आजकल जो प्रश्न पूछे जाते हैं, वे भी कब, कितने एवं सूचनाओं के एकत्रीकरण पर केंद्रित होते हैं।

आज की शिक्षा का ध्येय नौकरी पाना है, यानी उससे रोजगार मिलता है, पैकेज एवं सोशल स्टेटस बढ़ जाता है। लेकिन यह सच नहीं है, क्योंकि अधिकतर लोग आज की शिक्षा पाकर भी बेरोजगार हैं। विचार करने की बात है कि सिर्फ एक दिन (आज ही) में दुनिया के ऊपर इनसानों का बोझ 4 लाख 50 हजार नए इनसान आकर बढ़ा देते हैं और डेढ़ लाख टन कार्बन पर्यावरण में चला जाता है, कार्बन यानी जहर। 40 से 100 तक की जीव-जातियाँ आज ही विलुप्त हो जाएँगी और 116 स्क्येयर माइल्स जंगल कट जाएगा। मतलब जिन चीजों पर हमारा स्वास्थ्य और हमारा सुख निर्भर है, उन सभी पर आधारित हो रहा है—ये क्या अनपढ़ लोगों ने किया? अमेरिका ने सारे रेड इंडियंस को मार डाला, मैक्सिको में स्पेन के स्पेनी लोग भाषा को गए और 37 लाख कैल्सिकन्स में एक लाख मैक्सिकन्स बचे, 36 लाख मारे गए। 1940 से 45 के वर्ड वार टू में जर्मनी में 50 लाख यहूदियों को फैक्टरियाँ लगाकर मार डाला—यह क्या सभी अनपढ़ लोगों ने किया? पाश्चात्य सभ्यता जिसका हम अनुकरण हर चीज में कर रहे हैं, उसने यह काम किया

और किसी ने इसकी निंदा नहीं की। अब सोचनेवाली बात है कि जर्मन जैसी शिक्षा व्यवस्था, जर्मनी जैसी शिक्षा नीति और जर्मन की तकनीकी एवं विज्ञान में अचीवमेंट, दुनिया में उसका कोई सानी नहीं है और न ही था। इसका मतलब हुआ कि शिक्षा का अच्छाई से, ठीक सोचने से कोई संबंध नहीं है। यह आज की शिक्षा है, जिसे हम सभी 'शिक्षा' कहते हैं।

इस तरह से कह सकते हैं, न उसे अपनी सांस्कृतिक परंपरा का कोई ज्ञान है और न ही उसके कोई आधारभूत मूल्य हैं। इनकी वाणी एवं जीवन में कोई संयम नहीं रहता। इधर-उधर घूमना, होटलों में खाना-पीना, उलटी-सीधी बातें करना—ये सब शिक्षित लोग ही करते हैं।

हमारी वर्तमान शिक्षा पश्चिमी शिक्षा का अनुकरण है। जितना उन्होंने अपनी शिक्षा से लाभ उठाया, उतना हम नहीं उठा पाएँगे। मैकाले की चाल थी कि उन्होंने भाषा, शिक्षा और रोजगार को जोड़ दिया। हमारी वर्तमान की शिक्षा लोकतांत्रिक नहीं है। हर जिज्ञासु छात्र उच्चतर स्तर की शिक्षा नहीं प्राप्त कर सकता, उसके पास धन नहीं है, उसको अंग्रेजी नहीं आती। इनमें न प्रतिभा की कमी है, न ज्ञान की। दूसरे, धन न होने के कारण वे प्राइवेट या विदेशी शिक्षा की फीस एवं खर्च उठा पाने में असमर्थ हो जाते हैं। हमारी शिक्षा भाषायी नहीं है, जिस कारण कोई मौलिक सोच विकसित नहीं हो पाती है। अंग्रेजी का वर्चस्व हमारी न्याय व्यवस्था में भी दिखलाई पड़ता है, कई बार दंडित व्यक्ति को समझ में ही नहीं आता कि उसे दंड किस बात का मिला है। सबसे बड़ी विडंबना है कि जो भारतीय संविधान बना है, उसकी अधिकृत हिंदी कॉपी नहीं है।

एक तरह से वर्तमान शिक्षा ने सिखाया है कि सभी विषयों का सारा ज्ञान पश्चिम से आया है। यह एक तरह की मानसिक गुलामी बन गई है कि हमारे पास कुछ नहीं है, लेकिन सच यह है कि सबसे बड़ा बौद्धिक ग्रंथों का भंडार संस्कृत में है। दुनिया के सभी बौद्धिक ग्रंथों को इकट्ठा कर दीजिए, वह संस्कृत के मुकाबले नहीं है। वह भी तब जब संस्कृत की तमाम पांडुलिपियों को जलाया गया, 17-18वीं शताब्दी में सब्जियों के खेतों में डाला गया, नालंदा एवं तक्षशिला के पुस्तकालयों को जलाकर समाप्त किया गया।

1866 में ताराचंदजी ने 66 हजार रुपए गवर्नर से सैंक्शन कराकर बची हुई पांडुलिपियों को सुरक्षित करने की कोशिश की। इतना सब नष्ट होने के बाद भी लगभग एक करोड़ पांडुलिपियाँ अभी हमारे ग्रंथों की बची हैं। हमारे गाँव के लोग

भी पांडुलिपियों को सोने से ज्यादा कीमती मानते हैं और आपको उसे दिखाने से हर संभव परहेज करते हैं। इस मानसिकता के बाद भी इतनी पांडुलिपियाँ रखी हैं और प्रत्येक पांडुलिपि खास एक विषय पर है, ये ज्ञान का भंडार हैं। हम सब अपने ज्ञान से अनभिज्ञ हैं। इस तरह से स्पष्ट है कि हमारी वर्तमान शिक्षा पद्धति लोकतांत्रिक नहीं है, भाषायी नहीं है एवं संघीय नहीं है। ज्ञान तो नहीं बदला जा सकता, पर पढ़ाने का माध्यम बदलेगा। पंजाबी पंजाबी में पढ़ेंगे, बंगाली बाँग्ला में पढ़ेंगे, गुजराती गुजराती में पढ़ेंगे एवं तेलुगु वाले तेलुगु में पढ़ेंगे। इस तरह कम-से-कम भाषा के स्तर पर जो छात्र हैं, वे सब एक ही स्तर पर रहेंगे।

आज जो क्लासरूम उच्च शिक्षा के होते हैं, उनमें कुछ पब्लिक स्कूल से, कुछ मिशनरी स्कूल से, कुछ गवर्नमेंट स्कूल से और कुछ प्राइवेट स्कूल से बच्चे आते हैं। इन सबका अपना एक अलग-अलग स्तर होता है और क्लासेस इतनी लार्ज होती हैं कि इनमें से हर बच्चे को मास्टर चाहकर भी नहीं समझा सकता और उसके लिए न तो समय है और न ही सुविधा। इसीलिए यह संघीय नहीं है। केंद्र की भाषा नीति संविधान में है कि कुशल लैंग्वेज 'हिंदी' है। लोग प्राय: कहते हैं कि दुनिया के किसी संविधान में भाषा का जिक्र नहीं होता, सिर्फ हमारे संविधान में क्यों किया जाता है ? क्योंकि यह बहुभाषीय देश है। यहाँ बहुत जातियों एवं बहुत धर्मों के लोग रहते हैं। इनमें तमाम भिन्नताएँ एवं परस्पर विरोध भी मिलते हैं। 19वीं शताब्दी में (यूरोप) का जो एंपायर था, वो टूट गया, तब एक-एक स्टेट बना—जर्मनी, फ्रांस, पोलैंड, बेल्जियम। इन स्टेट के तीन लक्षण निर्धारित थे—एक भाषा, दूसरा धर्म और तीसरा जाति। ये है नेशन। इसकी परिभाषा में 'हिंदुस्तान' फिट नहीं बैठता है। प्राचीन ग्रंथ 'भूमि सूक्त' में गया गया है—उनको नष्ट कर दो, जो मेरे राष्ट्र के शस्त्र या शास्त्र दोनों से पिट गया। दर्शनशास्त्र के 8 पेपर्स में मात्र एक पेपर इंडियन थॉट का है, बाकी सभी पेपर्स पश्चिमी देशों पर होते हैं।

भाषा के ज्ञान का भारत स्रोत रहा है। हमारे चार वेदांग भाषा से ही समुन्नत हैं—स्टेटिक्स, ग्रामर, मीटर एवं निरुक्ति। स्टेमोलॉजी, मीटर, ग्रामर और पॉलिटिक्स भाषा-विज्ञान विभाग में भारतीय ज्ञान का भी कोई स्थान नहीं है।

संघीय न होने का नुकसान यह है कि राज्य की जो सरकार होती है, वो राज्य के लोगों के ज्यादा करीब होती है। उसको पता है कि माध्यम क्या होना चाहिए। विभिन्न परीक्षाओं में हमें क्या पढ़ाना चाहिए, किसमें शोध कराने चाहिए। अगर ये अधिकार विश्वविद्यालय को नहीं मिलेंगे तो वह केंद्रीय स्तर पर चली जाती है

और फिर अपनी-अपनी भाषा छोड़कर अंग्रेजी में काम करना अनिवार्य हो जाता है। नुकसान यह है कि कभी भी विदेशी भाषा किसी को आ नहीं सकती, क्योंकि उसके एक-एक शब्द के पीछे उसके समाज की संस्कृति, सभ्यता, इतिहास, उनके बौद्धिक ग्रंथों के सारे विचार उसमें सन्निहित रहते हैं। जॉब कोडोनल, जो अमेरिका और दुनिया का सबसे बड़ा संस्कृत का वैयाकरण है, उसको भी संस्कृत समझ में नहीं आती, उसको पतंजलि तो क्या, उनके धर्म-नियम समझ में नहीं आते। वो बहुत बड़े विद्वान् हैं, क्योंकि यह उनकी भाषा नहीं है।

हमने अपनी भाषा के माध्यम से शिक्षा न देकर अपने छात्रों के मानस को संकुचित कर दिया है। इस कारण छात्रों का ज्ञान बहुत ही सीमित रह जाता है और यह ज्ञान तथ्यात्मक न होकर बोधात्मक होता है। हम सब अपने-अपने किस्म की भाषा बोलते हैं, अगर सभी हिंदी बोलते हैं तो उसके भी अलग-अलग तरीके हैं, जो प्राकृत हिंदी हो जाती है।

चौथा कारण, हमारी शिक्षा भारतीय नहीं है। भारत कृषि प्रधान देश है। 67 प्रतिशत लोग यहाँ कृषि करते हैं। यहाँ के लोग आज भी गाँव में रहते हैं और सबसे ज्यादा दुर्दशा हमारे गाँवों की हुई है। सारा पैसा व धन बड़े-बड़े महानगरों को बनाने, फ्लाईओवर बनाने, बड़ी कारवालों को सुविधा देने में खर्च हो जाता है। हमारी सड़कों में कामड़ी गाई जाती है तो लोग बड़बड़ाना शुरू कर देते हैं। आज दिल्ली जैसे महानगर में लोग माँ-बाप व गाय की जगह कुत्ता पालने का शौक रखते हैं। हमें इस महानगरीय संस्कृति से हटना है और आप तब तक नहीं हट सकते, जब तक अपनी शिक्षा अपनी भाषा में न देंगे।

अगर भारतीय शिक्षा के अंतर्गत भाषा विज्ञान पढ़ाना पढ़े तो मुझे पाणिनि, यास्क, पतंजलि 18-19वीं शताब्दी के नागेश भट्ट तक के चिंतन को बताना पड़ेगा। पतंजलि का महाभाष्य भारतीय संस्कृति का विश्वकोश है। हमारी शिक्षा नीति के चलते जो यंग लोग निकलते हैं, वो अपने आप यानी अपनी ज्ञान-परंपरा से अनभिज्ञ होते हैं। हमें माइकल जैक्शन के बच्चों का नाम पता है, लेकिन पाँच आचार्यों के नाम नहीं मालूम। या पाँच आचार्य कौन हुए हैं, पूछा जाए तो वे नहीं बता पाएँगे।

दुनिया में कोई भी ऐसा देश नहीं है, जैसा भारत है। यहाँ का साधारण नागरिक भी बड़ा ज्ञानी होता है। कभी उनसे बात करके देखिए, जीवन ध्येय क्या है, मालूम पड़ जाता है—प्रसन्न रहना, खुश रहना, यही इसकी विशेषता है। धन से कोई खुश

नहीं रह सकता। दुनिया सफल व्यक्तियों से भरी है, पर दुनिया में सुखी इनसान और अच्छे इनसान नहीं हैं, उनकी बहुत कमी है।

दुनिया में ज्ञान की दो संस्कृतियाँ हैं—एक हमारी वैदिक संस्कृति, और दूसरी यहूदी। यहूदी संस्कृति में एक ही ईश्वर है। वही क्रिएटर है, वह निर्गुण नहीं, निराकार होता है, इसीलिए तीन धर्म, जो उसमें विश्वास रखते हैं, आपस में लड़ते रहते हैं, उस निराकार को सभी मानते हैं, फिर भी आपस में झगड़ा करते हैं। क्योंकि उसकी क्वालिटीज अलग हैं, उनका कंट्रीब्यूशन अलग है। वैदिक संस्कृति में एक ईश्वर ही नहीं है। यह जो एक संकट है। एक ही वाद ठीक है, एक धर्म ठीक है, एक ही विचार ठीक है—यह दूसरों को दमन करने का कारण बनता है। दूसरों को सोचने नहीं देता है। इनकी जो ज्ञान की संस्कृति है, वह किताबी है, पढ़ने की है। हमारी संस्कृति वाणी की उपज है। हमारे ग्रंथ भी मीटर्स में होते हैं। डिक्शनरी को रिसाइट करते हैं। हमारा 'महाभारत' जैसा ग्रंथ भी मीटर में है। उसे गाकर, श्रवण करके हम जितना ज्ञान प्राप्त करते हैं, वो पढ़कर नहीं करते। इस तरह भारतीय संस्कृति 'एकं सत्यं बिप्रा बहुधा वदन्ति' वाली है। यहाँ पर कभी भी किसी विषय पर एक राय नहीं हो सकती। शंकराचार्यजी 'विवेक चूड़ामणि' पुस्तक में कहते हैं कि पतंगा (आँखें), रोशनी, हिरन (गंध), हाथी (स्पर्श), मछली (स्वाद) जैसे जीव एक इंद्रिय के चलते मर जाते हैं तो मनुष्य पाँच इंद्रियों का कैदी है। अत: जो इंद्रियों का निषेध नहीं करता, वह सुखी नहीं रहता। इस ज्ञान परंपरा में केवल एक ही सच है, ऐसा नहीं कहा जा सकता। सत्य है कि नहीं, पर कोई भी व्यक्ति उसका पूर्णत: विवरण नहीं कर सकता, उसके बारे में बता नहीं सकता, हर एक व्यक्ति उसे अपनी दृष्टि से देखता है। दृष्टि-भेद बहुत बड़ी चीज है, जिसे भारतीय संस्कृति में स्वीकारा गया है। इस बहुवाद के विषय में भर्तृहरि का विचार है कि स्वविकल्पजा वादा बहुधा बदत। अपने आप व्यक्तियों से बड़े वाद निकलते हैं और कहते हैं, सब ठीक है। हाँ, एकत्व बुद्धि सर्ववाद आविरोधी। यहाँ एकत्व का अर्थ इकट्ठा करनेवाली बुद्धि से है। उसका किसी वाद से विरोध नहीं होता। भारत से ज्ञान और विचार बाहर गए, लेकिन उसकी फौजें कभी बाहर नहीं गईं। फौजें पश्चिम से आती रहीं और ज्ञान पूरब से जाता रहा। यहाँ के बड़े-बड़े दार्शनिक, चिंतक ऊपर चीन तक एवं नीचे ईस्ट एशिया में गए। मैकांग कंट्री में मैकांग नदी है, उसमें चार देश हैं—रावत, कंबोडिया, थाईलैंड एवं वियतनाम। मैकांग का नाम है—My Name Ganga। और जो रोरिया में नदी है, वह चीन से निकलकर आती है, जिसका नाम

है—हान गंगा। हम सभी अपनी ज्ञान की शक्ति को भूलकर हीनभावना से ग्रस्त हो गए हैं। इसी के चलते लाखों जीवों की हत्या की, मनुष्यों की हत्या की, वह भी सिर्फ अपना जीवन अच्छा बनाने के लिए। यूरोप के लोग जब बंदूक एवं गोली और सिफलिस की बीमारी लेकर अमेरिका गए, वहाँ पर तीन कमानवाली जाति की पूरी रेस सत्य कर दी और हम ऐसी संस्कृति को अनुकरणीय मानते हैं। हमारी शैक्षणिक ज्ञान परंपरा की धारा अविरल प्रवाहित गंगा की तरह है। टीका परंपरा इतनी रही है कि ग्रंथ के ऊपर ग्रंथ, ग्रंथ के ऊपर ग्रंथ का निर्माण होता रहा है। आज व्याकरण पढ़ना होगा तो सिर्फ पाणिनि के पढ़ने से वो नहीं आएगी, बल्कि नागेश भट्ट तक आना पड़ेगा।

19वीं सदी में तमाम शिक्षण संस्थान पश्चिम की विचारधारा को लेकर खोले गए। 1901 में स्वामी श्रद्धानंद ने गुरुकुल काँगड़ी विश्वविद्यालय बनाया। आप यू.जी.सी. या एम.एच.आर.डी. जाइए और देखिए, जैसे उसे फुटबॉल बना डाला है और प्रेसीडेंसी विश्वविद्यालय को बिना पूछे 120-140 करोड़ सालाना रुपए दिए जाते हैं, उससे पता चलता है कि हम अपनी कीमत कितनी रखते हैं। यूनिवर्सिटियाँ बनीं और अंग्रेजी का प्रचार-प्रसार हुआ। 1936 में मैकाले ने अपने पिता को एक चिट्ठी कलकत्ता से लिखी कि हमारे स्कूल बहुत अच्छा काम कर रहे हैं, जो हिंदू छात्र इसमें शिक्षा लेता है, उसकी अपने धर्म से आस्था उठ जाती है, उसे अपने धर्म में कोई आस्था नहीं रहती। राजा राममोहन राय, रवींद्रनाथ ठाकुर ने एक तरह से ईसाइयत को स्वीकार कर लिया था। राजा राममोहन राय की सबसे बड़ी इच्छा थी, मेरी मृत्यु इंग्लैंड में हो। वो वहीं मरे भी, उन्हें दफनाया भी गया। हमारी शिक्षा का ध्येय बिल्कुल साफ है। उसका स्वरूप 'औचित्य' पर निर्भर रहता है, उचित आचार-विचार, ठीक ढंग से कार्य को करना ही उसकी सार्थकता है।

ऐसा भी नहीं है कि 19वीं शताब्दी में शिक्षा के क्षेत्र में कुछ अच्छा नहीं हुआ है, लेकिन उसके कारणों की सही बात नहीं बताई गई, जैसे बाल-विवाह का कारण था कि जो जमींदार थे, अपने धर्म और दूसरे धर्म के भी, वे जैसे ही कोई कन्या 9-10 वर्ष की होती, उसे उठवा लेते थे। इससे बचने के लिए माँ-बाप अपने धर्म के जमींदार से 7-8 वर्ष में ही उसकी शादी कर देते थे। इस तरह कभी-कभी एक जमींदार की 60-60, 70-70 लड़कियों से शादी हो जाती थी। अब कहा जाता है कि यह हिंदू समाज की देन है, जो गलत है। पर सुधार हुआ। स्वयं ईश्वरचंद्र विद्यासागर ने एक हजार विधवा लड़कियों का विवाह करवाया। उनका एक ही

लड़का था, उन्होंने उसका विवाह भी एक विधवा से करवाया, पर उनका नाम कोई नहीं लेता, जवाहरलाल नेहरू भी नहीं। राजा राममोहन राय को अपनाने के बजाय ईश्वरचंद्र विद्यासागर को अपनाना अधिक श्रेयस्कर है। इसी तरह से दयानंदजी ने कहा कि हम स्वयं अपने धर्म का सुधार कर सकते हैं।

हमारी आज की शिक्षा से जो बच्चे निकलते हैं, वे अपनी परंपरा से अनभिज्ञ हैं, वे उसके प्रति हीनभावना रखते हैं, मंदिर जाएँगे, हलका टीका लगाएँगे और ऑफिस पहुँचने से पहले उसे पोंछ लेंगे। यही बच्चे कुछ अफसर हैं, पॉलिटिकल क्टिविटी हैं। तुलनात्मक दृष्टि से देखा जाए, तो सुभाषचंद्र बोस नेहरू से ज्यादा भारतीय थे। हम केवल उसी शिक्षा के प्रोजेक्ट नहीं हैं, जो हमें आजकल प्रदान की जाती है; हम तो अपनी माँ, परिवार व समाज के बड़े-बूढ़ों से ही अधिकतर सीखते हैं। कई तरह कि भाषाएँ, उनकी शिक्षा, इतिहास आदि जो हमें पढ़ाया जाता है, उसका संबंध सीधे अपने समाज के प्रति, अपने देश के प्रति, अपने मूल्यों के प्रति बड़ा गहरा असर होता है। बल्कि जो हम पढ़ते हैं, उसका अपने समाज से कोई संबंध नहीं होता। शैली की एक प्रसिद्ध कविता है—ऑड टू द वेस्ट विंड। इसमें बताया गया है कि पश्चिम से जब हवा चलती है तो बारिश होती है, लेकिन भारतीय समाज की दृष्टि से यह गलत है। भारत में तो पूर्व की तरफ से हवा चलने पर बारिश होती है। यानी कि जब हम विदेशी भाषा, चीजें पढ़ते हैं तो अपने को उससे जोड़ नहीं पाते।

आजकल की शिक्षा से निकले हुए बच्चे ही ऑनेस्टी पैश् जैसे मूल्यपरक शब्दों पर ही नहीं चिढ़ते, बल्कि उन्हें पढ़ानेवाले टीचर भी हँसते हैं और कहते हैं—ये सब पुरानी बातें हैं, फिर से तुमने आत्मा-परमात्मा शुरू कर दिए। उन्हें नहीं मालूम कि आत्मा-परमात्मा हमारे चिंतन की बड़ी गहरी कोटियाँ हैं।

हमारे कहने का आशय है कि 150 वर्ष में कोई पाणिनि, भर्तृहरि, पतंजलि, नागेश भट्ट जैसा ओरिजिनल थिंकर नहीं पैदा हुआ। हमारी ज्ञान परंपरा संचालन गंगा की तरह प्रवहमान है, जब ग्रीष्म ॠतु आती है तो नदी फिर अपने यौवन में बहती है। हमारे यहाँ व्यास परंपरा है, अर्थात् जब इस देश का ज्ञान लुप्त होता है तो कोई-न-कोई विभूति, महान् चिंतक आकर पुनः उसे जीवित करता है।

महाभारत का जहाँ जनमेजय का नागयज्ञ हुआ, इस जगह का नाम पड़ा—निगम बोध घाट। आजकल वहाँ मुर्दे जलाए जाते हैं। दिल्ली के समकालीन समाज के लिए यहाँ ठीक है। मुरारी बापू ने दिल्ली को काम की नगरी, बॉम्बे को अर्थ की

नगरी, चेन्नई को धर्म की नगरी और कलकत्ता को मोक्ष की नगरी कहा।

हमें मालूम है कि हम सिस्टम नहीं बदल सकते, पर उसके अंदर थोड़ी सी दरार तो डाल सकते हैं। इसलिए पाठ्यक्रमों को भारतीय चिंतन की ओर मुड़ना होगा। हमारे सामने दिक्कत यह है कि जो हमारे शिक्षक हैं, उन्हें खुद ही भारतीय चिंतन का ज्ञान नहीं है, उनके नाम उन्हें नहीं मालूम। अंग्रेजी में एक रचना है, जिसका नायक कहता है कि एक ऐसा सिद्धांत, जिसने मेरे जीवन को बदल दिया और जो मेरे जीवन में गाँठ मारकर मेरे साथ बैठा है, पर वह सिद्धांत मैं भूल गया। यही हाल हमारे बौद्धिक लोगों का है। इस कारण हमारे बुद्धिजीवी (बुद्धि बेचकर जीविका कमानेवाले) अपने पैरों पर खड़े नहीं हो पाते। उन्हें न अपने ग्रंथों का नाम मालूम है और न ही आचार्यों का। इसी आजकल की शिक्षा-पद्धति के चलते ही हमें अपने ग्रंथों एवं आचार्यों के प्रति 'हीन भावना' महसूस होती है। बात साफ है कि यदि हमें अपनी संस्कृति बचानी है तो हमें अपनी भाषाओं में शिक्षा प्रदान करनी होगी।

किसी भी देश की परिभाषा में तीन चीजें आती हैं—उसका समाज, उसकी संस्कृति और सभ्यता। हमारे व्रत, उपवास और उत्सव हमारे समाज 'की वर्ड' हैं, क्योंकि सामाजिक रिचुअल रीति-रिवाजों में बहुत आते हैं। व्रत, यह वह देश है, जहाँ बड़े-बड़े अमीर लोग, जिनके पास खूब धन है, स्वेच्छा से खाते हैं। दिन के हिसाब से खाना होता है, आज यह नहीं खाना, वो नहीं खाना। यह सोचकर खाते हैं कि खाना है कि नहीं खाना है। यह वह देश है, जहाँ पर लोग (साधु, महात्मा, संन्यासी) काम नहीं करते और समाज उन्हें खिलाता है। हमारे देश के समाज में भिन्नता बहुत है, जातियों, धर्मों, तंत्रों की दृष्टि से। 'विष्णु पुराण' में जो भारतवर्ष खंड है, उसमें भूगोल जातियों आदि का पूरा वर्णन मिलता है। उसमें एक बात कही गई है कि इस संसार में जितनी भी भूमियाँ हैं, उसमें सिर्फ भारत की धरती ही योग भूमि है, बाकी सब भोग भूमि है। लगभग पिछले 70 वर्षों से इस भोग भूमि को बदलने की बड़ी तत्परता दिखलाई जा रही है, क्योंकि जो 'निवृत्ति सू महाफल' आदर्श है, कि छोड़ देना, त्याग देना, वह खत्म हो गया, उसकी जगह इकट्ठा करने की मानसिकता बन गई है। आज पैरेंट्स भी अधिक-से-अधिक नंबर लाने और पैकेज प्राप्त करने की बात करते हैं। कोई भी अपने बच्चों को खेलने के लिए बाहर नहीं जाने देता, उसका समाज से कटाव बनाए रखते हैं। वह न तो किसी से बात करता है और इस समय जो भी खेल खेलना है, अकेले खेलना है—ऐसे

डिवाइस मौजूद हैं। ऐसे समाज की चिंता न होना स्वाभाविक हो जाता है। पहले प्रदेश की भाषा, पहनावा एवं भोजन सब अलग-अलग था। चेतना एकत्व ज्ञान से होती है। आदि शंकराचार्य तीन बार पैदल इस देश में घूमे हैं। 32 वर्ष की उम्र में ही 100 मंदिर, 10 अखाड़े स्थापित किए। 18 उपनिषदों, ब्रह्मसूत्रों एवं भगवतगीता पर टीकाएँ लिखीं। लोगों की भाषा यानी जनभाषा में लोगों से बात की। एक बार जब श्रृंगेरीपीठ के शंकराचार्य से पूछा गया कि आपको कितनी भाषाएँ आती हैं तो उन्होंने कहा कि अमृतसर से चलो तो हिंदी बोलते हैं। दिल्ली, हरियाणा, राजस्थान, गुजरात, महाराष्ट्र, बिहार, बंगाल चले जाओ, हर जगह अलग-अलग हिंदी बोलते हैं, मेरा तो एक ही भाषा से काम चल जाता है। यहाँ प्राकृत नहीं है, वहाँ प्राकृत है। प्राकृत पाँच तरह की है, कोई भी विद्वान् पाँच प्राकृत सीख ले, पूरे देश की भाषाओं को जान लेगा। 'विष्णु पुराण' में इसकी विशद् चर्चा है। इसलिए इतनी भिन्नता होते हुए भी एकात्मकता की चेतना, जो ज्ञान केंद्रित है, हमारे समाज में मौजूद है। मि. सैम पैटरोला के नेतृत्व में जब 'नॉलेज कमीशन' बना तो उसमें उसने कहा कि हम भारत को अब नॉलेज सोसाइटी बनाएँगे। अब सोचिए कि दुनिया की पहली किताब हमारी, पोएट्री हमारी, पुराण हमारे। अब वे हमें नॉलेज सोसाइटी बनाएँगे।

चाइना ने अपनी भाषा में ही कंप्यूटर को स्वीकार किया, लेकिन यहाँ तुरंत स्वीकार कर लिया कि हम सबको अंग्रेजी पढ़ाएँगे। लगभग डेढ़ सौ वर्षों से अंग्रेजी पढ़ाई जा रही है और मात्र 1 प्रतिशत लोगों को अंग्रेजी आती है। यहाँ कब सबको अंग्रेजी आएगी, आप स्वयं अनुमान लगा सकते हैं। इस सोसाइटी में किसी भी भारतीय ग्रंथ का नाम नहीं है और पैडरोला बड़े आराम से बड़ी-बड़ी कोठियों, गाड़ियों में घूम रहे हैं और लाखों रुपए विदेशी विजिट पर खर्च कर रहे हैं। कहने को वे सोशलिस्ट हैं, देश की गरीबी की दुहाई देते हैं और उनके नाम पर ये सब काम करते हैं। यह सब इसी शिक्षा से आता है, जिसमें शर्म करना, गिल्ट फील करना नहीं सिखाया जाता। किसी समाज की जो संस्थाएँ होती हैं, वे 'सभ्यताएँ' कहलाती हैं और इन संस्थाओं में जो विचार तंत्र काम करता है, वह 'संस्कृति' कहलाती है। रोमन सिविलाइजेशन ने सड़कें बनवाईं, एंपायर बनाया एवं राजनीतिक व्यवस्था बनाई। लेकिन सिविलाइजेशन का जो रूप भारतीय है, वह है—मानवीयता, नैतिकता। हमारे सारे प्रदेशों में 16 संस्कार हैं, उनके अलग-अलग गीत हैं, मनाए जाने के अलग-अलग रूप हैं।

एनसाइकोमीडिया यूनेस्को को जब मैंने पढ़ा, उसमें 1576 में मात्र 28 भाषाओं

की लिपि है, बाकी सब मौखिक हैं। हमारी संस्कृति भी मौखिक है। अभी भी छपा हुआ 'महाभारत' पढ़ा कम, सुना ज्यादा जाता है। ज्ञान को बचाने की परंपरा का सबसे महत्त्वपूर्ण रूप कथा-प्रवचन का है।

शुरू से ही हमारी संस्कृति 'ज्ञान' केंद्रित रही है। धर्म, अर्थ, काम एवं मोक्ष—हमारे चार पुरुषार्थ हैं। ये सभी व्यक्तियों के सामने उनका ध्येय रखते हैं और कोई ईश्वर रचित नहीं है, बल्कि अपने अनुभव से समाज ने इसे बनाया है। हर व्यक्ति ठीक क्या है, गलत क्या है, का ज्ञान रखता है। खाने-पीने व रहने का गुजारा व साई इतना दीजिए…अर्थ है। इसी तरह काम की एक मर्यादा है और फिर मोक्ष की भी जिज्ञासा रहती है। ये चार पुरुषार्थ सबके साथ जुड़े हैं। इससे एक तरफ धर्म, तो दूसरी तरफ मोक्ष के ब्रैकेट हैं। आज जो समाज, आधुनिक पाश्चात्य संस्कृति का समाज, वह इन रो ब्रैकेट को भूल चुका है, सिर्फ उसके पास अर्थ और काम बचे हैं। संयम, नियम और श्रद्धा, ये तीन हमारे समाज और जीवन के महत्त्वपूर्ण मूल्य हैं। आज इन मूल्यों की साथ रहने की संस्कृति रही है। उनके यहाँ सुख, सुविधा एवं धन प्राप्त करने की इच्छा बलवती है। अकेले रहने पर जोर देते हैं। हमारे ग्रंथ, बुजुर्ग हमें पढ़ाते हैं कि अगर आप खुशी ढूँढ़ोगे तो वह नहीं मिलेगी। खुशी तब मिलेगी, जब आप दूसरों को खुश रखोगे। महात्मा बुद्ध ने भी कहा है कि धर्म ज्ञान में है। कठोपनिषद् में नचिकेता का यमराज से प्रश्न मृत्यु क्या है, और उसके बाद क्या होता है? ज्ञान की खोज सूचक है। जो महापुरुष होते हैं, वे अपनी माँ से पहचाने जाते हैं। गौतमी पुत्र सत्कर्मी, जिसने 78वीं ई.पू. में शकों को एक किनारे कर दिया था। शिवाजी के पिता का नाम बहुत लोगों को मालूम नहीं है, लेकिन माँ का नाम सब जानते हैं, जीजाबाई।

सत्काम गौतम ऋषि के पास सच जानने को जाता है और उनका शिष्य बनना चाहता है। उन्होंने माँ-बाप का नाम पूछा। वह इसके लिए अपनी माँ के पास जाते हैं। वे कहती हैं कि मैं नहीं जानती। मैंने बहुत लोगों की सेवा की है। चाहो तो तुम यही अपने गुरु को बता दो, वह नहीं बताता है। ऋषि बोलते हैं—तुम दोनों ने कुछ भी नहीं बदला, तुम दोनों स्वयं ऋषि हो। माँ का यह रुतबा है। जब तुम बाहर से आते हो तो सबसे पहले तुम अपनी माँ से मिलना पसंद करते हो।

संस्कृति, संस्कृत और संस्कार तीनों मिले हुए शब्द हैं। उसकी जड़ एक ही है। जब किसी चीज को संस्कारित करते हो, परिष्कृत करते हो, संस्कृति हो जाती है और जब आप भाषा को परिष्कृत व संस्कारित करते हो तो संस्कृत हो जाती है,

अर्थात् प्राकृत के विरोध में संस्कृत हो जाती है। प्राकृत जैनियोंवाली भाषा नहीं हैं, बल्कि जो वोरल लैंग्युवेज है, उसे जब परिष्कृत करते हैं तो संस्कृत बनती है। बाद में ग्रंथों की भाषा मिक्स हो जाती है—बदलती नहीं। पर जो बोलचाल की भाषा है, बदलती रहती है।

संस्कृति प्रकृति का परिष्कृत रूप है और समाज की यह संस्कृति आधार होती है। अगर ऐसा न हो तो लोग ठीक से एक-दूसरे के साथ नहीं रह सकते। हमारा समाज ड्यूटी केंद्रित समाज है। धर्म या दूसरा अर्थ ड्यूटी ही है।

श्रद्धा क्या है? हमारे यहाँ चार-चार पीढ़ियों की बूढ़ी गाय बाँधकर रखते हैं। उनकी उसी तरह से देखभाल करते हैं, जैसे बड़े-बूढ़ों की करते हैं। बेचते नहीं। इसी तरह पुराने स्कूटर या चीजों को भी लोग सँभालकर रखते हैं। हमारे यहाँ रिपेयरिंग कल्चर है, जो बिगड़ जाए, उसे ठीक करो। रिश्ता बिगड़े ठीक करो, मशीन बिगड़े ठीक करो, आदि। अब हम रिपेयरिंग कल्चर से डिस्पोज कल्चर में आ गए हैं। रिपेयरिंग में श्रद्धा है। कोई नाराज हो जाता तो लोग उसे मनाते, लेकिन अब नाराज हो जाए तो किसी को कोई फर्क नहीं पड़ता। हो जाने दो नाराज। मैं अपनी कमाई खाता हूँ—यह हमारा सामाजिक एवं पारिवारिक बदलाव हुआ है। अब हमें सोचना है कि कौन सा तरीका ठीक है। अल्टीमेटली जो सुख आता है, वो रिश्तों से आता है, पैसे से नहीं।

इस तरह हमारी आधारभूत धारणाएँ पश्चिम से अलग हैं, चाहे वो समय की हों, भगवान् की हों, देवी-देवताओं की हों। सभी जीव यहाँ बराबर माने जाते हैं, उन्हें कोई नहीं मारता। प्रकृति हमारे लिए माँ है, हम उसके बीच में रहते हैं। हमारी और उनकी टूथ और रियलिटी में भी भेद है, क्योंकि हमारे माइंड के ड्राइमर अलग हैं।

जब हम लोग शिक्षा ग्रहण करते हैं तो हमारे अंदर कनफ्लिक्ट आता है। हमें घर में कर्तव्य सिखाए जाते हैं और कक्षा में अधिकार। बच्चा सोचता है, करना क्या है।

□

साहित्य और संस्कृति

–रामदेव शुक्ल

साहित्य और संस्कृति में व्याप्य संबंध है। प्रकृति से संस्कृति तक की यात्रा में मनुष्य ने जो कुछ अर्जित किया है, उसे सहेजती है भाषा। प्रकृति के अन्य प्राणियों से मनुष्य को विशिष्ट बनानेवाली खोज भाषा है। भाषा सर्जना का स्रोत है और उसकी प्रेरणा भी। मनुष्य की स्मृतियाँ भाषा में सुरक्षित रहकर साहित्य बनती हैं। साहित्य सबको सबके हित से जोड़ता है, इसलिए 'साहित्य' कहलाता है। संस्कृति की पूरी यात्रा को सहेजना भी साहित्य के माध्यम से ही संभव होता है। कह सकते हैं, साहित्य और संस्कृति एक-दूसरे में खुलते-खिलते और विकसित होते हैं। संस्कृति मनुष्य का परिष्कार करती है और साहित्य संस्कृति को संरक्षित करता है। बीसवीं सदी के अंतिम दो दशकों से 'सभ्यताओं के संघर्ष' के नाम पर जो असहिष्णुता, आक्रामकता और खूनी संघर्ष शुरू हुए, उनकी चरम परिणति ईसाई और इसलाम के नाम पर पूरी दुनिया की तबाही के रूप में सबकी चिंता का कारण हो रही है। अमेरिकी राष्ट्रपति डोनाल्ड ट्रंप और उत्तर कोरिया के स्वयंभू तानाशाह किम जोंग उन एक-दूसरे को मिटा देने को उतावले हो रहे हैं। यह वैश्विक विकृति है।

इस युग को एक शब्द में परिभाषित करना चाहें तो कह सकते हैं कि यह अधैर्य का युग है। किसी व्यक्ति में वह मानवीय गुण नहीं दिखता, जो सभी का आधार है।

भारतीय संस्कृति को मूर्त रूप देनेवाले महाकाव्यों में से एक है—'रामचरित मानस'। रावण सोने की लंका का राजा है। अपार बल और वैभव का स्वामी है। लेकिन आचरण ऐसे करता है कि बुराई का प्रतीक बन गया है। युद्ध भूमि में वही

रावण अपने विशाल रथ पर आरूढ़ होकर राम से लड़ने के लिए आ रहा है। राम को नंगे पाँव देखकर विभीषण चिंतित हो जाते हैं—

रावन रथी विरथ रघुवीरा। देखि विभीषण भयउ अधीरा।
अधिक प्रीति मन आ संदेहा। वंदिचरन कर सहित सनेहा॥
नाथ न रथ नहिं तन पद त्राना। केहिविधि जितब वीर बलवाना॥

रावण रथ पर सवार है। आपके शरीर पर न तो कवच है और पाँवों में जूते (परत्राण) भी नहीं हैं। आप उस वीर बलवान शत्रु को कैसे जीत सकेंगे?

इस अवसर पर गोस्वामी तुलसीदास ने राम के मुख से एक अजेय धर्म-रथ का वर्णन कराया है—

सुनहु सखा कह कृपानिधाना। जेहि जय होहि सो स्पंदन आना।
सौरज धीरज जेहि रथ चाका। छपा कृपा समता रजु जोरे॥
ईस भजन सारथी सुजाना। विरति चर्म संतोष कृपाना॥
दान परसु बुधि सक्ति प्रचंडा। वर विज्ञान कठिन को दंडा॥
अमल अचल मन त्रोन समाना। सम जम नियम सिलीमुख नाना॥
कवच अभेद् विप्र गुरु पूजा। एहि सम विजय उपाय न दूजा॥
सखा धर्ममय अस रथ जाकें। जीवन कँहन कतहु रिपु ताके॥
महा अजय संसार रिपु जीति सकइसो वीर।
जाकें अस रथ होइ दृढ़ सुनहू सखा मति धीर॥

विभीषण को समझाते हुए राम कहते हैं—हे सखा! तुम तो धैर्यबुद्धिवाले (मतिधीर) हो। जिस रथ पर सवार होनेवाले को विजय मिलती है, वह रथ दूसरे प्रकार का है। उस रथ के पहिए हैं—शौर्य और धैर्य, अर्थात् वीरता के साथ धीरज। धीरज न रहे तो वीरता बहुत समय तक साथ नहीं देती। संयम, नियम, संतोष, सत्य, अहिंसा, वैराग्य, विवेक में सभी मानवीय गुण धर्म रूपी रथ के अंग हैं, किंतु इन सबको जो धारण करता है, वह धैर्य ही है। जिसमें धैर्य है, वही सत्य और अहिंसा के मार्ग पर चलता हुआ सभी कठिनाइयों पर विजय प्राप्त कर सकता है।

'रामचरितमानस' के इस धर्म-रथ का रूपक उपनिषद् काल से चला आ रहा है। 'कठोपनिषद्' (1,3,।3-4) में वर्णित है कि प्रत्येक व्यक्ति इस भौतिक शरीर रूपी रथ पर आरूढ़ है। बुद्धि सारथी है। मन लगाम है। इंद्रियाँ घोड़े हैं। इस प्रकार मन तथा इंद्रियों की संगति से यह आत्मा सुख या दु:ख का भोक्ता है।

रथ का रूपक महाकाव्यों और पुराणों में अनेक स्थान पर थोड़े-बहुत अंतर

के साथ मिलता है। गोस्वामी तुलसीदास की मौलिक विशेषता यह है कि मनुष्य के गुणों को रथ के उपकरण बताते हैं। वे समस्त गुण जिस एक आधार पर टिके रहते हैं, वह धैर्य है। रथ के दो पहिए हैं--शौर्य और धैर्य। राम और रावण में सबसे बड़ा फर्क यही है कि रावण के पास सभी भौतिक साधन प्रचुर मात्रा में हैं। उसके पास बल और बुद्धि भी है। जो नहीं है, वह है धीरज। उधर राम के पास भौतिक साधन नहीं के बराबर हैं, किंतु उनके पास अटूट धीरज है। धीरज के बल पर ही वे रावण जैसे महापराक्रमी को पराजित कर देते हैं।

एक अन्य अवसर पर गोस्वामी तुलसीदास कहते हैं—

धीरज, धरम, मित्र अरु नारी। आपतिकाल परखिये चारी॥

स्थितियाँ कभी-न-कभी सभी के जीवन में आती हैं। उसे आपदा, विपदा, विपत्ति कहते हैं। उस संकट-काल में सबसे अधिक आवश्यक होता है—धीरज। आनेवाले संकट का सामना जो व्यक्ति धीरज के साथ करता है, वह उससे बाहर निकलने का मार्ग भी खोज लेता है। संकट-काल में जो व्यक्ति धीरज नहीं रख पाता, वह ऐसी गलतियाँ कर बैठता है कि विपत्ति और गहरी हो जाती है। इसके उदाहरण कदम-कदम पर देखने को मिल जाते हैं। आप अपने घर में ही अधैर्य के कुफल प्रतिदिन देखते हैं। परिवार के सदस्य एक-दूसरे की बात को पूरा सुनने से पहले ही अधीरता के कारण अपना असंतोष व्यक्त कर देते हैं। अपनी बात पूरी तरह न सुने जाने पर क्षुब्ध हुआ व्यक्ति धैर्यवान् हुआ तो शांत होकर पूरी बात समझाने की कोशिश करता है। अधीर व्यक्ति प्रतिक्रिया के कारण उग्रवर हो जाता है और संबंध बिगड़ते जाते हैं।

धीरज के अभाव में ऐसी असहिष्णुता समाज के प्रत्येक क्षेत्र में विकृति उत्पन्न कर रही है। जाति, धर्म, संप्रदाय, भाषा-भूषा के भेद सुसंस्कृत समाज में उसी रूप में स्वीकार्य और सम्मान्य होते हैं, जैसे बागों में। जो जितने भिन्न रूप, रंग, आकार, प्रकारवाले फूलों-फलों के पौधे और वृक्ष होते हैं, वह बाग उतना ही सुंदर और आकर्षक होता है। उसी प्रकार मानव समुदाय एक-दूसरे से भिन्न दिखते हुए एक-दूसरे का महत्त्व बढ़ाते रहते हैं। इसका विपर्य यह है कि काले-गोरे, धनी-निर्धन, ऊँच-नीच के सभी भेद विकृत बुद्धिवाले मनुष्यों के बनाए हुए हैं। प्राकृतिक रूप से मनुष्य सृष्टि के सभी प्राणियों में विकसित प्राणी है। पृथ्वी के किसी भी भाग में रहनेवाला मनुष्य अपने मूल रूप में एक ही तरह से मनोवृत्तियों द्वारा संचालित होता है। भूख, प्यास, निद्रा, वंशवृद्धि के लिए प्रजनन और सुरक्षा की भावना सभी मनुष्यों में समान रूप से सक्रिय है। इन सबकी तृप्ति के लिए मनुष्य-समुदाय अपने

परिवेश के अनुरूप सदा सक्रिय रहा है। इसी क्रम में हिंसा, घृणा, क्रोध, ईर्ष्या-द्वेष जैसे मनोभाव प्रकट होते रहे हैं। अपने भोजन के लिए, अपने पशुओं के लिए, अपनी संपत्ति के लिए लड़ता-झगड़ता मानव-समुदाय संस्कृत होने के क्रम में इन भावों को पूरा पशु-व्यवहार मानकर इनको अपने आचरण से निकालता गया। धीरे-धीरे उसकी चेतना विकसित होती गई और उसने पाया कि हिंसा को छोड़ना और अहिंसा का आचरण करना मानवीय आचरण है। आदिम जीवन पशु-जीवन से बहुत भिन्न नहीं था, किंतु आदमी के रूप में विकसित होते हुए मनुष्य ने उन मूल्यों को जीना सीख लिया, जो आगे चलकर संस्कृति, धर्म, दर्शन और कला के श्रेष्ठ प्रतिमान बने। सत्य, अहिंसा, प्रेम, करुणा, क्षमा, दया, पवित्रता और सबसे बढ़कर आत्मत्याग, ये वे मूल्य हैं, जो किसी भी धर्म, दर्शन और संस्कृति में अमान्य नहीं हो सकते। इस बात को इस प्रकार से भी कहा जा सकता है कि उपर्युक्त मान्यताओं के कारण ही मानवता के विकास की यात्रा पशुता छोड़कर दिव्यता (डिवाइन) तक पहुँचती है। पशु-जीवन से आगे बढ़ने पर मनुष्य भय और लोभ के कारण प्रकृति की शक्तियों को देवता समझने और अपने-अपने ढंग से सूर्य, चंद्र, अग्नि, नदी, समुद्र, बादल, वृक्ष और अनेक पशु-पक्षियों को रिझाने के उपाय करने लगे। वह सब धर्म का आदिम स्वरूप था। जैसे-जैसे भाषा जैसी अद्‌भुत उपलब्धि के सहारे मानव-समुदाय गंभीर विषयों पर चिंतन-मनन करने लगा, उनके सामने किसी परम शक्ति का आभास होने लगा।

वैदिककालीन ऋचाओं में यह विकास-क्रम स्पष्ट रूप से देखा जा सकता है। इंद्र, वरुण, सूर्य और अग्नि से वे क्या-क्या माँगते थे?

रे देव! हमारे शरीरों को बल दो,
हमारे भारवाही बैलों को शक्ति दो।
हमारी संतान और वंशजों को बलिष्ठ बनाओ।

(ऋग्वेद, 3-5 3-28)

रे इंद्र! हमें अमरत्व और आनंद दो,
शत्रुओं का नाग करने के लिए हमें आवश्यक बल दो!
हमें समृद्धि और संरक्षण प्रदान करो।
विद्वानों की रक्षा करो! हमें अच्छी संतानें
और बहुत सा अन्न दो।

(ऋग्वेद, 6-80.3)

ऋग्वेद में ही उस ईश्वर का स्वरूप स्पष्ट हो गया, जो इंद्र, भिन्न, वरुण, अग्नि आदि नामों से पुकारा जाता है।

एक सद्विप्रा बहुधा वदन्ति (ऋग्वेद, 1,164-46)

वेदों के अंतिम अंग के रूप आरण्यक और उपनिषद् रचे गए। उन्हें 'वेदांत' भी कहा जाता है। लगभग 200 उपनिषदों में 108 मान्य हुए। इनमें 13 सर्वश्रेष्ठ हैं—ईश, छांदोग्य, मुंडक, बृहदारण्यक आदि।

उपनिषद में दार्शनिक चिंतन का विकास हुआ। माना गया कि तप से (चिंतन की शक्ति) बल का विस्तार होता है, उससे अन्न का उत्पादन होता है। अन्न से जीवन, उससे मन, उससे पंचभूत, उससे संसार, उससे कर्म (यज्ञ) और उससे अमरत्व प्राप्त होता है। (मुंडकोपनिषद् 1.1.8)

जिस परम सत्य तक उपनिषद् पहुँचे, वह यह था कि आत्मा और ब्रह्म के बीच कोई भेद नहीं है। मनुष्य के भीतर जीवात्मा और समस्त ब्रह्मांड में सक्रिय परम शक्ति एक ही है। ब्रह्म से ही सबकुछ व्याप्त है। यह समस्त जगत् ब्रह्म है, उसी से यह उत्पन्न होता है और उसी में लीन हो जाता है और उसी से यह अनुप्रमाणित है—सर्व रवलु इंद ब्रह्म। (छांदोग्य उपनिषद् 3.14.1)

सृष्टि के पहले एक संज्ञाहीन शून्य था। उसे समझना असंभव था, उसका कोई परिवार या जाति नहीं थी, वह न तो कुछ देख सकता था और न जान सकता था। उसके हाथ या पैर नहीं थे, वह सतत था, सर्वव्यापी था, अत्यधिक सूक्ष्म था, अत्यधिक अनश्वर था। (मुंडकोपनिषद्)

उपनिषद् काल के दार्शनिक जगत् की निरंतर परिवर्तनशील प्रक्रिया को देखते और समझते हुए बोधगम्य और आनंदमय जगत् में जीवन की पूर्णता प्राप्त करने के लिए प्रयत्नशील थे। उनकी प्रार्थना पूर्णता के लिए थी—

असतो मा सद्गमय,
तमसो मा ज्योतिर्गमय गमय,
मृत्योर्मा अमृतं गमय।

हमें असत्य से सत्य की ओर ले चलो, अंधकार से प्रकाश की ओर ले चलो और मृत्यु से अमरत्व की ओर ले चलो।

ईशोपनिषद घोषित करता है—

यह जगत् जितना कुछ है, ईश्वर का वासस्थान् है। उसके अतिरिक्त किसी का अस्तित्व नहीं है। इसलिए मनुष्य का कर्तव्य है कि वह भोग करने से पहले त्याग

करता हुआ जिए और किसी अन्य की संपत्ति के प्रति लोभ–लालसायुक्त दृष्टि से न देखे। (तेन त्यक्तेन भुंजीथा:)

सबके जीवन को सुखी बनाने का इससे श्रेष्ठ मार्ग नहीं हो सकता। इसी को हिंदी भक्ति काव्य के सर्वाधिक सम्मानित संत कबीरदास इस रूप में कहते हैं—

रूखी सुखी खाय कै ठंडा पानी पीउ।
देखि पराई चूपड़ी मति ललचावे जीउ॥

त्यागपूर्वक भोग का एक उदाहरण आचार्य विद्यानिवास मिश्र 'महाभारत' के प्रसंग में प्राय: स्मरण करते थे। महासभा में विजय प्राप्त करने के उपलक्ष्य में महाराज युधिष्ठिर ने राजसूय यज्ञ का आयोजन किया। यज्ञ में सभी राजा–महाराजा और गण्यमान्य आए। श्रीकृष्ण ने अपने लिए जो कार्य निश्चित किया था, वह जूठी पत्तलों को उठाकर सामने के जंगल में फेंकना था। कुछ देर बाद लोगों ने एक विचित्र दृश्य देखा। जंगल से निकलकर एक नेवला जूठी पत्तलों और आसपास की गीली धरती पर लोट रहा था। नेवले का आधा शरीर सुनहरा था, आधा साधारण नेवले जैसा। कुतूहलवश एक व्यक्ति ने नेवले से उसका परिचय पूछा और इस प्रकार जूठी पत्तलों पर लोटने का कारण भी। नेवले ने बताया कि जंगल में जहाँ मेरा बिल है, उसके सामने एक छायादार वृक्ष है। अपने बिल में गरमी से बेहाल होकर मैं हाँफ रहा था कि ऊपर से कुछ ठंडक मालूम हुई। मैं सिर निकालकर देखने लगा। वृक्ष के नीचे एक भिक्षुक जैसा व्यक्ति बैठा था। उसने अपने गमछे में बँधा हुआ सत्तू निकालकर एक पात्र में सानकर खाने के लिए तैयार किया। पहला कौर उठाया ही था कि सामने से एक दुर्बल मनुष्य ने कहा, 'मैं दो दिन से भूखा हूँ। मुझे भोजन दें।' पहले व्यक्ति ने प्रसन्नापूर्वक कहा, 'लीजिए। मैंने तो अभी कल ही भोजन किया था। इस सत्तू को आप ग्रहण करें।' वह याचक सत्तू लेकर चला गया। पहले व्यक्ति ने सत्तूवाले पात्र में पानी डालकर उसमें लगे अन्नकणों को घोलकर पीने लायक बनाया। ज्योंही वह पात्र उसने मुँह से लगाना चाहा, सामने से आवाज आई, 'मैं तीन दिन से भूखा हूँ। मुझे भोजन चाहिए।' पहलेवाले व्यक्ति ने आदरपूर्वक कहा, 'आइए। इसे आप ग्रहण कीजिए, मैंने तो कल ही भोजन किया था।' सत्तू का घोल याचक के पात्र में डालकर पहलेवाले व्यक्ति ने उस पात्र में पानी भरा और उसे पीने लगा। पात्र में जो जल बच गया, उसे उसने सामने फेंक दिया। जब वह व्यक्ति वहाँ से चला गया तो गरमी से राहत पाने के लिए मैं उसके जूठे पानी में गीली धरती पर लोटने लगा। थोड़ी देर बाद मैंने देखा कि उस पानी में मेरा जितना शरीर भीगा,

उतना सुनहरा हो गया। तब से मैं लगातार ऐसे पुण्यात्मा की तलाश में था। महाराज युधिष्ठिर के यज्ञ में एक-से-एक पुण्यात्माओं ने भोजन किया होगा। उनकी जूठी पत्तलों पर लोट रहा हूँ कि मेरा शेष देह भी सुनहरी हो जाए।

नेवले की कहानी बताती है कि दान का वास्तविक अर्थ क्या है? बहुत धन कमाकर, बहुत संचय करके, उसका एक अंश दान करके दाता का यश अर्जित करना दान नहीं है। दान के मूल में निहित है—आत्मसुख का त्याग। जिस वस्तु से हमें सुख मिलनेवाला है, वह वस्तु यदि किसी अन्य के लिए ज्यादा जरूरी है तो अपने सुख का त्याग करके वह वस्तु उसे दे देना और उसके दुःख के निवारण से मिलनेवाले आनंद का अनुभव करना। आचार्य रामचंद्र शुक्ल ने करुणा को धर्म का बीज कहा है। जिस मनुष्य के हृदय में करुणा है, वही वास्तव में मनुष्य के धर्म का निर्वाह कर सकता है।

'धर्म' शब्द आज के जलते हुए विश्व में सबसे डरावना बनकर उभरा है, क्योंकि 'धर्म' के नाम पर जितनी हिंसा होने लगी है, जितने नरसंहार होने लगे हैं, उतने दो विश्वयुद्धों में भी नहीं हुए थे। भारतीय वाङ्मय में 'धर्म' शब्द के अनेक अर्थ हैं। पश्चिमी सभ्यता में धर्म का पर्यायवाची रिलीजन मान लिया जाता है, जो गलत है। रिलीजन या संप्रदाय के लिए तीन बातें अनिवार्य हैं—एक संस्थापक व्यक्ति, उसके द्वारा दी गई एक पुस्तक और उसके द्वारा दिए गए आचरण के नियम। उदाहरण के लिए पैगंबर ईसा मसीह, पुस्तक बाइबिल, हज़रत मोहम्मद साहब, कुरआन और हदीस। जो व्यक्ति इन तीनों के प्रति अटूट आस्था रखता है, वह सच्चा ईसाई या सच्चा मुसलमान हो सकता है। भारतीय समाज में ऐसे किसी एक व्यक्ति, किसी एक पुस्तक या किसी आचार-संहिता तक धर्म को सीमित नहीं किया गया। जो हमको धारण करना है, वह हमारा धर्म है, जो धारण करने योग्य है, वह धर्म है। जिस धर्म की हमने रक्षा की है, वह हमारा धर्म हमारी रक्षा करता है। भारतीय भाषाओं के धर्मग्रंथ, महाकाव्य, लोकसाहित्य और लोकविश्वास धर्म के जो लक्षण बताते हैं, वे सब श्रेष्ठ नैतिक गुणों के समूह हैं—सत्य, अहिंसा, अस्तेय (चोरी न करना), इंद्रिय-निग्रह संयम, यम-वियम आदि। सबसे व्यावहारिक और वैज्ञानिक लक्षण यह है कि जिस व्यक्ति या वस्तु का जो स्वभाव है, उसके अनुसार आचरण करना ही उसका धर्म है। आग का धर्म है जलाना, पानी का धर्म है संपर्क में आनेवाले को भिगोना, ठंडा करना, अमृत का धर्म है जीवन देना और विष का धर्म है खानेवाले को मार देना। कोई व्यक्ति विष खाए और उसकी मृत्यु न हो तो माना

जाएगा कि वह विष नकली था। ये जड़ पदार्थ अपना स्वभाव अर्थात् अपना धर्म कभी नहीं छोड़ते तो चेतन मनुष्य को अपना धर्म क्यों छोड़ना चाहिए?

मनुष्य का धर्म क्या है? 'श्रीमद्भगवत्गीता' में इसकी पहचान बार-बार बताई गई है।

आत्मौपम्येन सर्वत्र समं पश्यति योऽर्जुन।
सुखं वा यदि वा दुःखं स योगी परमो मतः। (गीता 6-32)

श्रीकृष्ण कहते हैं—रे अर्जुन! जो मनुष्य सभी प्राणियों में सुख और दुःख को अपने समान अर्थात् अपनी ही उपमा (तुलना) से अनुभव करता है, वही परम श्रेष्ठ योगी माना जाता है।

प्यास से व्याकुल होने और पानी न मिलने पर, भूख से विकल होने और भोजन न मिलने से जो दुःख मुझे होता है, वैसा ही सबको होता है, यह संवेदना जिसके भीतर विकसित हो गई, वह किसी प्राणी को भूखा-प्यासा देखकर उसकी सहायता किए बिना रह ही नहीं सकता। यही धर्म है। संत एकनाथ के जीवन की एक घटना है। वे पवित्र जल से भरा घड़ा लेकर शिवलिंग पर चढ़ाने के लिए जा रहे थे। रास्ते में प्यास से तड़पता हुआ एक गधा दिख गया। संत ने सारा जल उसे पिला दिया। साथवाले तीर्थयात्रियों ने कहा, 'शिवार्चन के लिए लाया पवित्र जल आपने गधे को पिला दिया, यह तो पाप हो गया।' संत ने कहा, 'शिव को प्यास से तड़पते देखा, उनके लिए लाया जल उन्हें पिला दिया। इसमें पाप कैसा?'

अद्वैत वेदांत सभी प्राणियों में ईश्वर का निवास बताता है। एक ठोस सत्य है, प्रत्येक प्राणी में धड़कता हुआ हृदय। 'गीता' उसी हृदय में ईश्वर की उपस्थिति का साक्ष्य है।

ईश्वरः सर्वभूतानां त्रद्देशेऽर्जुन तिष्ठति।
भ्रामयन्सर्वभ्यूतानि पंत्राह्ढ़ानि भायया। (18-61)

'गीता' के अंत में अर्जुन को अपने हृदय में स्थित ईश्वर की शरण में जाने का आदेश दिया गया है।

तमेव शरणं गच्छ सर्वभावेन भारत।
तत्प्रसादात्परां शांति स्थानं प्राप्स्यासि शाश्वतम्। (18-62)

किसी बाहरी ईश्वर की नहीं, अपने हृदय में स्थित ईश्वर की शरण में जाओ। उसी की कृपा के प्रसाद से तू परम शांति, परम धाम को प्राप्त होगा।

सभी प्रकार का निर्णय हृदयस्थ ईश्वर की कृपा से लेनेवाला मनुष्य न तो

किसी का अनादर करेगा, न किसी को दूसरी जाति या दूसरे धर्म का मानकर उसकी उपेक्षा करेगा। उसकी दृष्टि में प्रत्येक प्राणी अपने जैसा दिखाई पड़ेगा। वह किसी प्राणी को दुःखी देखकर बिना उसका उपचार किए रह ही नहीं सकता।

धर्म के संदर्भ में यह भी समझ लेना जरूरी है कि स्वधर्म और परधर्म का भेद भी 'गीता' में बहुत स्पष्टता के साथ बताया गया है।

श्रेयान् स्वधर्मो विगुणः परधर्मात्स्वनुष्ठितात्।
स्वधर्मे निधनं श्रेयः परधर्मो भयावहः॥ (गीता 3-35)

अपना धर्म गुणरहित होने पर भी दूसरे के अच्छी प्रकार संपन्न किए हुए धर्म की तुलना में श्रेष्ठ है। एक व्यक्ति छात्र है। उसका अपना धर्म अध्ययन करना है, किसी को ठेकेदारी करके बहुत धन कमाता देखकर विद्यार्थी ठेकदारी करने लगे तो विनष्ट हो जाएगा। कोई किसान है। संपूर्ण शक्ति और निष्ठा से अन्न उपजाना उसका स्वधर्म है, किसी को व्यापार करके अधिक धन कमाते देखकर किसान व्यापार करने लगे तो नष्ट हो जाएगा।

किस व्यक्ति का स्वधर्म क्या है, इसका निर्णय कैसे होगा? श्रीकृष्ण कहते हैं—

सहजं कर्म कौन्तेय सदोषभपि न व्यजेत्।
सर्वारम्भां हि दोषेण धमेनाग्निरिवावृताः॥

जो सहज (जन्म के साथ उत्पन्न स्वभाव के अनुकूल) कर्म है, उसे कभी त्यागना नहीं चाहिए, चाहे वह दोषपूर्ण ही क्यों न लगे। उदाहरण के लिए, ऊर्जा और ऊष्मा प्राप्त करने के लिए आग जलाना सहजकर्म है, लेकिन जलाते समय धुएँ का आवरण दुःखद होगा। आँखों में आँसू आएगा, लेकिन इस कष्ट से घबराकर आग जलाने का अनिवार्य कर्म अथवा धर्म छोड़ा तो नहीं जा सकता।

'सहज' शब्द का यही आशय ग्रहण करते हुए संतशिरोमणि कबीरदास का कथन है—

सहज सहज सब काई कहै, सहज न जानै काइ।
जिन सहजे विषयातजी, सहज कहीजे सोइ॥

'सहज मार्ग' वही है, जो मनुष्य के जन्म के साथ जन्मा उसका स्वभाव है। मनुष्य होकर वह प्रेम, करुणा, क्षमा और दूसरों के दुःख को दूर करने के कर्तव्य से विमुख हो ही नहीं सकता। जन्म से यह स्वभाव लेकर आया मनुष्य इंद्रियों के विषयों के प्रति आसक्ति को सहज ही, आसानी से छोड़ सकता है, क्योंकि इंद्रियों के

विषय तो माया (अज्ञान) के खेल हैं। जो धैर्यवान नहीं हैं, वे विषयों की आसक्ति में फँसकर नष्ट हो जाते हैं—

ध्यायतो विषयान्पुंसः संगस्तेषूप जायते।
संगात्संजायते कामः कामात्क्रोधोऽभिजायते॥ (गीता, 2-62)
क्रोधाद्भवति सम्मोहः सम्मोहात् स्मृति विभ्रमः।
स्मृतिभ्रंशाद् बुद्धिनाशो बुद्धिनाशात्प्रणश्यति॥ (गीता, 2-63)

सामान्यतया समझा जाता है कि आदमी किसी चीज की इच्छा करता है और उसकी पूर्ति के लिए उद्यम करता है। 'गीता' का कथन यह है कि जाग्रत् व्यक्ति इच्छा उत्पन्न होने से पहले ही सावधान रहता है कि कौन सी इच्छा मन में जागे और कैसी इच्छाओं को उपजने का अवसर ही नहीं देना है। आरंभ होता है इंद्रियों के विषयों के स्मरण से। हमारे आसपास भौतिक विषयों की भीड़ जुटती जाती है। उनमें से अधिकांश वस्तुएँ ऐसी होती हैं, जो हमारे किसी काम की नहीं होतीं। जैसे दस करोड़ रुपए की कार का विज्ञापन देखकर सामान्य व्यक्ति भी उधर से निगाह फेर लेता है कि यह हमारे काम की चीज नहीं। उसी विज्ञापन को एक असावधान व्यक्ति देखता है और सोचने लगता है—काश, यह कार मेरे पास होती? उसकी यह सोच उसकी चेतना में सघन होने लगती है। उस कार के प्रति आसक्ति (संग) बढ़ने लगती है। आसक्ति इतनी बढ़ जाती है कि उसे पाने की इच्छा जाग उठती है। यह विवेक गायब हो जाता है कि वह मेरे किसी काम की नहीं। बस, वह कार मुझे चाहिए। उसे पाने के लिए चोरी करनी पड़े, बैंक में डाका डालना पड़े या उसके मालिक की हत्या ही क्यों न करनी पड़े। आगे की परिणति स्पष्ट है। नहीं मिलने पर क्रोध उपजेगा। क्रोध से सम्मोह उपजेगा। उससे स्मृतिभ्रम होगा। स्मृतिभ्रम से बुद्धि का नाश होगा और बुद्धि नष्ट हो जाने पर पूर्ण विनाश होना ही है।

'गीता' को माता कहने और माननेवाले महात्मा गांधी अपने जीवन में उपर्युक्त तथ्य को समझकर ही आचरण करते थे। उनका कहना था कि मनुष्य को उतनी ही वस्तुओं अथवा उतने ही धन की इच्छा करनी चाहिए, जितने से उसका जीवन-निर्वाह हो जाए। यह पृथ्वी सभी प्राणियों की अनिवार्य आवश्यकताओं की पूर्ति में पूर्ण रूप से समर्थ है, लेकिन लोभ तो किसी एक व्यक्ति का भी इतना बढ़ सकता है कि पृथ्वी का पूर्ण स्वामित्व मिल जाने पर भी बढ़ता ही चला जाएगा। इसलिए गांधी का सूत्र था नीड (जरूरत) और ग्रीड (लोभ) में फर्क करना सबसे पहले जरूरी है। गांधीजी ने अपनी जरूरतों को इतना सीमित कर लिया कि लोग विश्वास

नहीं कर पाते थे। दक्षिण अफ्रीका से भारत लौटने पर उन्होंने करोड़ों आदिवासियों, वनवासियों एवं ग्रामवासियों को न्यूनतम भोजन और वस्त्र से वंचित पाया। दूसरी ओर राजा, महाराजाओं, अफसरों और जमींदार, जागीरदारों को अकूत वस्त्राभूषण और खाद्य पदार्थों का अपव्यय करते देखा। उन्होंने सबका औसत निकालकर देखा कि प्रति व्यक्ति एक वर्ष में पाँच गज से अधिक कपड़ा नहीं आता। उन्होंने पाँच गज की धोती के दो हिस्से कर लिये। भोजन का भी औसत निकालकर अपने लिए मोटे अन्न का उतना ही भाग रखा, जितना औसत भारतीय के हिस्से में आता था। गांधीजी ने उचित-अनुचित कर्तव्य की एक कसौटी बनाई। उनका कहना था कि जब भी आप अपने लिए कोई कार्य करना चाहें तो समाज के सबसे निर्धन और असहाय व्यक्ति को ध्यान में रखकर सोचें कि आपके उस कार्य से उसका लाभ होगा या नहीं? अगर आपके काम से उस अंतिम आदमी को कोई लाभ नहीं होता, तब वह कार्य आपके लिए उचित नहीं है।

'गीता' में श्रीकृष्ण अपने सबसे प्रिय भक्त की पहचान इस रूप में बताते हैं—

तुल्यनिन्दास्तुति मौनी, संतुष्टों येनकेनचित्
अनिकेत: स्थिरमति: भक्तिमान से प्रियो नर:। (12-19)

जिसके लिए (अपनी) निंदा और स्तुति बराबर है, जो भी मिल जाए, उसी में संतुष्ट है, जो अनिकेत है, जो स्थिर बुद्धिवाला है और मौन का महत्त्व समझता है, वही भक्त मुझे प्रिय है। आदमी किसी-न-किसी घर में ही रहता है, तब अनिकेत—बिना घरवाला—क्यों कहा गया? इसलिए कि घर में रहकर भी अपने को घर का एकमात्र स्वामी माननेवाला अहंकारी हो जाता है। उस अहंकार से बचने के लिए अपने को अनिकेत मानना ही उचित है। महात्मा गांधी राजकोट के महाराजा के दीवान के पुत्र थे, इसलिए महल में ही पैदा हुए, किंतु जीवन में उन्होंने अपना घर कहीं नहीं बनाया। आश्रम बनाते रहे और उनमें सबके साथ एक आश्रमवासी के रूप में रहे। स्वाधीनता संग्राम के केंद्रीय पुरुष के रूप में महात्मा गांधी सभी नेताओं और देशवासियों को यही समझाते रहे कि राजनीतिक गुलामी खत्म हो जाने के बाद भी देशवासियों ने अपनी आवश्यकताओं को सीमित नहीं किया, तो जल्दी ही देश आर्थिक रूप से दूसरे देशों का गुलाम हो जाएगा। आज का भारत किस तरह आर्थिक और मानसिक रूप से बहुराष्ट्रीय कंपनियों का गुलाम बनता जा रहा है, यह किसी से छिपा नहीं है।

अपरिग्रह—अपनी न्यूनतम आवश्यकताओं से अधिक वस्तु या धन का संचय

न करना और दूसरों के दुःख 'कष्ट' अभाव का अनुभव करके उसे दूर करने का धर्म मानना यह भारतीय संस्कृति की सर्वश्रेष्ठ विशेषता है। आज अधैर्य का जो खेल पूरी दुनिया में चल रहा है, वह विकृति का सबसे बड़ा रूप है।

सर्वे भवंतु सुखिनः सर्वे संतु निरामयाः।
सर्वे भद्राणि पश्यंतु, मा कश्चिद् दुःख भाग भवेत्॥

भारतीय संस्कृति की सबसे बड़ी उपलब्धि है, जिसे भुला दिया जा रहा है। इसका कारण क्या है?

कारण यह है कि भारतीय मनीषियों ने शरीर, मन और आत्माओं को साधने के लिए जो इंजीनियरिंग विकसित की थी, आत्म-ज्ञान या 'साइंस ऑफ सोल' उसे आधुनिक शिक्षा ने पूरी तरह बहिष्कृत कर दिया। गुलाम हिंदुस्तानियों के लिए ईस्ट इंडिया कंपनी ऑफ इंग्लैंड के आदेश पर मैकाले के निर्देशन में भारतीयों के लिए जो शिक्षा पद्धति लागू की गई, उसमें परंपरागत ज्ञानार्जन के लिए कोई जगह नहीं बची। विज्ञान क्या है, यह पश्चिमी जगत् ने हमें सिखाया। पश्चिमी जगत् का विज्ञान कहाँ से शुरू होता है? एक बहुत प्रसिद्ध पुस्तक है—'साइंस एंड द मॉर्डन वर्ल्ड', लेखक हैं—ए.एन. व्हाइटहेड।

पुस्तक में बताया गया है कि यूरोप में विज्ञान का आरंभ सन् 1600 ई. से होता है। वहाँ का चर्च यह मानता था कि सभी ग्रह-नक्षत्रों के केंद्र में पृथ्वी की परिक्रमा करते हैं। चर्च द्वारा प्रचारित इस अंधविश्वास के विरुद्ध ज्यार्दानो ब्रूनो नामक वैज्ञानिक ने आवाज उठाई। उसे गिरफ्तार करके वेनिस में रोम के ईसाई जाँच न्यायालय की काल-कोठरी में 6 वर्ष तक कैद रखा गया। उसके बाद उसे जिंदा जलाकर उसकी राख हवा में बिखेर दी गई।

सोलह वर्ष बाद गैलीलियो ने अपनी दूरबीन से आकाश मंडल के ग्रह-नक्षत्रों का गहन अध्ययन करके चर्च की धारणा का खंडन किया। उससे पहले कोपरनिकस ने यह सिद्ध किया था कि पृथ्वी सूर्य की परिक्रमा करती है। यह घटना सन् 1517 ई. में हुई। गैलीलियो की खोज ने कोपरनिकस की स्थापना को सत्य प्रमाणित कर दिया। अब चर्च की ओर से ईसाई धर्म न्यायालय द्वारा गैलीलियो को अपराधी घोषित करके उसे जेल में डाल दिया गया। काल-कोठरी में लंबी यातना भोगते हुए गैलीलियो की मृत्यु हुई।

डॉ. हाइटहेड अपनी पुस्तक में लिखते हैं कि यूरोपीय विज्ञान को चार शताब्दियों के बाद चर्च द्वारा फैलाए गए अंधविश्वास के विरुद्ध विजय प्राप्त हुई।

भारतवर्ष में क्या हुआ था? पाँचवीं-छठी शताब्दी में आर्यभट्ट ने यह सिद्ध किया था कि पृथ्वी सूर्य की परिक्रमा करती है। संस्कृत भाषा में लिखित यह आविष्कार भारतीय जनमानस का अंग नहीं बन पाया और न ही भारत में विज्ञान का इतिहास लिखा गया। इसलिए विज्ञान का इतिहास यहाँ की आधुनिक शिक्षा में भी वही बताया गया, जो पश्चिम के विज्ञान का इतिहास रचा है।

यूरोप के विज्ञान ने मनुष्य की सुख-सुविधा में अपार वृद्धि की, लेकिन एक मिथ्या दंभ से भी उसे भर दिया। वैज्ञानिक ने मनुष्य और प्रकृति के रिश्ते को विषाक्त कर दिया। प्रकृति अन्य सभी प्राणियों सहित मनुष्य को भी माँ बनकर पालती-पोसती है। उस पर शासन करनेवाले सर्वसमर्थ प्राणी के रूप में अपने को देखनेवाले मनुष्य आज जीवनधारणा करनेवाली वस्तुओं, जैसे ऑक्सीजनयुक्त साफ हवा, पीने लायक पानी, सहज-स्वाभाविक भूख और नींद के लिए तरस रहे हैं। एक रूपक के सहारे इस भयावह स्थिति को समझा जा सकता है। बच्चा माँ के दूध से ही सबसे अच्छा पोषण प्राप्त करता है। कई बार पूरे दाँत निकल आने के बाद तक बच्चा माँ का दूध पीता रहता है। माँ के स्तन को दाँतों से काट भी लेता है। मान लीजिए, किसी बच्चे को माँ के खून का स्वाद लग जाए और उसका खून ही चूसने लगे तो माँ क्या करेगी? इस समय विज्ञान और तकनीकी के अंधाधुंध प्रयोग से पृथ्वी का और पूरे पर्यावरण का शोषण हो रहा है। नतीजा सामने है।

भारतीय वैज्ञानिक चेतना पृथ्वी को माता माननेवाली रही है। 'माताभूमिः पुत्रोऽहं पृथिव्याः।' पंचमहाभूत-छिति, जल, पावक, गगन और समीर के संतुलन से ही प्राणियों का शरीर प्राण को धारण करने योग्य बनता है। 'गीता' में श्रीकृष्ण कहते हैं कि मैं ही वैश्वानर बनकर प्राणियों की देह में रहता हूँ और उनके द्वारा ग्रहण किए गए अन्न को पचाता हूँ। जिस प्रकार भौतिक पदार्थों का संतुलन शरीर को स्वस्थ बनाए रखता है, उसी प्रकार पर्यावरण में भी सभी का संतुलन अनिवार्य है। वह संतुलन विज्ञान के आविष्कारों के आधार पर बनी टेक्नोलॉजी के दुरुपयोग द्वारा प्रकृति के शोषण से उत्पन्न हुआ है। पवित्र विज्ञान का इससे अधिक अपवित्र दुरुपयोग पहले कभी नहीं हुआ। यह सबसे बड़ी विकृति है।

आधुनिक युग के महानतम वैज्ञानिक आइंस्टीन की पुस्तक है—'आउट ऑफ माई लेटर ईयर्स'। उसमें इस बात पर जोर दिया गया है कि धर्म और विज्ञान के बीच क्रियात्मक वार्त्ता, आपसी समझ और निरंतर आदान-प्रदान होना चाहिए। एक रूपक के माध्यम से आइंस्टीन ने कहा है कि 'धर्म के बिना विज्ञान लँगड़ा है, विज्ञान के बिना धर्म अंधा है।'

बीसवीं सदी के विश्वविख्यात चिंतक बर्ट्रेंड रसेल धर्म और विज्ञान के इस संबंध को अपने एक रूपक के माध्यम से समझाते हैं। उनका कहना है कि विज्ञान हमें शक्तिशाली बुलडोजर बनाने की तकनीक दे सकता है। उसकी शक्ति से पहाड़ तोड़कर जमीन को समतल बनाया जाता है। सड़कों पर रोडरोलर चलाकर उन्हें बड़े और भारी वाहनों का बोझ वहन करने लायक बनाया जाता है, लेकिन बहुत शक्तिशाली मशीन चल रही हो और उसके सामने अचानक एक अबोध बच्चा आ जाए तो मशीन को क्या करना चाहिए, इसका निर्णय विज्ञान नहीं कर सकता। बच्चे का अनमोल जीवन बचाना अनिवार्य है, यह निर्णय धर्म की गहरी समझ रखनेवाला मनुष्य ही कर सकता है।

स्वामी विवेकानंद का निर्णय है, "धर्म तात्त्विक (आध्यात्मिक) जगत् के सत्यों से उसी प्रकार संबंधित है, जिस प्रकार रसायनशास्त्र (कैमिस्ट्री) तथा दूसरे भौतिक विज्ञान भौतिक जगत् के सत्यों से। रसायन शास्त्र पढ़ने के लिए प्रकृति की पुस्तक पढ़ने की आवश्यकता है। धर्म की शिक्षा प्राप्त करने के लिए तुम्हारी पुस्तक है, अपनी बुद्धि तथा हृदय। संत लोग प्राय: भौतिक विज्ञान से अनभिज्ञ ही रहते हैं, क्योंकि वे एक भिन्न पुस्तक अर्थात् आंतरिक पुस्तक पढ़ा करते हैं। वैज्ञानिक लोग प्राय: धर्म के विषय में अनभिज्ञ रहते हैं, क्योंकि वे भी भिन्न प्रकार की पुस्तक अर्थात् बाह्य पुस्तक पढ़नेवाले हैं।"

स्वामीजी विज्ञान और धर्म के परस्पर आलिंगन को मानव-भविष्य का सर्वश्रेष्ठ रूप मानते हुए बताते हैं कि 'मनुष्य तभी तक मनुष्य कहा जा सकता है, जब तक वह प्रकृति से ऊपर उठने के लिए संघर्ष करता है। और यह प्रकृति बाह्य और आंतरिक दोनों है। इस प्रकृति के भीतर केवल वे ही नियम नहीं हैं, जिनमें हमारे शरीर के तथा उसके बाहर के परमाणु नियंत्रित होते हैं, वरन् ऐसे सूक्ष्म नियम भी हैं, जो वस्तुत: बाह्य प्रकृति को संचालित करनेवाली अंत:स्थ प्रकृति का नियमन करते हैं। बाह्य प्रकृति को जीत लेना कितना अच्छा, कितना भव्य है, पर उससे असंख्य गुना अच्छा और भव्य है अभ्यंतर प्रकृति पर विजय पाना। ग्रहों और नक्षत्रों का नियमन करनेवाले नियमों को जान लेना बहुत अच्छा और गरिमामय है, उससे अनंत गुना अच्छा और भव्य है उन नियमों को जानना, जिनसे मनुष्य पर विजय पाना, मानव मन की जटिल सूक्ष्म क्रियाओं के रहस्य को समझना पूर्णतया धर्म के अंतर्गत आता है।'

स्वामीजी के धर्म का उद्देश्य बाह्य एवं अंत:प्रकृति के नियमन द्वारा अपने

अंतर्निहित देवत्व को प्राप्त कर लेना है। यही मुक्ति है। अपने शिष्यों और अनुयायियों को स्वामीजी सच्चा वैज्ञानिक और सच्चा धार्मिक बनने की प्रेरणा देते थे। ऐसा योगी आत्मा की शक्ति को ऊर्जा को संपूर्ण सृष्टि में प्रवाहित अनुभव करता है। इसी उपलब्धि के लिए योगी आत्मा की इंजीनियरिंग पर ध्यान देता है। धर्म-रथ में इसी का वर्णन किया गया है।

आज चिकित्सा विज्ञान (मेडिकल साइंस) इस निष्कर्ष पर पहुँचा है कि शारीरिक गतिविधियों की सारी शक्ति हृदय में केंद्रित है। लाल रक्त कणिकाएँ फेफड़ों में ऑक्सीजन ले जाती हैं, वे आत्मा से शक्ति लेकर ही ऐसा कर पाती हैं। जब आत्मा (चेतना या प्राण) शरीर से बाहर निकल जाती है, तब रक्तोत्सादक संलयन (फ्यूजन) बंद हो जाता है। शरीर निर्जीव हो जाता है। शरीर ज्यों-का-त्यों है। कोई परिवर्तन नहीं हुआ। सिर्फ प्राणवायु निकल जाना ही मरण है। अद्वैत दर्शन मानता है कि आत्मा और परमात्मा में तात्त्विक रूप से कोई भेद नहीं है। मनुष्य में अणु रूप में जो है, परमात्मा में वही परम संपूर्णता में है, इसीलिए उसे परम आत्मा कहा जाता है। जीव में जो अणु आत्मा है, उसकी माप 'श्वेताश्वतर' उपनिषद् में इस प्रकार बताई गई है—

केशाग्र शत भागस्य शतांशः सादृशात्मकः।
जीवः सूक्ष्म स्वरूपोऽयं संख्यातीतो हि चित्कणः॥

अर्थात् आत्मा के परमाणुओं के कण अनंत हैं। उनके आकार की माप करना चाहें तो बाल की नोक के दस हजारवें भाग के बराबर होगा।

'मुंडकोपनिषद्' में आत्मा की सूक्ष्मता स्पष्टता रूप में बताई गई है।

एषोऽणुरात्मा चेतसा वेदित्व्यो यस्मिन्प्राणः पंचधाः संविवेरा।
प्राणैश्चितं सर्वमोतं प्रजानां यस्मिन् विशुद्धे विभवत्मेव आत्मा॥

आत्मा आकार में अणुतुल्य है, जिसे पूर्ण बुद्धि के द्वारा ही जाना जा सकता है। यह अणु आत्मा पाँच प्रकार के प्राणों में तैर रहा है। प्राण, अपान, व्यान, समान और उदान, ये पंच प्राण हैं। हृदय के भीतर स्थित यह आत्मा देहधारी जीव के पूरे शरीर में अपने प्रभाव का विस्तार करता रहता है।

पाश्चात्य जीव-विज्ञान और भौतिक विज्ञान की मान्यताओं को एक आधार दिया, सन् 1917 ई. में 30 नवंबर को कलकत्ता में दिए अपने विश्वविद्यालय भाषण में जगदीशचंद्र बोस ने। उन्होंने कहा, 'अपने अनुसंधानों में मैं अनजाने ही भौतिक शास्त्र एवं शरीर क्रियाशास्त्र के सीमाक्षेत्र तक पहुँच गया तथा चेतन एवं अचेतन

की सीमा-रेखाओं के विलीन होने एवं उनके बीच संबंध के बिंदुओं को उभरते देख आश्चर्यचकित हो गया।'

जगदीशचंद्र बोस ने जिन सूक्ष्म कणों की खोज की थी, उसे यूरोप के वैज्ञानिक ने अपने अनुसंधान से पहचाना। उन अदृश्य कणों का नाम रखा गया, हिंग्स-बोसान। इक्कीसवीं सदी में अति उन्नत मशीनों के उपयोग द्वारा उन कणों के होने के प्रमाण के आधार पर उन कणों का नया नामकरण हुआ—गॉड पार्टिकिल। जैसे ईश्वर को देखा नहीं जा सकता, किंतु संपूर्ण सृष्टि के कण-कण में उसकी उपस्थिति बार-बार प्रमाणित होती है।

महर्षि अरविंद की स्थापनाएँ उस भविष्य का चित्र स्पष्ट करती हैं, जिसमें संपूर्ण सृष्टि की अखंड एकता अतिचेतस मनुष्य (सुप्रा कांशस ह्यूमन) द्वारा प्रत्यक्ष अनुभव में आ जाएगी। वह समय संस्कृति का सर्वोत्कृष्ट स्वरूप उपस्थित करेगा। दुर्भाग्यवश आज का समय विकृति के शिखर पर पहुँच गया है। क्रूर तानाशाह परमाणु अस्त्रों के बल पर पूरी दूनिया को नष्ट कर डालने की धमकियाँ दे रहे हैं। पूरी दुनिया आतंक के साये में साँस ले रही है। प्रकृति का कोष चरम पर पहुँच रहा है।

'सबका हित' साहित्य का सबसे बड़ा लक्ष्य है। उसका ध्यान सबसे पहले उन व्यक्तियों या वर्गों की ओर जाता है, जो शासनसत्ता अथवा धर्मसत्ता द्वारा वंचित कर दिए गए हैं। इसीलिए साहित्य सदा प्रतिपक्ष की भूमिका में रहता है। इसीलिए पूरे विश्व में साहित्य का स्वर एक रहता है। आज के विषाक्त वातावरण में साहित्य अपनी चिंता सर्वत्र एक स्वर में व्यक्त कर रहा है।

भारतीय चिंतन में कभी वर्चस्ववाद को जगह नहीं मिली, क्योंकि उसने 'सर्वे भवंतु सुखिनः सर्वे संतु निरामयाः, सर्वे भद्राणि पश्यंतु मा कश्चिद् दुःख भाग भवेत्', की कामना को बड़ी उपलब्धि माना।

साहित्य इसी रूप में मनुष्य के सबसे आत्मीय सहचर की भूमिका का निर्वाह करता है।

□

पाणिनीय भाषा-चिंतन : संदर्भ अष्टाध्यायी

–श्रीनिवास वरखेड़ी

'अष्टाध्यायी' महर्षि पाणिनि द्वारा रचित संस्कृत भाषा का व्याकरण ग्रंथ है। चार हजार सूत्रोंवाला यह ग्रंथ आठ अध्यायों में बँटा होने के कारण ही 'अष्टाध्यायी' कहा जाता है। इसके प्रत्येक अध्याय में चार चरण हैं और प्रत्येक चरण में प्रकरणानुसार सूत्रों की संख्या भिन्न–भिन्न है। पाणिनि रचित यह सूत्रपाठ धातुपाठ आदि से समन्वित होकर पूर्णता को प्राप्त होता है।

अल्पाक्षरमसन्दिग्धं सारवद्विश्वतो मुखम्।
अस्तोभमनवद्यंच सूत्रं सूत्रविदोविदुः॥

यह सूत्र का लक्षण पाणिनि के ग्रंथ 'अष्टाध्यायी' में पूर्ण रूप से घटित होता है, यह इसकी प्रमुख विशेषता है। अन्य व्याकरण ग्रंथों से 'अष्टाध्यायी' इसलिए भी विशिष्ट है कि इसमें लौकिक और वैदिक दोनों ही भाषाओं का नियमन एक ही व्याकरण ग्रंथ से होता है। साथ ही, आधुनिक संगणक विज्ञान की कसौटी पर खरा उतरनेवाला यह ग्रंथ पद, वाक्य दोनों की सिद्धि करता हुआ मानव मस्तिष्क की श्रेष्ठता का अप्रतिम उदाहरण है। एल. ब्लूमफील्ड महाशय ने इसे मानव मस्तिष्क की सर्वोच्च रचना माना है।

पहली बात यह कि व्याकरण विधिशास्त्र न होकर लक्षणशास्त्र है। अधिकांश विद्वान् यह मानते हैं कि व्याकरण का तात्पर्य है कि प्रत्यय भेद से शब्दों की व्युत्पत्ति की जाती है। इससे यह नहीं सोचना चाहिए कि व्याकरण द्वारा शब्दों का निष्पादन किया जाता है। व्याकरण प्रत्येक शब्द का साधन नहीं करता, अपितु शब्द की संरचना का नियम निर्दिष्ट करता है। इसीलिए इसे विधिपरक शास्त्र न मानकर लक्षणपरक शास्त्र माना जाता है।

व्याकरण का तात्पर्य है—ऐसा शास्त्र, जो असाधु शब्दों से साधु शब्दों को पृथक् कर दें। इसीलिए शब्द के साधुता-बोधक शास्त्र को व्याकरण शास्त्र कहा जाता है। लक्ष्य और लक्षण दोनों को व्याकरण के अंतर्गत मानते हुए भाष्यकार ने कहा कि लक्ष्य और लक्षण कौन है? शब्द लक्ष्य है और सूत्र लक्षण हैं, यह कहते हुए उन्होंने व्याकरण को लक्षण ही माना है। और प्रयोग की अपेक्षा रखनेवाले यदि वैयाकरण होते तो शिष्ट प्रयोग से साधु शब्द ज्ञात हो जाते, 'अष्टाध्यायी' की रचना किसलिए? यह प्रश्न उठाकर शिष्ट के ज्ञान के लिए 'अष्टाध्यायी' की आवश्यकता बताई गई है। इसी प्रकार 'शब्दानुशासन' कहते हुए अनुशासन को शब्द की साधुता का बोधक कहा गया है।[1]

महाभारत, पस्पशाहिनकम्, व्याकरणाधिकरणम्

इस प्रकार प्रकृति-प्रत्यय को अलग कर प्रक्रिया द्वारा लोक और वेद में प्रयुक्त होनेवाले शब्द की सिद्धि 'अष्टाध्यायी' द्वारा की जाती है।

दूसरी बात यह कि—व्याकरण पदशास्त्र है, इससे यह संदेह होता है कि व्याकरण से केवल पदों का सृजन होता है, और कुछ नहीं। यह उचित नहीं। वस्तुतः पाणिनि का लक्ष्य संपूर्ण वाक्य ही है। यह कैसे पाणिनि ने 'सुप्तिङन्तं पदम्' के द्वारा पद की ही बात की है। वाक्य की चर्चा नहीं की—ऐसी बात नहीं कि पद के द्वारा अंतिम लक्ष्य वाक्य ही है। उदाहरण के लिए, जिस प्रकार हाथी को कान पकड़कर, बैल को नाक नाथकर तथा कुत्ते को गला पकड़कर वश में किया जाता है, उसी प्रकार 'पद समूह वाक्य' विभक्तियुक्त शब्द वर्ण, विभक्ति कारक के अधीन, कारक वक्ता की इच्छा के अधीन, विवक्षा भी क्रिया की समग्रता के अधीन होती है। इस प्रकार वाक्यार्थ ही पूर्ण है और यही व्याकरण का लक्ष्य है। केवल पद से अर्थ बोध नहीं होता। इसलिए व्याकरण द्वारा पद ही नहीं, संपूर्ण वाक्य की निष्पत्ति होती है।

तीसरी विशेषता यह है कि शब्द राशि अनंत है। यदि एक-एक पद के लिए पृथक्-पृथक् सूत्र रचे जाते तो कभी पूर्ण नहीं होते, क्योंकि लक्ष्य पदार्थ असीम है। लक्षण रूप 'अष्टाध्यायी' ग्रंथ को अनंत शब्दों को एक सूत्र से सिद्ध करने से इसे अधिक उपादेय बनाता है। छोटे उपाय से अधिक प्रयोजन की सिद्धि इस ग्रंथ का उद्देश्य है। इसीलिए पाणिनि ने सामान्य आकार सूत्रों से शब्द सिद्धि का मार्ग दिखाया। जहाँ आकार साम्य न हो, वहाँ प्रत्यय की काल्पनिक व्यवस्था की गई। उदाहरण के रूप में रामेण, रमया, जगता आदि में तृतीया के रूप अलग होने से 'टाप्' की काल्पनिक व्यवस्था द्वारा अभीष्ट रूप की सिद्धि होती है। इस प्रकार

शब्द ब्रह्म रूप लक्ष्य के लिए प्रकृति-प्रत्यय की कल्पना की गई, जिससे थोड़े उपाय से अनंत शब्द सिद्ध होते हैं।

चौथी विशेषता यह है कि प्रक्रिया निरूपण की जो सूत्र पद्धति है, वह और भी विलक्षण है। छोटे सूत्र की रचना कठिन कार्य है। इसके लिए अनुवृत्ति, मंडूकप्लुति, अधिकार, अनुदेश, अनुबंध विधान, अनेक उपाय का सहारा लिया गया है।

प्रत्येक अंश को थोड़ा विस्तार से देखें—प्रत्याहार का अर्थ है संक्षिप्तीकरण। अंत्य इत् के साथ मध्य में आनेवाले कई वर्ण आ जाते हैं। अच् से स्वर तथा हल् से व्यंजन का बोध होता है।

समूह संज्ञा—वृद्धि संज्ञा से आ, ऐ, औ; गुण संज्ञा से अ, ए, ओ तथा य, व, र, ल के स्थान पर संप्रसारण संज्ञा इ, उ, ऋ, लृ।

चर संज्ञा—टि, घु, भ से लघु संज्ञा कहते हैं।

अनुवृत्ति—सूत्र को छोटा रखने के लिए अनुवृत्ति की व्यवस्था। पूर्व सूत्र से पद अनुवृत्ति द्वारा दूसरे सूत्र से अन्वित हो जाता है।

अधिकार—विषय व्यवस्था में सूत्र के अपेक्षित पद का अधिकार निर्दिष्ट सूत्र तक जाता है। प्रत्ययः, कारके, धातोः इत्यादि अधिकार सूत्र हैं। अधिकार सूत्रों का पृथक् से सार्थक न होना पाणिनीय व्याकरण की अनुपम व्यवस्था है।

पाँचवीं बात—'अष्टाध्यायी' के सूत्रों का क्रम-विन्यास इसकी सर्वोत्कृष्ट व्यवस्था है। इसे निम्नांकित श्लोक में देखें—

सूत्राणां क्रम विन्यासो रुचिरो मुनिना कृतः।
समीक्ष्यता सावधानं परिपूर्णंच लक्ष्यताम्॥

महामुनि पाणिनि ने 'अष्टाध्यायी' में सूत्रों को क्रम से रखा है। इसकी सावधानी से जाँच की जाए और इसकी पूर्णता देखी जाए।

संज्ञानां परिभाषाणां पूर्वाध्याये प्रदर्शनम्।
सभासश्च विभक्तयर्थाः द्वितीयाध्याय गोचराः।

पहले अध्याय में संज्ञा, परिभाषा सूत्र तथा द्वितीय अध्याय में समास तथा विमंतयर्थ का क्रम रखा है।

तृतीये धातु विहिताः प्रत्ययाः सुव्यवस्थिताः।
तुर्यपंचमयोरुक्ता अवशिष्टाश्च ते क्रमात्॥

अर्थात् तीसरे अध्याय में धातु से होनेवाले प्रत्यय तथा चौथे, पाँचवें अध्यायों में शेष प्रत्यय विधायक सूत्र रखे गए हैं।

षष्ठे प्रकृतिकार्याणि प्रायेणादर्शयन्मुनिः।
सप्तमे प्रत्ययस्थानि द्विष्ठानि च यथाक्रमम्॥

मुनि पाणिनि ने छठे अध्याय में प्रकृति के कार्य तथा सातवें अध्याय में प्रकृति प्रत्यय दोनों के सूत्र रखे गए हैं।

अष्टमे पूर्वचरणे पद कार्य समासतः।
यान्यसिद्धिदानि पूर्वत्र त्रिपाद्यां तान्यवेशयत्॥

अष्टम अध्याय के प्रथम चरण में पद से होनेवाले सूत्रों का विधान किया है तथा शेष त्रिपादी में पूर्व की दृष्टि में असिद्ध होनेवाले प्रत्यय का सन्निवेश किया गया है।

सूत्रों का इस क्रम से रखा जाना, विशेषकर सपादसप्ताध्यायी और त्रिपादी की व्यवस्था 'अष्टाध्यायी' की अपनी विशेषता दरशाता है। प्रत्येक सूत्र इस क्रम से रखना पाणिनि की विशिष्ट प्रतिभा, ग्रंथग्रंथन निपुणता और मन की एकाग्रता तीनों ही पाठकों को आकर्षित करती हैं।

छठी विशेषता—उत्सर्ग और अपवाद के रूप में सूत्रों की रचना। सामान्य लक्षण विधि 'उत्सर्ग' है तथा शास्त्रसम्मत स्थान विशेष में प्रवृत्त 'अवसाद' है।

महर्षि पाणिनि के इस रचना-कौशल की परीक्षा 'महाभाष्य' आदि ग्रंथों में की गई है। इनके अतिरिक्त 'गणकपाणिनीयम्' ग्रंथ के संपादन में मैंने शोध-लेखों के संस्कृत में अनुवाद करते समय जिन विशेषताओं को देखा, उन्हें विद्वानों के समक्ष रख रहा हूँ।

सातवीं विशेषता—गणक पाणिनीयम् है। पाणिनि को तो हम जानते हैं—ये 'गणक पाणिनीय' क्या है?

यह स्पष्ट है कि पाणिनि ने अपने समय की उपलब्ध भाषा की रक्षा के लिए 'अष्टाध्यायी' की रचना की। इसमें प्रतिपादित भाषाशास्त्र के मूल तत्त्व अन्य भाषा के विश्लेषण में भी सहायक हैं। यह विशेषता उन्नीसवीं सदी में दृष्टिगोचर हुई। सूचना कूट विज्ञान के आधुनिक उपाय से यह सिद्ध हुआ है कि 'पाणिनि' इस विद्या के प्रथम ऋषि हैं। इस प्रकार पाणिनि को संगणक विद्या का पितामह भी कहा जा सकता है।

1957 ई. में चाम्स्की महाशय ने अर्थ संरचना से संबंधित कोई ग्रंथ लिखा। इस ग्रंथ में वाक्य रचना से जुड़ी कोई स्थापना की, जिससे वे विश्वविख्यात हो गए। तभी भाषाविज्ञान के क्षेत्र में पाणिनि रचित पद सिद्धि विनायक लोगों के समक्ष

अद्भुत व्याकरण प्रस्तुत हुआ। बहुतेरे विद्वानों ने चाम्स्की की दृष्टि से पाणिनीय व्याकरण की व्याख्या की। बाद में चाम्स्की महाशय द्वारा अपने सिद्धांत में बार-बार परिष्कार किए जाने पर विद्वानों के आदर भाव में कमी आई, तब लोगों ने यह निष्कर्ष निकाला कि 'अष्टाध्यायी' चाम्स्की के बताए नियमों से विलक्षण है, उससे अद्भुत है।

इस समय 'गणक पाणिनीयम्' संगणक भाषा विज्ञान का नया स्वरूप है, जिसे चाम्स्की नहीं, अपितु पाणिनि को गणक की भाषा का आद्य प्रवर्तक माना गया है।

'अष्टाध्यायी' एक साधन है, एक संयंत्र है, जिससे प्रकृति-प्रत्यय तथा पद और वाक्य संहत होते हैं। इस संयंत्र से असंख्य शुद्ध संस्कृत पद शिष्टानुमत सिद्ध होते हैं। यह नियम और युक्ति गणितीय तर्क पद्धति का पूर्णतः अनुसरण करती है।

इस पद्धति से अनंत पदों की सिद्धि संभव है। 1937 ई. में ट्यूरिंग महोदय ने इसका प्रयोगपूर्वक प्रस्तुतीकरण किया, जिससे उन्हें 'गणक का जनक' कहा गया।

महर्षि पाणिनि ने ईसा से पाँच सौ वर्ष पहले इस प्रकार के उपकरण 'अष्टाध्यायी' की रचना की थी, इसीलिए वे संगणक विज्ञान के पितामह कहे जाते हैं।

□

राष्ट्र, राष्ट्रवाद और सांस्कृतिक राष्ट्रवाद

—पांडेय शशिभूषण 'शीतांशु'

'राष्ट्रवाद' में मूल शब्द 'राष्ट्र' शब्द राज् धातु से 'ष्टन्' प्रत्यय लगने से निष्पन्न-व्युत्पन्न हुआ है। इसका सामान्य अर्थ देशपरक है। पर इस स्थलपरकता के साथ-साथ यह वहाँ के नागरिकों की संघटित-अस्तित्वमयता का भी वाचक है। अपने व्युत्पत्यर्थ में यह जातिबोधक शब्द है। राष्ट्र का अभिप्राय एक ऐसे जन-समुदाय से है, जिसके मूल में एक ही प्रजाति हो। इसकी कुछ परिभाषाएँ विचारणीय हैं। "राष्ट्र वह जनसमूह है, जिसकी भाषा, साहित्य परंपरागत रीति-रिवाज तथा इतिहास समान होते हैं, जिसमें सभी नागरिकों के लिए अच्छाई की चेतना का भाव सबमें समान होता है। इनका वास भौगोलिक एकतावाली भूमि पर होता है।"

राष्ट्र को सांस्कृतिक और आध्यात्मिक बंधनों में बँधी संस्था भी माना जाता है। इसे राजनीतिक रूप से संगठित समुदाय भी माना जाता है। 'राष्ट्र' को कई लोगों ने राज्य का पर्यायवाची भी माना है। कहीं-कहीं 'राष्ट्र' को ऐसा 'उपराष्ट्र' भी कहा गया है, जो संगठनात्मक राजनीतिक संस्था के रूप में सक्रिय है। येस्मीन ने 'राज्य' को 'राष्ट्र' का कानूनी व्यक्तित्व माना है। 'राज्य' और 'राष्ट्र' की सीमा कई बार एक जैसी प्रतीत होती है, पर प्रायः 'राष्ट्र' की सीमा राज्य से बड़ी होती है, क्योंकि एक राष्ट्र में अनेक राज्य होते हैं। गार्नर के अनुसार, "राष्ट्र, समाज का वह वासीय भूभाग है, जो प्राकृतिक-भौगोलिक सीमा द्वारा अन्य राष्ट्रों से स्वयं को पृथक् करता है और अन्यों को भी इसी आधार पर अपने से अलगाता है। वहाँ के लोगों का जातीय मूल एक होता है और वे एक जैसी भाषा बोलते हैं।" राष्ट्र का आकार छोटा और बड़ा दोनों ही हो सकता है। राष्ट्र की आदर्श जनसंख्या निश्चित नहीं की

जा सकती है। हाँ, इनके बीच की एकता अपेक्षित होती है, चाहे वह अनेकता में एकता ही क्यों न हो? राष्ट्रवाद का अर्थ राष्ट्र-विशेष की मूलभूत चेतना और उसके क्रियाकलाप से संबंधित है। इसमें सांस्कृतिक बिंदुओं का अवधारणीकरण और क्रियान्वयन दोनों सम्मिलित है।

रेनॅन ने 1882 में एक निबंध लिखा था। इसमें वह इस बात पर बल देता है कि हमें संस्कृति की स्मृति बनाए रखनी चाहिए। उसके लिए किसी राष्ट्र की विजयगाथा की स्मृति से कहीं अधिक महत्त्वपूर्ण उसके दुःखों और उसकी वेदना को याद रखने में उससे सरोकार बनाए रखने में है।

यहाँ रेनॅन ने 'राष्ट्र' को उसकी (सांस्कृतिक) आत्मा और आध्यात्मिक सिद्धांत से जोड़ा है। साथ ही 'राष्ट्र' की विजयगाथा से अधिक ध्यातव्य और स्मरणीय राष्ट्र की भूतकालिक पराजय और त्रासद स्मृतियों को माना है, जिसमें कोई भी 'राष्ट्र' अपने नवनिर्माण के लिए, अपने अग्रोन्मुख विकास के लिए सबक ग्रहण करता है।

पर आधुनिक भारतीय बुद्धिजीवी और स्वतंत्रता-प्राप्ति के बाद से देश को सँभालनेवाले नेता राष्ट्रवाद के इस सांस्कृतिक-पक्ष से अपरिचित हैं और यदि परिचित हैं भी, तो इसकी घोर उपेक्षा करनेवाले हैं। राष्ट्र के परिप्रेक्ष्य में वे इस मूल्यवान विचार को महत्त्व नहीं देते हैं। भारत एक ऐसा देश है, जिसका अपना प्राचीन इतिहास और अपनी संस्कृति है। रेनॅन जैसा पश्चिमी चिंतक इसे 'राष्ट्र' की मूल संकल्पना में जगह देता है। पर भारतीय राष्ट्रवाद आधुनिक पाश्चात्य राष्ट्रों के विकासवादी सिद्धांतों का अनुकर्ता और पक्षधर है। इसलिए आज के समाज-राजनीतिक परिप्रेक्ष्य में सांस्कृतिक राष्ट्रवाद की बात करना, सांस्कृतिक मान्यताओं और अवधारणाओं को मानना, उन्हें गृहीत और आचरित करना अपेक्षित हो जाता है। इसे समकालीन भारतीय नागरिकों, बुद्धिजीवियों और सभी राजनीतिक दलों को राष्ट्रहित में समझने तथा इसे राष्ट्र में लागू करने की अपेक्षा है। भारतीय सांस्कृतिक राष्ट्रवाद नैतिक जागरण-मूलक समभाव रखनेवाला प्रगामी राष्ट्रवाद रहा है और है। इस राष्ट्रवाद को भूलने और इसकी उपेक्षा करने के जैसी सोच जवाहरलालजी की थी। हमें अपनी धरोहर को स्मरण करना और उसकी मूल आत्मा को समाज, राजनीति, साहित्य, भाषा कला, मानवीय धर्म आदि में देखना और जीना है। इस दृष्टि से सांस्कृतिक राष्ट्रवाद और विकास परस्पर विरोधी न होकर इतिहास और संस्कृति के साक्ष्य में सहचर हो उठते हैं। सांस्कृतिक राष्ट्रवाद सबसे पहले मनुष्य को

विकसित करता है। यह उसके सर्वांगीण विकास करते रहने की प्रक्रिया बन जाता है।

हिंदी के एक मार्क्सवादी चिंतक डॉ. रविभूषण ने एक आलेख लिखा है—'राष्ट्रवाद और अभिव्यक्ति की आजादी'। इसमें उन्होंने एरिक जे. हॉब्सबॉम को याद किया है। उसकी पुस्तक 'द एंड ऑफ कैपिटल' पुस्तक में अरनेस्ट के रेनॅन के प्रसिद्ध संबोधन और तदनुरूप बाद में प्रकाशित आलेख 'राष्ट्र क्या है', का उल्लेख किया है। डॉ. रविभूषण ने उसके द्वारा परिभाषित और स्वरूपित राष्ट्र-विषयक बहुत सारी मान्यताओं से छेड़छाड़ करते हुए उसमें से सिर्फ एक वाक्यांश-मात्र को अपने मंतव्य की संपुष्टि के लिए उद्धृत किया है। वह वाक्यांश है—'प्रतिदिन का जनमत-संग्रह'। यहाँ उन्होंने रेनॅन के द्वारा अभिव्यक्त 'राष्ट्र-संबंधी' उसके विचारों को खंडित और अपूर्ण रूप में बताने का कुप्रयास किया है। रेनॅन ने परंपरा और संस्कृति से 'राष्ट्र' को जोड़ा है। जब वह उसकी आत्मा का उल्लेख करता है, तब वह राष्ट्र को उसकी आध्यात्मिकता से जोड़ता है। यही नहीं, उसके अतीत की गौरवगाथा की अपेक्षा अतीत में घटे त्रासद दु:ख को अविस्मरणीय मानता है। यानी 'राष्ट्र' की चेतना में ये सारे तत्त्व विद्यमान होते हैं, जिनसे किसी राष्ट्र का अभिज्ञान होता है, उसकी पहचान होती है।

रविभूषण जब रेनॅन के वाक्यांश 'प्रतिदिन का जनमत-संग्रह' को उद्धृत करते हैं, तब वह यह नहीं देख पाते हैं कि इस कथन का संदर्भ क्या है। राष्ट्र को 'प्रतिदिन का जनमत-संग्रह' के रूप में रेखांकित करना काल की दृष्टि से उसके वर्तमान का संदर्भ है और आलंबन की दृष्टि से नेताओं का और चुनाव का संदर्भ है। विभिन्न दलीय नेताओं का ऐसा संदर्भ, जिनके हाथ में सत्ता आती है और जो उस राष्ट्र की शासन-व्यवस्था की बागडोर सँभालते हैं और उसके संचालक होते हैं। कहना न होगा कि जहाँ यह संदर्भ लोकतंत्र के दलीय नेताओं और उसके राष्ट्राध्यक्षों से जुड़ा है, वहीं यह साधारण नागरिकों से भी जुड़ा है। यहाँ आकर उक्त खंडित अधूरी और संदर्भहीन परिभाषा महाभारत में परिभाषित राष्ट्र के दोनों अर्थों—नेशन और उसके शासक—से जुड़ जाती है। महाभारत में राजा या राष्ट्राध्यक्ष के गुणधर्म निर्दिष्ट किए गए हैं। प्रतिदिन के जनमत-संग्रह में राष्ट्राध्यक्ष के गुणधर्म का प्रभाव निहित होता है। इससे प्रतिदिन का जनमत-संग्रह वैचारिकता में प्रभावित होता रहता है। राष्ट्राध्यक्ष अपने गुणधर्म से राष्ट्र के स्वरूप का नवनिर्माण करता है। पर राष्ट्र की मूलभूत आत्मा उसकी प्रजातीय गुणधर्मी संस्कृति में विद्यमान होनी चाहिए। इसको निरंतर संजीवित रखते हुए ही राष्ट्राध्यक्ष अपने नागरिकों का और राष्ट्र का

विकास करता है। प्रतिदिन का जनमत-संग्रह, मूलतः राष्ट्र का राजनीतिक पक्ष-पात्र है। इसमें सांस्कृतिकता उपेक्षित हो जाती है, यद्यपि रेनॅन अपनी परिभाषा में इस सांस्कृतिकता को महत्त्वपूर्ण रूप में विवेचित करते हैं। रविभूषणजी पाश्चात्य आधुनिकतावादी राष्ट्रवाद को माननेवाले हैं। इसीलिए वह रेनॅन की परिभाषा को 'डिस्टोर्ट' करते हैं और उसकी मूल आत्मा की हत्या कर देते हैं। रेनॅन की परिभाषा भारतीय सांस्कृतिक राष्ट्रवाद के संदर्भ में बहुत महत्त्वपूर्ण है।

रेनॅन की परिभाषा 'राष्ट्र' की मानसिक-आंतरिक संरचना को महत्त्व देने के बाद उसकी बाह्य संरचना को प्रकाशित करती है। इसीलिए जब रेनॅन राष्ट्र की स्वरूप-संरचना विषयक अपनी अवधारणा पर प्रकाश डालता है, तब वह राष्ट्र की आत्मा और आध्यात्मिकता को नहीं भूलता और उसकी विजयगाथा से कहीं अधिक महत्त्वपूर्ण उस राष्ट्र के द्वारा अपने ऊपर झेले गए त्रासद दुःखों को स्मरण में बनाए रखने पर बल देता है। इससे राष्ट्र वैसी घटनाओं की पुनरावृत्ति होने से अपने को बचा पाए, इसके लिए वह अपनी एकता, अपने दृढ़ आत्मबल और शस्त्र-बल के आधार पर अपने को समर्थ कर पाता है। कहना होगा कि न केवल भारत के संदर्भ में, अपितु सामान्य रूप में रेनॅन की राष्ट्र-विषयक यह अवधारणा उसके पूरे आलेख को पढ़कर समझी जानी चाहिए थी, जिसे आज भारतीय संदर्भ में लागू करने की अपेक्षा है।

रविभूषणजी राष्ट्ररूपी हाथी की पहचान केवल उसकी पूँछ से करते हैं। इसीलिए उन्हें अपना अभीष्ट केवल 'दैनिक जनमत संग्रह' में दिख जाता है। भारत के संदर्भ में राष्ट्र की इस खंडित संकल्पना को माननेवाले तथा ब्रितानी चिंतन और सर्वग्राही अर्थ-केंद्रित अवधारणा के पथ पर चलनेवाले को उद्भ्रांत पथिक नहीं, तो और भला क्या कहा जा सकता है?

अंग्रेजों ने भारत को उपमहादेश इसलिए कह दिया था कि यह उन्हें विविध भाषाभाषी, विविध खानपान, कला और विविध परिधान पहननेवालों का देश प्रतीत हुआ था। पर वह यह नहीं देख पाए कि इसकी मूलभूत संस्कृति एक ही थी और वह भी अखंडित रूप में विद्यमान थी। आक्रामकों के द्वारा पराधीन बनाए जाने के पहले भारत सांस्कृतिक रूप में एक अखंड राष्ट्र था। पूर्व से पश्चिम और उत्तर से दक्षिण तक उसमें एक ही सांस्कृतिक धारा और एक ही विश्वबंधुत्व से भरी धार्मिकता की धारा प्रवहमान थी। ऐसे में रेनॅन की यह परिभाषा जितना एक आदर्श वर्तमान राष्ट्र को परिभाषित करती है, उससे अधिक सांस्कृतिक राष्ट्रवाद को निरूपित-स्वरूपित

करती है। निष्कर्ष यह कि रेनॅन की दृष्टि में, 'राष्ट्र' या राष्ट्रवाद को संस्कृति और अध्यात्म से अलग कर न तो परिभाषित-स्वरूपित किया जा सकता है और न उसे आंतरिक बोध या आचरण में ही उतारा जा सकता है।

राष्ट्रवाद

'राष्ट्रवाद' की चिंताधारा के दो पक्ष हैं। एक पक्ष उसकी आंतरिकता-पारस्परिकता का है तो दूसरा पक्ष उसकी बाह्य संपर्कशीलता का है। आज विश्व का राष्ट्रवाद अपने दूसरे पक्ष में ही अधिकाधिक सक्रिय है।

आधुनिक राष्ट्रवाद में पश्चिमी मारक सभ्यता का प्रभुत्व है। वही उसका मूल आधार है। यद्यपि पश्चिमी सभ्यता ने हमें लोकतंत्र के विचार दिए हैं, मानवाधिकार दिया है, साथ ही पारस्परिक सहिष्णुता की धारणा भी दी है, पर इन सबके बावजूद पश्चिमी सभ्यता विश्व की (आज की) बुराइयों का प्राथमिक स्रोत है। वहीं यह भी माना जाता है कि उपनिवेशवाद ने राष्ट्रों की आत्मा को कुचला था।

रवींद्रनाथ ठाकुर ने राष्ट्रवाद पर एक पूरी पुस्तक लिखी है। इसमें पश्चिम में राष्ट्रवाद, जापान में राष्ट्रवाद और भारत में राष्ट्रवाद नामक उनके तीन विचारोत्तेजक निबंध संकलित हैं। भारतीय राष्ट्रवाद पर विचार करते हुए उन्होंने बताया है कि हमने पश्चिम का अनुकरण किया है। वे पश्चिमी राष्ट्रवाद के मूल में नस्लवादी एकता को देखते हैं, उनमें राजनीतिक और व्यापारिक आक्रामकता रही है, उसका चरित्र रहा है। इन्हें शक्तिशाली पड़ोसियों से संघर्ष करना पड़ा है। ये राष्ट्रवादी शक्तिशाली और लोभी दोनों थे और इनके शत्रु भी शक्तिशाली और लोभी थे। हमारी पारस्परिक एकता का आधार राजनीतिक नहीं रहा है। भारत का एकतामूलक समाधान मानवता का समाधान रहा है। मानवता के प्रति उसका सांस्कृतिक योगदान ही उसका मुख्य योगदान है। भारतीय संस्कृति का मूल आधार पारस्परिक प्रेम की नैतिक शक्ति रहा है। इसी से आत्मिक एकता आविर्भूत होती है। हमारे राष्ट्रवाद की यह धरोहर है। यूरोप के जितने भी महान् राष्ट्र रहे हैं, उसके शिकार यूरोप के बाहर के लोग हुए, जो दुनिया के दूसरे भू-भागों में बसते हैं। रवींद्रनाथ की अवधारणा है कि अंग्रेज भारत को सही मामले में कभी समझ नहीं सके और समझ भी नहीं सकते, क्योंकि उनमें इस देश के प्रति निष्पक्षता नहीं है। इनके साथ-साथ जर्मनी और फ्रांस के विद्वानों के मन में भी इनके प्रति निष्पक्षता नहीं है और न ही समान अंतर्भूत दृष्टि है। रवींद्रनाथ इस तथ्य पर बल देते हैं कि 'राष्ट्र' की पूजा परमात्मा और मानवता की भक्ति से भी

कहीं बड़ी है। रवींद्रनाथ मानते हैं कि पश्चिम वस्तुवादी और भौतिकवादी है। वे प्रश्न उठाते हैं कि आखिरकार राष्ट्र होता क्या है? और उत्तर देते हैं कि यह जनता की संगठित शक्ति का एक प्रबल पक्ष है। संगठन की यह अपेक्षा होती है कि उसके लोग शक्तिशाली और कुशल बनें और कुशल सिद्ध हों। लेकिन इसके लिए जो कठोर प्रयास करने पड़ते हैं, वह प्रयास मनुष्य की ऊँची किस्म की प्रकृति और उसकी ऊर्जा को सोख लेता है। यहाँ शक्ति संगठन के रख-रखाव में अधिक लगती है। यहाँ नैतिक उन्नयन और परितोष भरी मानसिकता का महत्त्व होता है, जहाँ मनुष्यता के लिए आत्मत्याग और रचनात्मकता भी अपेक्षित होती है, पर यह सांस्कृतिक राष्ट्रवाद की विशेषता है। रवींद्रनाथ ने नैतिक शक्ति को बहुत महत्त्व दिया है। वह मानते हैं कि विश्व में व्यापक नैतिक हानि हो रही है। वहाँ लोगों की उड़ान धन और सत्ता के पीछे है। इसीलिए उनका सुचिंतित मत पश्चिमी राष्ट्रवाद के विरोध में है। वह यह मानते हैं कि भारतीय राष्ट्रवाद को इसकी सबसे अधिक आवश्यकता, अपेक्षा है।

महात्मा गांधी यह मानते थे कि वास्तव में हिंदुस्तान अंग्रेजों के द्वारा नहीं, बल्कि आधुनिक सभ्यता के द्वारा प्रभावित और दमित-मर्दित हो रहा है। भारत उसके जाल में फँसा हुआ है। इसीलिए उनका मानना था कि हमें स्वराज के लिए अंग्रेजों से मुक्ति की बात न सोचकर आधुनिक पश्चिमी भोगवादी सभ्यता से मुक्ति पाने की बात सोचनी चाहिए। गांधी के वे शब्द स्मरणीय हैं कि "यह सभ्यता दूसरों का नाश करनेवाली और खुद भी नष्ट होनेवाली सभ्यता है।" गांधीजी ने इस आधुनिक सभ्यता को 'चांडाल सभ्यता' कहा है। उन्होंने यह माना था कि हिंदुस्तान की सभ्यता सबसे अच्छी है और यूरोप की सभ्यता चार दिन की चाँदनी है। आजादी की लड़ाई लड़नेवाले हमारे नेताओं में यूरोप की जितनी अच्छी समझ, पश्चिमी सभ्यता की जितनी अच्छी समझ गांधी को थी, उतनी अच्छी समझ अन्य किसी नेता को प्राप्त न हो सकी। भारत के पूर्व राष्ट्रपति डॉ. राधाकृष्णन के सुपुत्र गोपाल राधाकृष्णन, जवाहरलाल नेहरू विश्वविद्यालय में इतिहास के प्रोफेसर थे। उन्होंने गांधी और नेहरू की तुलना में एक पूरी पुस्तक लिखी है। इसमें उन्होंने पश्चिम के विषय में नेहरू की समझ को भ्रामक और गांधी की समझ को सही समझ बताया है। गांधी सांस्कृतिक राष्ट्रवादी थे, पर नेहरू पाश्चात्य राष्ट्रवाद की सीमा से बाहर नहीं आ पाए और उन्होंने पश्चिमी राष्ट्रवाद को सर्वांगीण रूप में भारत में विस्तारित कर दिया। हम आज भी वहीं बँधे हुए हैं और भूल गए हैं कि हमारा कोई सांस्कृतिक राष्ट्रवाद भी रहा है और है।

आज भारत में जिसे 'राष्ट्रवाद' कहा जाता है, वह मूलतः 'पाश्चात्य राष्ट्रवाद' है। पश्चिम में अनेक देशों को अपने शक्तिशाली पड़ोसियों का सामना करना पड़ता है। फलतः उन्होंने अपनी युयुत्सु शक्तियों को इतना विकसित किया, जिससे वे अपने पड़ोसियों के साथ होनेवाले संघर्ष और आक्रमणों से अपनी रक्षा कर सकें तथा उन्हें नाकों चने चबवा सकें। साथ ही यदि युद्ध हुआ, तो वे उसमें विजयी हो सकें। इसके लिए उन्होंने अपने राष्ट्र की आंतरिक नस्ली एकता को बड़ी शक्ति बनाया। यही उनका सबसे बड़ा बल-संबल रहा। पाश्चात्य राष्ट्रीयता में प्रत्येक प्रभुत्व-संप्रन्न राष्ट्र की महत्त्वाकांक्षाएँ बढ़ीं और इनकी पूर्ति और सिद्धि के लिए उन्होंने वह सबकुछ दिया, जो अनैतिक था। पाश्चात्य राष्ट्रवाद मूलतः आज का यही राष्ट्रवाद है। इसके मूल में आधुनिकता सक्रिय है। भारतवर्ष में भी आज राष्ट्रवाद का यही रूप प्रचलित है। भौगोलिक चेतना से जुड़े होने की सक्रियता है, अपने देश की सीमा से जुड़ा होना है। उनके राष्ट्रवाद में नैतिकता का कोई स्थान और योगदान नहीं है। रवींद्रनाथ ने 'राष्ट्र' के विचार को ही मनुष्य का महत्त्वपूर्ण आविष्कार माना है तथा इसे पड़ोसी से आक्रांत होने की ताकतवर दवा के रूप में निरूपित किया है। इस राष्ट्रवाद का कटु और क्रूर यथार्थ अमेरिका द्वारा जापान के हिरोशिमा और नागासाकी पर 1945 में गिराए गए एटम बम हैं। इस दृष्टि से पश्चिमी राष्ट्रवाद केवल अपनी भौगोलिक सीमा, देश और उसमें रहनेवाले मनुष्यों की सुरक्षा हेतु दूसरों का नरसंहार तक कर डालता है। ऐसा राष्ट्रवाद अपने परिणाम में मानव-हित अक्षम्य सिद्ध होता है। इस प्रकार प्रचलित-स्वीकृत राष्ट्रवाद तो आक्रामक हो उठता है। आज भी पाश्चात्य राष्ट्रवाद प्रजातीय एकता के बल पर पुष्ट-संपुष्ट होता दिखता है। रवींद्रनाथ मानते हैं कि राष्ट्र की इस अवधारणा का जो विकासक्रम देखने को मिलता है, उसमें विश्वबंधुत्व या भाईचारा राष्ट्र की इस नस्ली और भौगोलिक सीमा तक सीमित है। इन सीमाओं के भीतर ही उनकी अस्मिता सीमित थी। आज जो राष्ट्रवाद का ग्रहण और स्वीकरण स्वतंत्र भारत में है, वह भारत के प्राचीन इतिहास, उसकी परंपरा और उसकी संस्कृति से बिल्कुल मेल नहीं खाता है। आज विश्व में राष्ट्र के प्रति जो पूजाभाव समग्र विश्व में व्याप्त है, उसके सामने ईश्वर तथा मानवता की भक्ति भी ओछी पड़ चुकी है। हमारे राजनेताओं ने स्वतंत्र भारत में अपने नागरिकों को यह बताने का भरपूर प्रयास किया है कि पश्चिम की हर पद्धति को अपनाकर भारत शक्तिशाली हो रहा है तथा विकास की ओर अग्रसर हो रहा है। रवींद्रनाथ राष्ट्र को संघटित मानव-शक्ति का एक पक्ष

मानते हैं। प्रचलित राष्ट्रवाद में जिस मूल अपेक्षित शक्ति का आमूल-चूल अभाव है, वह नैतिकता की शक्ति है। इससे मानव में त्याग करने की क्षमता आती है, जो वर्तमान राष्ट्रवाद में बिल्कुल नहीं है। इसकी जगह वह यांत्रिक शक्ति पर भरोसा करता है और उसे निरंतर निर्मित और विकसित करता है। ऐसे राष्ट्रवाद को रवींद्र ने एक बहुत बड़े संकट की संज्ञा दी है। आज का राष्ट्रवाद पूरी तरह राजनीतिक हो गया है। ऐसा राष्ट्रवाद हमें भ्रष्टाचारी बनाता है। स्वार्थी और साधन का बिना ध्यान रखे संग्रही-मात्र नहीं बनाता, बल्कि अन्यों का अधिकार छीनकर अपने को अधिक बलप्रभुत्व से संपन्न करता है। ऐसा राष्ट्रवाद अर्थ-केंद्रित हो जाता है। अर्थ को केंद्र में रखने के कारण संबंध और नाते-रिश्ते अपना आधार खो देते हैं। राष्ट्र केवल कागजी महत्त्व का बनकर रह जाता है। राष्ट्र की भौगोलिक सीमा में उस राष्ट्रीयता का मनुष्य होने के कारण जो पारस्परिक एकता होनी चाहिए, वह उनमें नहीं हो पाती।

सांस्कृतिक राष्ट्रवाद

सांस्कृतिक राष्ट्रवाद का मेरुदंड मनुष्य का नैतिक चरित्र है। अपनी इस आत्मनिर्वासित प्रगुणात्मकता को हमें आत्मप्रतिष्ठित करना है। मनुष्य की सार्थकता इसी में निहित है। वैसे तो मनुष्य की परिभाषा अनेक चिंतकों ने की है। इनमें किसी ने मनुष्य को मनन करनेवाला प्राणी कहा है, तो किसी ने बाह्य साधनों और उपकरणों से काम लेनेवाला निष्णात प्राणी माना है। कोई इसे विवेक-संपन्न सामाजिक और हँसने-बोलनेवाला प्राणी मानता रहा है, तो कोई इसे बौद्धिक पशु कहता रहा है।

सांस्कृतिक राष्ट्रवाद में जिस भारतीय संस्कृति की अवधारणा निहित है, वहाँ राष्ट्र के नागरिकों में उसकी यह प्रगुणात्मकता अपेक्षित है। वाल्मीकि को हमारी राष्ट्रीय संस्कृति का आदि विधाता कहा गया है। भारतीय संस्कृति में संपूर्ण मानव-समुदाय के लिए धर्म और सत्य का जो अर्थ है, उस कल्याणकर महावृक्ष का बीज-वपन वाल्मीकि ने ही किया था। भारतीय संस्कृति के विचारणीय प्रश्नों को संसार की किसी भी संस्कृति और साहित्य ने वैसी अभिव्यक्ति प्रदान नहीं की। इसे पहली बार वाल्मीकि ने ही अपने स्वरों से मुखर किया—'चारित्रयेण च को युक्तः ?' जीवन में चरित्र से युक्त कौन है ? यह केवल बाह्य नहीं, आत्मिक प्रश्न भी है। हम जिस सांस्कृतिक राष्ट्रवाद की बात करते हैं, उसकी पहली शर्त यह है कि उस राष्ट्र के प्रत्येक नागरिक को चरित्र से युक्त होना होगा। यह हमारी सांस्कृतिक

अपेक्षा और अनिवार्यता है। आज भारत में जो आधुनिक पाश्चात्य राष्ट्रवाद चल रहा है, उसमें हमारा यह चरित्र और शील सबसे अधिक उपेक्षित और तिरस्कृत हुआ है। इतना ही नहीं, हमारा वर्तमान आधुनिक राष्ट्रवाद इसकी निरंकुश हत्या करता जा रहा है। हमारा संपूर्ण सांस्कृतिक दृष्टिकोण नागरिकों के चरित्रवान होने की अपेक्षा रखता है। भारतीय चिंतकों का विचार है कि मनुष्य के जितने भी अन्य गुण हैं, उन सबका समाहार चारित्रिक व्याख्या के अंतर्गत हो जाता है और इनका अभाव सारे भ्रष्टाचार को जन्म देता है। वाल्मीकि की दृष्टि में चरित्र और धर्म दोनों एकार्थी हैं, दोनों परस्पर एक-दूसरे के पर्याय-से हैं। द्रष्टव्य है कि यहाँ 'धर्म' का प्रयोग वर्तमान अर्थ में नहीं हुआ है, अपितु मनुष्य के सर्वोत्कृष्ट गुणों के समुच्चय के रूप में किया गया है।

सांस्कृतिक राष्ट्रवाद की यह विशेषता होती है कि वह 'प्राकृत जन' या सामान्य मनुष्य को, जन-साधारण को मानव-हित की दृष्टि से चरित्रवान बनाता है। पर यह तभी संभव हो पाता है, जब स्वत: उसका नेता चरित्र और शील का मूर्त सम्पुंजन हो। स्मरणीय है कि भारतीय संस्कृति के अग्रणी पुरुषों का चरित्र इतना मोहक और आकर्षक रहा है कि पृथ्वी के अन्य देशों के शासकों के लिए वह सदा ईर्ष्या ना रहा है। दूसरे वह किसी के लिए भी अनुकरणीय बना रहा है। प्रसाद ने अपने एक प्रगीत में जो यह लिखा है कि—"जगे हम, लगे जगाने लोक/विश्व में फैला, फिर आलोक/व्योमतम-पुंज हुआ, तब नाश/अखिल संसृति हो उठी अशोक।" उसके मूल हेतु भारतीय चारित्र्य की यही गरिमा है। आज भारत के नैतिकताहीन, चरित्रविहीन जीवन में सांस्कृतिक राष्ट्रवाद की इस गुणात्मकता का अवधान, आग्रहण और स्वीकरण अपेक्षित है। खेद का विषय यह है—'भ्रष्टाचार-मुक्त भारत' बनाने का संकल्प लेनेवाले किसी लोकनायक की दृष्टि इस ओर, नैतिक शिक्षा की ओर नहीं जा पाती है।

किसी भी राष्ट्र के शासक का उस राष्ट्र के शासितों के प्रति जो धर्म होता है, उसे भारतीय लोकतंत्रीय व्यवस्था का शासक-प्रमुख वा लोक-नायक भूल चुका है। हमारे राष्ट्रीय लोकतंत्र में आज वह शासक राष्ट्र का प्रधानमंत्री कहलाता है।

वाल्मीकि ने लोकागम धर्म का उल्लेख किया है। यहाँ शासक लोक के पालन और राष्ट्र के धारण-रक्षण के लिए होता है। उसका राष्ट्रधर्म सभी वर्णों के मनुष्यों का पालन करना होता है। इस राष्ट्रधर्म के मूल में सत्य प्रतिष्ठित होता है। इसको छोड़ देने मात्र से जीवन और लोक दोनों संकटापन्न हो जाते हैं। राजधर्म कठिन

धर्म है। शासन और व्यवस्था में कार्य-निरत हर उत्तरदायी व्यक्ति अपने-अपने धर्म और दायित्व से जुड़ा रहता है, संबद्ध रहता है। इसमें स्खलन आने से सबकुछ नष्ट हो जाता है। भारतीय संस्कृति इस दायित्व रूपी धर्म के प्रति सदैव सन्नद्ध रहने की बात करती है।

वाल्मीकि ने राजा की गद्दी को आज के भारतीय संदर्भ में और आज की भाषा में मानो भारत राष्ट्र के प्रधानमंत्री पद को राष्ट्र के कल्याण का हेतु माना है। हमारा सांस्कृतिक राष्ट्रवाद लोक के प्रति न्याय और मनुष्य धर्म के अनुरूप लोक के प्रशासन, परिपालन की अपेक्षा रखता है। राष्ट्र के उच्चतम पद पर बैठे प्रधान का यह प्रमुख कर्तव्य है। यह तथ्य घ्यानीय है कि हमारा सांस्कृतिक राष्ट्रवाद एक क्षण के लिए भी अराजक राष्ट्र को सहन नहीं कर सकता। जिस शासकीय व्यवस्था में राष्ट्र अराजक हो जाता है, अनुशासन टूट जाते हैं, शासन के नियम-कायदे दिन-रात तोड़े जाते हैं, मर्यादाएँ उल्लंघित और छिन्न-भिन्न हो जाती हैं, तब वह राष्ट्र जीवित नहीं रह जाता, वह मरणासन्न हो जाता है।

यहाँ मुझे अंग्रेजी की एक कविता याद आती है, जिसमें कहा गया है कि वह सभ्यता, जो कपट, धूर्तता, चालबाजी और प्रपंचपूर्ण धोखेबाजी के सिद्धातों का व्यवहार करती है, वह एक मरणासन्न सभ्यता होती है। दूसरे शब्दों में वह मरणासन्न राष्ट्र होता है, जिसकी वह सभ्यता होती है। आज भारत राष्ट्र की स्थिति इनमें तीसरी कोटि की स्थिति बन चुकी है। इससे मुक्ति का एकमात्र मार्ग 'सांस्कृतिक राष्ट्रवाद' का स्वीकरण और आग्रहण है।

महाभारतकार वेदव्यास भी सांस्कृतिक राष्ट्रवादी हैं। उनका भी ऐसा ही मत है—'मूतं राष्ट्रमराजकम्'। ऊपर निर्दिष्ट सभ्यता (राष्ट्र) की तीसरी कोटि हमारे राष्ट्रीय लोकतंत्र की वर्तमान व्यवस्था पर चरितार्थ होती है। भारत में आज आधुनिक पाश्चात्य राष्ट्रवाद सक्रिय है। हमारे राष्ट्रीय लोकतंत्र की यह अद्यतन स्थिति हमारे लोकनायकों द्वारा आँख मूँदकर उस पाश्चात्य आधुनिक सभ्यता के किए गए अनुकरण के कारण हुई है। इसीलिए हमारे वर्तमान और अद्यतन राष्ट्रीय संदर्भ में हमें सांस्कृतिक राष्ट्रवाद से जुड़ना होगा। यह राष्ट्रवाद कोई हिंदुत्ववादी राष्ट्रवाद नहीं है और न ही आज के राजनीतिक दलों में यह तथाकथित राष्ट्रीय दल—भाजपा का ही राजनीतिक राष्ट्रवाद है। राष्ट्रवाद के संदर्भ में हमें इसे शांत और स्थिर चित्त से सोचने-समझने और अपनी गलत मानसिकता को परिवर्तित करने की आवश्यकता है।

अराजक राष्ट्र में क्या-क्या होता है, इसकी एक लंबी तालिका वाल्मीकि ने प्रस्तुत की है। इनमें एक स्थिति उद्धरणीय है—"अराजक राष्ट्र में मनुष्य का कुछ भी अपना नहीं रह जाता। जैसे पानी भरे तालाब, नदी, झील और सागर में बड़ी मछलियाँ छोटी मछलियों को निगलने लग जाती हैं, आज तो हर नागरिक ने कानून-व्यवस्था तक अपने हाथ में ले रखी है।"

जब मैं अपने राष्ट्रीय अभ्युदय की बात सोचता हूँ, तब मुझे महाभारत में व्यास द्वारा रचित राष्ट्रगान का स्मरण हो आता है। व्यास ने राष्ट्र पर भूगोल, समाजशास्त्र, राजनीति-विज्ञान, शासन-विज्ञान, नीतिशास्त्र और मानव-धर्म के दृष्टिकोण से विचार किया है। ऐसा माना जाता है कि व्यास ने जिस राष्ट्र के रूप में भारत की उपासना की थी, राष्ट्र का भविष्यत् नागरिक उसी का स्वप्न देखना चाहेगा। वाल्मीकि ने जो 'अराजक जनपद' नामक गीत लिखा है, व्यास के द्वारा रचित 'यदि राजा न पालयेत्' गीत भी उसी तरह का है। इसमें राष्ट्र के राजा के कर्तव्य को परिगणित किया गया है। राजा यहाँ मूलतः शासन की सुव्यवस्था का प्रतीक है। इसके अभाव में राष्ट्र मरणासन्न होता है। साहित्य बताता है कि राष्ट्र-प्रमुख के इन्ही आदर्शों को भारतीय इतिहास के स्वर्ण-काल में कालिदास ने गुणावृत्ति की थी। हमारे राष्ट्रीय संदर्भ में व्यास एक बहुत बड़ी बात कहते हैं। वह बताते हैं कि राजा ही काल को रचता-बनाता है और काल भी राजा का निर्माण करता है—'कालो वा करणं राज्ञो वा कालकारणम्। इनमें प्रमुख ग्राह्य तथ्य है—राष्ट्र के शासक द्वारा काल का निर्माण करना। दूसरे शब्दों में, राष्ट्र के इतिहास का निर्माण करना। आज जो भी राष्ट्र-प्रमुख के रूप में सत्ता पर बैठता है, वह राष्ट्र और राष्ट्र के नागरिकों के हित में नहीं सोचता, वह इतिहास का निर्माता नहीं बनना चाहता, वह केवल अपने पद, अपने परिवार और अपने दल के हित में ही सारा निर्माण करता है। वह काल का निर्माण नहीं कर पाता है, इतिहास का निर्माण नहीं कर पाता है। व्यास की मान्यताओं के अनुसार आज हम पाते हैं कि हमारा राष्ट्रवाद आधुनिक भारत के इस राष्ट्रीय अभाव की ओर स्पष्ट संकेत करता है। किसी भी राष्ट्र के शासन-प्रमुख का पहला कर्तव्य और दायित्व राष्ट्र में, लोक में शांति की व्यवस्था करना होता है। कहना न होगा कि इसके कुशल प्रबंधन और शासन में हमारे आज तक के सारे शासन-प्रमुख विफल सिद्ध हुए हैं। व्यास ने एक और बड़ी बात कही है, जिसका संबंध हमारे सांस्कृतिक राष्ट्रवाद से है। व्यास के अनुसार, "वैसा व्यक्ति किसी भी प्रकार की शासकीय समिति का सदस्य नहीं

बन सकता, जो स्वयं कृषि नहीं करता या जो खेतिहर या किसान नहीं है। उस नेता को व्यास ने धोखे की टट्टी तक कहा है। जो स्वयं हल नहीं चलाता, हल की मूँठ तक नहीं पकड़ता, वह भला कैसा नेता, कहाँ का नेता और किसका नेता होगा?" वासुदेव शरण अग्रवाल ने व्यास के इस कथन पर टिप्पणी करते हुए लिखा है कि "किसानों के देश के राजनीतिक जीवन की यही एक कसौटी हो सकती थी। उसे ही (आज से) कई सहस्र वर्ष पूर्व व्यास (जी) ने लोकधर्म के निचोड़ की तरह पहचान लिया और इतने सरल शब्दों में कह डाला।" यहाँ व्यास भारत के शाश्वत की भाषा में बोल रहे हैं, "जो स्वयं धरती न जोते, वह हमारी संसद में बैठने योग्य नहीं।"

हमारे सांस्कृतिक राष्ट्रवाद के लिए व्यास के द्वारा की गई धर्म की परिभाषा देश के प्रत्येक नागरिक के लिए स्मरणीय और माननीय है और होनी चाहिए। व्यास ने बताया है कि "राष्ट्र में जो व्यक्ति, राष्ट्र, जीवन, संस्था, लोक-परलोक— सबको धारण करनेवाला सनातन और सबसे ऊपर स्थान रखनेवाला नियम है, उसे ही धर्म (मानव धर्म) कहते हैं।" यहाँ धारण करने का तात्पर्य उसके हित का ध्यान रखने और उसी दृष्टि से कर्म करने से है। दूसरे शब्दों में, उसका हितानुरूप व्यवस्थापन करना ही धर्म है। व्यास ऐसे धर्म को नमन करते हैं—

धारणाद्धर्म इत्याहुधर्मो धारयते प्रज्ञाः।
यत्स्याद्धारण संयुक्त स धर्म इत्युदाहृतः॥

सांस्कृतिक राष्ट्रवाद में राष्ट्रवाद मूल और सांस्कृतिक उसका विशेषण है। इसका अर्थ है, ऐसा राष्ट्रवाद जो संस्कृति-सापेक्ष हो। नैतिकता इसी संस्कृति की गुणधर्मिता है। रवींद्रनाथ ने कांग्रेस की आलोचना करते हुए यह लिखा था कि उसका कोई ठोस कार्यक्रम नहीं है। वह अपनी शिकायतों को शासक-वर्ग के सामने रखकर उनसे उनका समाधान चाहता था। वह उस दल में रचनात्मक आदर्श के अभाव की ओर संकेत करते हैं। उनके अनुसार भारत के लिए जो चीज सबसे अधिक अपेक्षित थी, वह अपने अभ्यंतर से उपजी काम करने की इच्छा, आत्म-कर्तव्यपरायणता है। रवींद्रनाथ ठाकुर असली एकता को ग्लोब की तरह की मानते थे, जो चक्रायित होती रहती है, वृत्ताकार घूमती रहती है। उनके अनुसार राष्ट्रवाद का कोई-न-कोई आदर्श होता है और होना ही चाहिए।

रवींद्रनाथ सही 'भारतीय राष्ट्रवाद' को 'सांस्कृतिक राष्ट्रवाद' मानते थे। उनका विचार था कि भारत जैसे राष्ट्र का आदर्श मानवीय राष्ट्र का निर्माण होना

चाहिए। सांस्कृतिक राष्ट्रवाद का संलक्ष्य ही विश्व-मानववाद की स्थापना है, मानव और मानव की पारस्परिक सहयात्रिता है। पारस्परिक राग और प्रीति है। भेद-बुद्धि की जगह अभेद-बुद्धि से एक-दूसरे को जानने-समझने और उसके साथ जीने का कार्यक्रम है। यह न केवल नैतिक मूल्यों का प्रादर्श है, बल्कि उसी के अनुरूप कर्मक्षेत्र का आचरण भी है। मौरिस नामक एक अमेरिकी चिंतक ने मूल्य के वर्गीकरण में आकल्पित, क्रियाशील और वस्तुनिष्ठ मूल्यों की बात की थी। हमारा सांस्कृतिक राष्ट्रवाद आकल्पित मूल्य को आकल्पित नहीं रहने देता है, अपितु उसे ही क्रियात्मक मूल्य बनाकर इन दोनों का भेद मिटा देता है। प्रचलित राष्ट्रवाद में आकल्पित मूल्य अलग होते हैं और क्रियात्मक मूल्य अलग। पहला निष्क्रिय होता है, जबकि दूसरा सक्रिय। उस राष्ट्र के नागरिक दो धरातल पर जीवन जीते हैं। उनके लिए सिद्धांत कुछ और होता है और आचरण कुछ और। तभी वैसे राष्ट्र का नागरिक यह कहता है कि आज आचरित मूल्य को अपनाना ही श्रेयस्कर है। सांस्कृतिक राष्ट्रवाद में नैतिकता के आग्रहण और उत्थान के कारण आकल्पित मूल्य ही सक्रिय (Active) मूल्य बन जाते हैं। इसे थोड़ा विस्तार से समझें। आज जो हममें भ्रष्टाचार है, वही हमारा क्रियात्मक मूल्य है या आज स्वतंत्र भारतीय समय का मूल्य है। इसलिए आधुनिक पाश्चात्य राष्ट्रवाद हमें इस धोखे की टट्टी से बचाता है। सांस्कृतिक राष्ट्रवाद की चरितार्थता में इतना बड़ा परिवर्तन हो जाता है, हमारी चेतना का परिवर्तन, हमारी मानसिकता का परिवर्तन कि हम आकल्पित मूल्य को ही आचरित कर उसे क्रियात्मक मूल्य बना लेते हैं। और मौरिस का अतीत-व्यतीत और वर्तमान जैसा कालिक-विभाजन निरर्थक हो जाता है। वर्तमान राष्ट्रवाद और सांस्कृतिक राष्ट्रवाद का यह अंतर विचारणीय है।

रवींद्रनाथ ने अपने उसी आलेख में स्वतंत्रता मिलने से पूर्व कहा था, "भारत में हममें से जो लोग इस भ्रम में हैं कि मात्र राजनीतिक स्वतंत्रता पाकर हम स्वतंत्र हो जाएँगे, वे पश्चिम से सीखे गए सबक को वेद-वाक्य की तरह आँख मूँदकर मानने लगे हैं। मानवता पर से उनका विश्वास उठ गया है। हमें याद रखना होगा कि हम अपने समाज की जिन कमजोरियों को आँख की पुतली बनाए हुए हैं, राजनीति में वही खतरनाक साबित हो सकती हैं...जब हमारे राष्ट्रवादी आदर्शों की बात करते हैं तो वे भूल जाते हैं कि राष्ट्रवाद का आधार इनकी अनुपस्थिति है। जो लोग इन आदर्शों के संवाहक हैं, वे सामाजिक व्यवहार के मामलों में बड़े कट्टरपंथी हो जाते हैं।"

सांस्कृतिक राष्ट्रवाद संस्कृति पर आधारित राष्ट्रवाद है। ऐसा राष्ट्रवाद,

जिसके साथ हमारा अतीत जुड़ा हुआ है, हमारे परंपरागत, नैतिक मूल्य जुड़े हुए हैं। वह राष्ट्रवाद जिसमें सांस्कृतिकता की निष्कृति नहीं है और जो आधुनिक विकृतियों से मुक्त है। हमारा सांस्कृतिक गुणसूत्र राष्ट्रवाद की अवधारणा में उसकी प्रकृति में विद्यमान है। संस्कृति का यह गुणसूत्र ही भारतीय राष्ट्रवाद की मूलभूत पहचान है। भारत की यह संस्कृति अतीत से अब तक संजीवित है। इस दृष्टि से उसके समाज, धार्मिक दृष्टिकोण, उसके साहित्य, दर्शन और कला में अपनी विशिष्ट धारणाओं का अभिव्यंजन द्रष्टव्य है। धर्म की संस्कृति व्यापक मानवीय पारस्परिकता और एकात्मकता पर आधारित है। इसके साथ सांस्कृतिक भारतीय जीवन-मूल्य भी जुड़े हुए हैं।

हमारा आज का भारतीय राष्ट्रवाद पाश्चात्य आधुनिक राष्ट्रवाद का अनुकरण है। इसमें सांस्कृतिक राष्ट्रवाद का एक भी सधा हुआ स्वर देखने-सुनने को नहीं मिलता। इसीलिए भारतीय राष्ट्रवाद में सभी दृष्टियों से सांस्कृतिक राष्ट्रवाद के प्रतिस्थापन हेतु उसके ग्रहण और स्वीकरण की अपेक्षा है, क्योंकि यही हमारे देशकाल की बुनियादी पहचान होगी। भारत ब्रिटेन का उपनिवेश तो रहा है, पर यह ऑस्ट्रेलिया की तरह नहीं रहा है। इसकी लंबी परंपरा और संस्कृति रही है और यह हजारों वर्ष पहले से राष्ट्र रहा है। अंग्रेजों ने यह दावा पेश किया था कि भारत कोई राष्ट्र नहीं, एक उपमहादेश है, क्योंकि यहाँ खानपान की वेशभूषा की और भाषायी विविधताएँ इन विविध क्षेत्रों को अलग-अलग राष्ट्र बनाती हैं, पर भारत जिन कारणों से परंपरा से राष्ट्र को बोध करवाता रहा है, उसकी गहन संरचना में उसके संस्कृति-परक जीवन-मूल्यों तथा धर्म विश्वबंधुत्व मूलक दार्शनिक मान्यताओं की महत्त्वपूर्ण भूमिका रही है। इसने पूर्व से पश्चिम तक और उत्तर से दक्षिण तक भारत को एकात्मबोध में बाँधे रखा था।

हमारा राष्ट्रवाद पाश्चात्य राष्ट्रवाद का अनुकरण है, जिसकी बुनियाद आधुनिकता है। इस राष्ट्रवाद की अवधारणात्मक चरितार्थता विगत सत्तर से अधिक वर्षों से भारत पर आरोपित है। राष्ट्रवाद के संदर्भ में आधुनिक युग में हमारे अपने ही देश में दो प्रकार की विचारधाराएँ सक्रिय रही हैं। एक धारा जो पश्चिमी सभ्यता और संस्कृति से आकर्षित होनेवाली, उसका अनुकरण करनेवाली और उसे स्वीकारनेवाली रही है, जिसे अपनी भारतीय संस्कृति में पिछड़ापन-ही-पिछड़ापन नजर आता रहा है।

स्वतंत्रता मिलने के वर्षों पहले बंगाल के जिस महान् चिंतक और समाज-सुधारक को भारत में आधुनिकता को स्वीकारने और प्रवर्तित करने का श्रेय

दिया जाता है, वे हैं—बंगाल के राजा राममोहन राय। दूसरे, जिन्हें आजादी के बाद पाश्चात्य आधुनिक राष्ट्रवाद को अपनाने, मनाने और देश में स्वरूपित आचरित करने, उसे लागू करने का श्रेय प्राप्त है, वे हैं—भारत के प्रथम प्रधानमंत्री जवाहरलाल नेहरू। संस्कृति का एक प्रमुख अंग शिक्षा है। नेहरू ने स्वतंत्र भारत की शिक्षा को ही सांस्कृतिकता से पूरी तरह काट दिया।

ज्ञातव्य है कि 11 दिसंबर, 1883 को आधुनिक भारत के तथाकथित निर्माता राजा राममोहन राय ने भारत के तत्कालीन वायसराय, गवर्नर जनरल एमहर्स्ट को अंग्रेजी में एक पत्र लिखा था। इसमें राजा राममोहन राय ने भारतीय संस्कृति के प्रति अपनी अवज्ञापूर्ण विमुखता का जैसा निंदात्मक परिचय दिया था, वह भर्त्सनीय है। उस पत्र में राममोहन राय ने अंग्रेजी सरकार की भूरि-भूरि प्रशंसा करते हुए संस्कृत में निरूपित भारतीय दर्शन, भारतीय व्याकरण आदि की शिक्षा बंद करवा देने का जो एमहर्स्ट से आग्रह किया था, उसे आत्मघाती और आत्महंता प्रयास ही कहा जाएगा—

My Lord

When we looked forward with pleasing hope to the dawn of knowledge thus promised to the rising generation, our hearts were filled with mingled feelings of delight and gratitude: we already ofered up thanks to Providence for inspiring the most generous and enlightened of the Nations of the West with the glorious ambitious of planting in Asia the arts and sciences of modern Europe.

We now find that Government is establishing a Sanskrit school under Hindu Pundits to impart such knowlege as is already current in India. This reminary (similar to character to those which existed in Europe before the time of Lord Bacon) can only be expected to load the minds of youth with grammatical niceties and metaphysical distinctions of little or no practicable use to the possessors or to society. The people will there aquire what was known his thousand years ago, with the addition of vain and empty sublities since produced by speculative men, such as is already connonly taught in all parts of India.

The Sanskrit language, so difficult that almost a lifetime is necessary for its perfect acquisition, is well known to have been for ages a lamentable check on the diffusion of knowledge; and the learning concealed under this almost impervious veil is far from sufficient to reward the labour of acquiring it. But if it were thought necessary to perpectuate this language for the sake of the portion of the valuable information it contains, this might be musch more easily accomplished by other means than the establishment of a new Sanskrit in the different parts of the country enggaged in teaching this language as well as the other branches of literature which are to be the object of the new seminary. Therefore, their more diligent certain allowances to those most eminent professors, who have already undertaken on their own account to teach them, and would by such rewards be stimulated to still greater exertions.

इस प्रकार उक्त पत्र से यह सिद्ध हो जाता है कि राजा राममोहन राय का मन अंग्रेजी शिक्षा तथा औद्योगीकरणवाली आधुनिक सभ्यता का प्रबल आग्रही था। शिक्षा के प्रति उनके विचार अंग्रेजी का भारत में साम्राज्यवाद स्थापित करनेवाले मैकाले से मिलता-जुलता था। परतंत्रता के दिनों में ब्रितानी शिक्षा-पद्धति का जितना प्रबल आग्रह राजा राममोहन राय में था, उतना ही और वैसा ही प्रबल आग्रह स्वतंत्रता-प्राप्ति के पश्चात् भारत के प्रथम लोकनायक जवाहरलाल नेहरू में भी था। इसीलिए उन्होंने भारत को आजादी के बाद पाश्चात्य राष्ट्रवाद की ओर मोड़ा।

जवाहरलाल नेहरू ने भारतीय परंपरा और संस्कृति के प्रति निष्ठावान और उसकी गरिमा पर गर्व करनेवाले महात्मा गांधी के सुझावों और उसकी 'हिंद स्वराज' पुस्तक में स्वतंत्र भारत विषयक उनके द्वारा निरूपित दिशाबोध की यह कहकर उपेक्षा कर दी कि इसमें भारत अपने पिछड़ेपन में ही जकड़ा रह जाएगा। गांधी ने जब उन्हें 'हिंद स्वराज' की याद दिलाई, तब नेहरू ने उन्हें इस आशय का पत्र लिखा कि वह पुस्तक मैंने बहुत पहले पढ़ी थी। उसकी बहुत धुँधली सी याद अब शेष है और उन्होंने भारत को सांस्कृतिक राष्ट्रवाद की दिशा में भोड़ने से अस्वीकार कर दिया और भारत में आधुनिक पाश्चात्य राष्ट्रवाद का प्रवर्तन कर दिया। आज आधुनिक पाश्चात्य राष्ट्रवाद की सत्तर वर्षीय सार्थकता का फलागम हमारे सामने है।

भारतीय सांस्कृतिक राष्ट्रवाद के प्रस्तावकों और अधिवक्ताओं की निरंतरता

आज भी जारी है। महर्षि अरविंद, रवींद्रनाथ ठाकुर, महात्मा गांधी, आनंद कुमार स्वामी, विद्यानिवास मिश्र, निर्मल वर्मा जैसे चिंतक भारतीय सांस्कृतिक राष्ट्रवाद के समर्थक और संपोषक रहे हैं।

यह विचित्र जैसा लगता है कि बचपन से जिसकी शिक्षा आदि से चूड़ांत तक ब्रिटेन में हुई और पश्चिमी सभ्यता की छाया में जिसका समय व्यतीत हुआ, उन्होंने ही आधुनिक पाश्चात्य सभ्यता को ठुकराकर भारतीय सांस्कृतिक राष्ट्रवाद की पहचान-परख करते हुए उसकी पक्षधरता स्वीकार की और सांस्कृतिक राष्ट्रवाद के प्रवर्तक और संपोषक बने।

गांधी ने ब्रिटेन में 'लॉ' की शिक्षा ग्रहण की, पर अरविंद और आनंद कुमार गोस्वामी से कम समय लंदन में रहने और व्यतीत करने के बावजूद पश्चिमी सभ्यता की नख-शिख तक आच्छन्न दुर्गुणात्मकता की पूरी पहचान-परख कर ली, फिर उसका परित्याग कर भारतीय सांस्कृतिकता के पक्षधर हो गए। पर उनके राजनीतिक शिष्य जवाहरलाल नेहरू आपादमस्तक पश्चिमी सभ्यता के रंग में रँगे रहे। अपने विषय में उन्होंने स्वयं लिखा है—"By education I am an English Man, by culture I am a Muslim and by accidental birth I am a Hindu." जो व्यक्ति अपने को शिक्षा से अंग्रेज, संस्कृति से मुसलमान और जन्म को आकस्मिक संयोग-मात्र के कारण अपने को हिंदू कहता हो, उसके लोकनायकत्व में भारत में पाश्चात्य राष्ट्रवाद का परित्याग भला कैसे संभव था और सांस्कृतिक राष्ट्रवाद को साकार करना तो सर्वथा असंभव ही था।

रवींद्रनाथ ठाकुर नैतिकता और भारतीय संस्कृति के दर्शन, शिक्षा, मानवीय धर्मनीति और कलागत संदर्भों को सामने रखते हुए भारतीय सांस्कृतिक राष्ट्रवाद को महत्त्व देते थे।

आनंदकुमार स्वामी पाश्चात्य आधुनिकता पर ही सबसे बड़ी चोट करते हैं। भारतीय संस्कृति की सबसे बड़ी विशेषता अंत:करण में निहित मानवीय भाव है। सर्वभूतहितरत का भाव है। महर्षि अरविंद ने अपनी 'फाउंडेशन ऑफ इंडियन कल्चर' पुस्तक में यूरोपीय वृत्ति की आक्रामकता की जगह भारतीय मनोवृत्ति और मनोदृष्टि को स्थापित करने की बात की थी। यूरोप की सभ्यता भोगवादी-सुखवादी रही है। यही आधुनिकता के माध्यम से भारत पर हावी हुई है। महात्मा गांधी ने भी पाश्चात्य सभ्यता की भर्त्सना की थी, उसकी सर्वग्रासिता का उन्हें अनुमान हो गया था कि यह सभ्यता न केवल दूसरे देशों को खा डालेगी, बल्कि स्वयं को भी खा जाएगी। भारतीय संस्कृति में कहीं भी एकांगिता नहीं है। उसके संलक्ष्य में समग्रता

और साकल्य है। भारतीय संस्कृति में विश्व-बंधुत्व है और त्याग है, 'स्व' के सम्मोहन से अधिक 'पर' के हित की चिंता है।

आधुनिक भारतीय राष्ट्रवाद के खतरे को देखते हुए ही निर्मल वर्मा ने अपना प्रसिद्ध निबंध लिखा—'क्यों भारतीय संस्कृति को बचाना जरूरी है?' उन्होंने लिखा है, "इतिहास में जब कोई प्रक्रिया अस्वाभाविक होती है तो स्पष्ट ही उसके पीछे कुछ ऐसी शक्तियों का निस्स्वार्थ रहता है, जो मनुष्य को उसके सहज स्वभाव से हटाकर, स्खलित कर एक बाहरी छद्म लक्ष्य की ओर आकृष्ट करे। हिटलर के लिए यह लक्ष्य जर्मनी से यहूदियों का सफाया करना था, मोहम्मद अली जिन्ना के लिए यही लक्ष्य पाकिस्तान के आदर्श में निहित था। इस कृत्रिम आदर्श को सच बनाने का सिर्फ एक ही उपाय है—मनुष्य में जो स्वाभाविक रूप से सच है—प्रेम, आत्मीयता वफादारी का भाव—उसे किसी भी तरीके से कृत्रिम और झूठा बनाया जा सके। इसके लिए सबसे सक्षम और सबसे आदिम, प्रिमिटिव शस्त्र है मनुष्य के सहज स्वभावगत लगावों और निष्ठाओं को शोषित और भ्रष्ट करना।" पाश्चात्य राष्ट्रवाद ने यही तो किया है।

निर्मल वर्मा ने भारतीय संस्कृति और उसकी नैतिकता-मानवीयता को महत्त्व दिया है। उन्होंने स्वतंत्र राष्ट्र की आत्मशून्यता, आत्मरिक्तता को दिखाने का प्रयास किया है। निर्मल जिस रास्ते को मूल्यवान और महत्त्वपूर्ण मानते हैं, उसके लिए वह स्पष्ट कहते हैं कि इस रास्ते के अलावा आज बाकी सब रास्ते आत्मघात की ओर जाते हैं।

पाश्चात्य राष्ट्रवाद, आधुनिकता और आधुनिक सभ्यता के नींव-पत्थर पर खड़ा है। आनंद कुमार स्वामी इसी नींव पर, आधुनिकता पर करारी चोट करते हैं। वे आधुनिक सभ्यता को विकासमान नहीं पाते, अपितु उसके सूर्यास्त-काल को सन्निकट पाते हैं, पर सांस्कृतिक राष्ट्रवाद में अभी आलोक शेष है, उसकी परस्परित पद्धति की जो सहज सक्रियता है, आनंद कुमार स्वामी ने उसे 'प्रथम सिद्धांत' कहा है। हमारा सांस्कृतिक राष्ट्रवाद उसे विषमता नहीं मानता, जिसे पाश्चात्य आधुनिक राष्ट्रवाद भिन्नता कहता है। उसके लिए आर्थिक दरिद्रता, पैसे से गरीबी कोई विपन्नता नहीं है। इसके विपरित, पश्चिम जिसे संपन्नता मानता है, वही उसकी वास्तविक विपन्नता है। पाश्चात्य राष्ट्रवाद में वस्तु या पदार्थ अधिक महत्त्वपूर्ण है, जबकि सांस्कृतिक राष्ट्रवाद में प्रज्ञा की महत्ता है। पाश्चात्य राष्ट्रवाद ऐंद्रिय संवेदनात्मक ज्ञान का पक्षधर है। यह उसकी सीमा है, पर सांस्कृतिक

राष्ट्रवाद के अंतर्गत 'ध्यान' के माध्यम से, मन और बुद्धि के द्वारा प्रत्यक्ष किया जाता है। यह आत्मप्रत्यक्षित ज्ञान है, जो पहले ज्ञान की अपेक्षा कहीं अधिक वास्तविक है। पहले की नियति एक 'अकेलापन' की है, जो 'आधुनिक राष्ट्रवाद' के मूल में 'व्यक्ति' है, 'स्व' है, 'समष्टि' नहीं है, 'पर' की स्वीकार्यता या उस तक की आत्मप्रसारात्मकता नहीं है।

दूसरी ओर इसमें गोपनीय निजता है, जिसे 'प्राइवेसी' कहते हैं। पर काम्य सांस्कृतिक राष्ट्रवाद में व्यक्ति की पूर्णता ही समष्टि में है। इसीलिए यहाँ लोकपरक पर्व-त्योहारों का आयोजन है, पारस्परिक संपर्क है। उसमें 'संयुक्त परिवार' की अवधारणा रही है, 'न्यूक्लियर' की नहीं। आधुनिक या पाश्चात्य राष्ट्रवाद में सारे विश्व को सभ्य बनाने का अभिमान है, जो सांस्कृतिक राष्ट्रवाद में नहीं है। यहाँ अपने देखने का दंभ नहीं है, औरों द्वारा देखे गए में उसे विलीनीकृत करके देखना है। सत्य गुरु के द्वारा दृष्ट और प्राप्त हुआ ज्ञान है। कुमार स्वामी के लिए एक भारतीय के लिए उसकी संस्कृति में सारी परंपरा साकल्य की प्रक्रिया है। उन्होंने पाश्चात्य सभ्यता और आधुनिकता को 'कंध' या 'धड़' कहा है। उसमें पेट प्रबल है। गांधी ने इसे ही भोगवादी सभ्यता कहा है। सांस्कृतिक राष्ट्रवाद में मस्तिष्क की गुणधर्मिता है, मनस प्रमुख है, प्रज्ञा प्रमुख है।

यह बड़ी विडंबनात्मक स्थिति है कि पाश्चात्य आधुनिक राष्ट्रवाद की जिस मूल सभ्यता के विषय में गांधी ने अपने 'हिंद स्वराज' में लिखा था कि "पश्चिम की सभ्यता को निकाल बाहर करने की हर कोशिश करनी चाहिए, दूसरा सब अपने-आप ठीक हो जाएगा।" राष्ट्रपिता गांधी के ही देश में पश्चिमी सभ्यता को भाषा, भूषा, तंत्र, शासन-व्यवस्था आदि में भारत के सिर पर बिठाकर रख दिया गया।

पुराणों में एक कथा आती है कि भारतवर्ष में जब भी किसी ब्रह्मर्षि ने या राजर्षि ने त्रिदेव में से किसी से अमरता प्रदान करने के लिए एवं अन्य सिद्धियों और मन:कामनाओं की पूर्ति के लिए जब भी कठिन-से-कठिन तप किया और जब-जब वह फलागम से पूर्व नियताप्ति की स्थिति में आ गया, तब-तब इंद्र ने उसके तप को भंग करने के लिए सभी संभव प्रयत्न किए और उसके सामने अनेक प्रकार के प्रलोभन उपस्थित कर दिए। कभी कंचन का प्रलोभन, तो कभी कामिनी का प्रलोभन। गांधी ने इन प्रलोभनों से अपने को और अपने दल को बचाए रखा। पर आज पश्चिम भी अपनी राष्ट्रवादी अवधारणा के तहत अपार संपदा का वैसा

ही पूँजीवादी आकर्षण प्रस्तुत कर रहा है, जिसके मोहपाश में आज हमारा राष्ट्र भारत जकड़ा जा चुका है। वह इसकी चहारदीवारी का कैदी हो चुका है। वह उस साधना से विचलित हो गया है, जो साधना उसके सांस्कृतिक राष्ट्रवाद की थी। यही भारत की अद्यतन प्रवंचनात्मक स्थिति है। जिन ब्रह्म-ऋषियों और राज-ऋषियों ने अपने को इंद्र के उस आकर्षक मोहपाश से बचा लिया, उन्होंने अपनी अभीष्ट सिद्धि प्राप्त कर ली, उनको इसका फलागम प्राप्त हुआ। भारत भी अपने सांस्कृतिक राष्ट्रवाद की साधना की तन्मयता से स्वयं इस पश्चिमी मोहपाश से बच सकता है तथा अपने राष्ट्रहित में सार्थकता, सिद्धि और फलागम प्राप्त कर सकता है। इस दृष्टि से भारत के लिए सांस्कृतिक राष्ट्रवाद ही उसकी सभी समस्याओं का एकमात्र स्थायी समाधान है।

प्रश्न है कि सांस्कृतिक राष्ट्रवाद सत्तर वर्षों से अधिक तक पाश्चात्य राष्ट्रवाद से जकड़े इस देश में कैसे लाया जाए? देश की हर व्यवस्था, उसका हर तंत्र, समाज, शिक्षा, राजनीति और व्यक्ति तक उससे बुरी तरह प्रभावित और उसकी गिरफ्त में है। सांस्कृतिक राष्ट्रवाद की बात उठाने वाले को छिन्न-भिन्न करनेवाला कह दिया जाता है। ऐसे में मेरी दृष्टि में 'सांस्कृतिक राष्ट्रवाद' को भारत में लाने का सबसे बड़ा माध्यम शिक्षा हो सकती है।

पश्चिमी राष्ट्रवाद की सीमा तकनीकी विकास तक सीमित है। मनुष्य का निर्माण और मनुष्यता की रक्षा उसकी शक्ति-सीमा और सामर्थ्य से है। पर सांस्कृतिक राष्ट्रवाद मनुष्य के निर्माण का कारखाना है। आवश्यकता इस बात की है कि राष्ट्रीय सांस्कृतिक विद्यालय खोले जाएँ। हमें ऐसे विद्यालय खोलने चाहिए, जहाँ भारतीय संस्कृति, भारतीय जीवन-मूल्य 'भारतीय परंपरा' नैतिक आचार-विचार और मनुष्यता की शिक्षा संतुलित परिग्रह (त्यक्तेन पुंजीथा) त्याग-भाव से सैद्धांतिक और आनुप्रायोगिक—दोनों रूपों में दी जाए। इससे आरंभिक शिक्षा के प्रचलन द्वारा मनुष्य का निर्माण हो पाएगा। प्रत्येक नागरिक के लिए उसका प्राथमिक धर्म उसका राष्ट्रधर्म होगा। उसका संप्रदायगत धर्म द्वितीयक स्थान पर होगा। तभी सभी संप्रदायों के नागरिक 'वंदे मातरम्' और 'भारत माता की जय' के नारे लगा सकेंगे। स्वतंत्रता-संग्राम के इन पारंपरिक और सांस्कृतिक नारों का सम्मान कर सकेंगे। जब विद्यार्थियों की प्रज्ञा और मनीषा में सांस्कृतिक राष्ट्रवाद की मूल्यगत मान्यताएँ गृहीत-स्वीकृत हो जाएँगी—वे आधुनिक पाश्चात्य राष्ट्रवादी 'भेद-बुद्धि' का परित्याग कर अभेद-बुद्धि के रूप में स्वीकार कर

सांस्कृतिक राष्ट्रवादी बन पाएँगे। यहाँ प्रत्येक विद्यार्थी इस आत्मानुशासन को धीरे-धीरे स्वयं स्वीकार कर लेंगे।

जब विद्यार्थी सांस्कृतिक राष्ट्रवादिता की ओर उन्मुख होने लगेंगे, तब हमारे प्रशासन, हमारी व्यवस्था, हमारे निजी दुराचार आदि पराजित करने और उसे त्यागने में निश्चय ही सफलता प्राप्त होगी।

□

गांधी की प्रासंगिकता व संभावना : हमारी जिम्मेदारी

–सुधीर चंद्र

गांधी को याद करने का सबसे आसान तरीका है, उनको महामानव घोषित कर देना और कह देना कि हमारे स्वतंत्रता संग्राम में उनका योगदान अप्रतिम था कि उनके नेतृत्व में हमने समस्त विश्व को अहिंसा की व्यावहारिकता का महत्त्वपूर्ण सबक सिखा दिया। गांधी को इस तरह याद करते रहने भर से न देश का भला होना है और न ही संसार का। हाँ, इस तरह हम अपनी नैतिक श्रेष्ठता की सामूहिक आत्मप्रवंचना का सुख जरूर भोगते रह सकेंगे।

गांधी निस्संदेह एक महामानव थे और निर्विवाद ही उन्होंने संसार को एक ऐसा रास्ता दिखा दिया, जिस पर चले बगैर मानव जाति आत्म-संहार से बच नहीं सकेगी। पर केवल यह तथ्य हमारे कल्याण के लिए काफी नहीं है। गांधी हमारा कल्याण तभी कर सकेंगे, जब हम उनके जीवन और संदेश के एक ऐसे दुःखद, त्रासद पक्ष के अर्थ को समझें, जिसके लिए सिर्फ हम जिम्मेदार हैं।

यह ऐसा पक्ष है, जिसे सबसे पहले, और बड़ी शिद्दत से, स्वयं गांधी ने पहचाना। अपने आखिरी दिनों में वह बार-बार कहने लगे थे कि उनकी कोई सुनता ही नहीं है। कि कभी थे वह एक बड़े आदमी, जिसके एक इशारे पर अनगिनत देशवासी दौड़ पड़ते थे, उसका कहा पूरा करने को। पर अब कोई भी नहीं सुनता था उनकी। केवल 'अरण्य-रोदन' चल रहा था उनका। 'जब मैं अपनी आवाज उठाता हूँ तो कौन सुनता है ?' पूछा था गांधी ने मारे जाने से कुल 33 दिन पहले।

आश्चर्य नहीं कि 125 साल तक जीने और सेवा करने की अपनी इच्छा तज, वह प्रार्थना करने लगे थे कि अब ईश्वर उठा ले उनको। अपने अंतिम त्रासद दिनों

में एक बार गांधी ने कहा था कि 'हमारे में शायद ह्रदय नहीं है।' यही ह्रदयहीनता शायद हमसे भुलाए रखती है, अपने राष्ट्रीय जीवन का एक लज्जाजनक यथार्थ। 30 साल तक गांधी देश की आजादी के लिए अंग्रेजों से लड़ते रहे। कभी उन्हें कोई खतरा नहीं हुआ अंग्रेजों से, सिवाय बीच-बीच में जेल में डाल दिए जाने के। किंतु जेल में उन्हें कोई कष्ट नहीं दिया जाता था। मसलन पूना के आगा खाँ महल में बंदी रहने के समय, उन्हें सारी सुविधाएँ उपलब्ध कराई जाती थीं। संघर्ष का अंत हुआ हिंदुस्तान की आजादी में। आजाद हिंदुस्तान मात्र साढ़े पाँच महीने जीवित न रख सका गांधी को। बस 169 दिन। इतिहास की किताबों में दबा पड़ा कोई अजाना तथ्य नहीं है यह। 15 अगस्त, 1947 को देश के आजाद होने और 30 जनवरी, 1948 को गांधी के मारे जाने के बीच का अंकगणित सबको मालूम है। लेकिन गांधी का आजाद हिंदुस्तान में केवल साढ़े पाँच महीने जीवित रह पाना हमारी चेतना का अंग नहीं है। जो यह तथ्य ही भुलाए बैठे हों, वह इस तथ्य के अर्थ को क्या समझेंगे?

अब जब यह बात छिड़ ही गई है तो यह भी याद कर लें कि उन 169 दिनों में संयोग से एक 2 अक्तूबर भी था, गांधी का जन्मदिन। इतिहास की किताबें भी इसे भुलाए बैठी हैं कि अपने जीते-जी आजाद भारत में पड़े उस जन्मदिन पर गांधी ने क्या कहा था। उन्होंने कहा कि—

"आज तो मेरी जन्मतिथि है। मेरे लिए तो आज यह मातम मनाने का दिन है। मैं आज तक जिंदा पड़ा हूँ। इस पर मुझको खुद आश्चर्य होता है। शर्म लगती है, मैं वही शख्स हूँ कि जिसकी जबान से एक चीज निकलती थी कि ऐसा करो तो करोड़ों उसको मानते थे। पर आज तो कोई मेरी सुनता ही नहीं है। मैं कहूँ कि तुम ऐसा करो, 'नहीं, ऐसा नहीं करेंगे' ऐसा कहते हैं...ऐसी हालत में हिंदुस्तान में मेरे लिए जगह कहाँ है और मैं उसमें जिंदा रहकर क्या करूँगा। आज मेरे से 125 वर्ष की बात छूट गई है। 100 वर्ष की भी छूट गई है, और 90 वर्ष की भी। आज मैं 79 वर्ष में तो पहुँच जाता हूँ, लेकिन वह भी मुझको चुभता है।"

चुभने लगा था, गांधी को जिंदा रहना। सुन ली ईश्वर ने उनकी। उठा लिया उन्हें। रस्मन ही सही, 71 साल से हम गांधी को उठा लिये जाने के दिन को याद करते रहे हैं। पिछले कुछ सालों से इस याद के बरक्स एक दूसरी याद भी उभरने लगी है। इसमें गांधी खलनायक हैं और नाथूराम गोडसे नायक। सालों तक प्रच्छन्न और भूमिगत रही यह याद अब उत्तरोत्तर सार्वजनिक और आक्रामक होने

की हिम्मत करने लगी है। अलीगढ़ में 30 जनवरी, 2019 को गांधी की हत्या की पुनरावृत्ति का खुलेआम हुआ उत्सव उसी की मिसाल है। इस याद को कुछ सिरफिरों तक ही सीमित मानना बहुत गंभीर भूल होगी। और उतनी ही गंभीर भूल होगी यह सोचना कि कुछ चंद व्यक्तियों पर मुकद्दमा दायर करके इस गहराती प्रवृत्ति से निबटा जा सकता है।

गांधी के अनेक दु:ख थे। उनके दु:खों का अनुमान उनके केवल इस प्रश्नवाचक कथन से लग सकता है कि 'आज हिंदुस्तान में कौन सी ऐसी चीज हो रही है, जिससे मुझे खुशी हो सके?' गांधी जब अपने दु:खों की बात करते थे तो अपने नितांत निजी दु:खों को अपने अंदर ही दबाए रहते थे, जैसे बा की मृत्यु और पुत्रवत् महादेव देसाई के असमय निधन का वज्रपात। वे केवल अपने सार्वजनिक दु:खों की बात करते थे और कहते थे कि उनके दु:ख देश के दु:ख हैं। देश को न तब उनके दु:ख अपने दु:ख लगे, न आज लगते हैं। उन दु:खों की यहाँ विस्तार से चर्चा न संभव है और न ही आवश्यकता। उनका इशारा भर काफी होगा, यह समझने के लिए कि उनके दु:ख वास्तव में हमारे—दु:खी जगत् के—दु:ख हैं या नहीं। उसी से यह भी स्पष्ट हो जाएगा कि उनके दु:खों का उनकी प्रासंगिकता से कोई संबंध है या नहीं।

गांधी के दु:खों का एक स्रोत था, सत्ता प्राप्ति के साथ ही शुरू हो गया 'दौड़-दंगल' और उसी के साथ पनपने लगा 'भ्रष्टाचार'। इसे देख गांधी काँपने लगे थे देश के भविष्य की सोचकर। उनको 'बू' आने लगी थी देश में। गांधी के समय में दौड़-दंगल की, और उससे भी ज्यादा भ्रष्टाचार की बात अटपटी लग सकती है, अविश्वसनीय भी। सो सुनें गांधी का अपनी प्रार्थना-सभा में व्यक्त किया गया दु:ख—

"लेकिन अंग्रेजों की क्यों कहें, कांग्रेसी भी स्वार्थी हो गए हैं। इन्हें क्या कहें? समुद्र में आग लगी हो तो उसे कौन बुझाएगा? नमक अगर अपना नमकीनपन छोड़ देगा तो रस कहाँ से आएगा? कांग्रेस ने इतना त्याग किया, इतनी लड़ाई की, वह उसका गौरव कहाँ गया? अब तो वे लोग प्रधान बनना चाहते हैं, सेक्रेटरी बनना चाहते हैं।"

मारे जाने से 20 दिन पहले, प्रार्थना-सभा में ही, उन्होंने कहा था—

"जब से पंद्रह अगस्त आया है, तब से लोगों के दिल में ऐसा आ गया है कि अभी हमारा क्या है। अंग्रेजों का डर था, वह रहा नहीं, सजा का डर नहीं है, अब

किसी का डर नहीं है। भगवान् का डर कौन पहचानता है? कांग्रेस में जितने हैं, वे सब असेंबली के सदस्य बनते हैं। सदस्य बनकर देश का काम नहीं करते, अपना करते हैं···पैसा खाते हैं। इतना ही नहीं, सिविल कर्मचारियों को डराते हैं। कहते हैं, 'नहीं मानोगे तो तुम्हारा ऐसा हो जाएगा।' बेचारे पेट भरने के लिए तो काम करते हैं, क्या करें। इस तरह से दोनों तरफ से बिगड़ते हैं। हमारे दफ्तर में पड़े हैं, वे बिगड़ते हैं और प्रतिनिधि कहलाते हैं, वे बिगड़ते हैं···पीछे वे जो कांग्रेस और स्वाधीनता संग्राम से कोसों दूर थे, कांग्रेस पर कब्जा करने की कोशिश करते हैं। फिर और दूसरी बातें पड़ी हैं। कम्युनिस्ट हैं, समाजवादी हैं···वे भी आपस में ऐसा कहते हैं कि हम बड़े हो गए, हम सारे हिंदुस्तान पर कब्जा कर लेंगे। तो हिंदुस्तान किस पर कब्जा करेगा। कांग्रेस में भी यही है, समाजवादियों में भी यही है, तो मैं सबसे कहूँगा कि हिंदुस्तान के बनें, हिंदुस्तान हमारा न बने। हिंदुस्तान एक-एक का बने तो हिंदुस्तान कहाँ जाए।"

इसी के दूसरे दिन व्यग्र गांधी ने पूछा कि 'यह सब कहाँ जाकर रुकेगा?' हम भी यही पूछते हैं? कितना भिन्न है, हमारा पूछना गांधी के पूछने से?

स्पष्ट ही सत्ता से उपजी विकृतियों को गांधी की प्रासंगिकता या अप्रासंगिकता से नहीं जोड़ा जा सकता। आप गांधी को मानते हों या खारिज करते हों, यह तो नहीं चाहेंगे कि आपके देश-समाज में सत्ता के दुरुपयोग और भ्रष्टाचार जैसी बुराइयाँ हों।

पर गांधी के ऐसे भी दुःख थे, जिनका सीधा संबंध उनकी प्रासंगिकता के अस्वीकार से था। केवल दो ऐसे बड़े दुःखों की संक्षिप्त चर्चा करूँगा। यहाँ एक दुःख था स्वाधीनता की आहट पाते ही उस सपने का ठुकरा दिया जाना। जो गांधी वर्षों से सँजोए बैठे थे, स्वाधीन भारत और स्वाधीन भारत की मार्फत समस्त संसार के कल्याण के लिए। इस सपने को उन्होंने 1909 में अपने बीज-पाठ 'हिंद स्वराज' में लिख दिया था। द्वितीय विश्व युद्ध की समाप्ति के उपरांत जब निश्चित हो गया कि देश स्वतंत्र हो जाएगा तो गांधी ने 5 अक्तूबर, 1945 को एक पत्र अपने राजनीतिक वारिस और देश के भावी प्रधानमंत्री जवाहरलाल नेहरू को लिखा। हिंदुस्तानी में लिखे गए इस पत्र में गांधी ने बताया कि उनके सपनों का भारत कैसा होगा। कहते हुए कि इस भारत के बारे में वह पहले ही हिंद स्वराज में लिख चुके हैं, गांधी ने लिखा कि इस भारत की बुनियादी इकाई गाँव होगी, शहर नहीं। ताकि नेहरू को कोई गलतफहमी न हो सके, गांधी ने स्पष्ट कर दिया था।

"अगर ऐसा समझोगे कि मैं आज के देहात की बात करता हूँ तो मेरी बात नहीं समझोगे। मेरा देहात आज मेरी कल्पना में ही है···इस काल्पनिक देहात में देहाती जड़ नहीं होगा, बल्कि शुद्ध चैतन्य होगा। वह गंदगी में, अँधेरे में जानवर की तरह की जिंदगी बसर नहीं करेगा। मर्द और औरत दोनों आजादी से रहेंगे और सारे जगत् के साथ मुकाबला करने को तैयार रहेंगे···कोई आलस्य में नहीं रह सकता है, न कोई ऐश-आराम में रहेगा। सबको शारीरिक मेहनत करनी होगी।"

एक ऐसी बात भी गांधी ने इस पत्र में कही, जिस पर उन लोगों को विशेष ध्यान देना चाहिए, जो गांधी के 'हिंद स्वराज' में व्यक्त विचारों को स्थिर मानते हैं, जबकि गांधी सदैव अपने विचारों को परिस्थितियों के अनुसार परिवर्तित-संवर्धित करते रहते थे। उन्होंने नेहरू को बताया था कि—

"मैं ऐसी बहुत सी चीजों का खयाल करा सकता हूँ, जो बड़े पैमाने पर बनेंगी। शायद रेलवे भी होगी, डाकघर, तारघर भी होंगे। क्या होगा, क्या नहीं, उसका मुझे नहीं पता। न मुझको उसकी फिकर है। असली बात को मैं कायम कर सकूँ तो आने की और रहने की खूबी रहेगी और उसकी बात छोड़ दूँ तो सब छोड़ देता हूँ।"

यह प्रसंग रोचक तो है ही, ऐतिहासिक दृष्टि से बहुत महत्त्वपूर्ण भी है। किंतु यहाँ केवल इतना ही कि गांधी के सपनों के भारत को तत्काल ठुकरा दिया गया। उस पर कोई बहस-मुबाहिसा भी नहीं हुआ। बस यह जताने के लिए कि गांधी के जिस सपने को ठुकराया गया, उस पर कितनी गंभीरता से विचार हुआ था। एक छोटा सा अंश गांधी को भेजे गए 9 अक्तूबर के नेहरू के जवाब से—

"मैं नहीं समझ पाता कि क्यों गाँव अनिवार्यतः सत्य और अहिंसा की मूर्ति ही हो। गाँव आमतौर पर बौद्धिक और सांस्कृतिक रूप से पिछड़ा होता है और पिछड़े वातावरण में प्रगति नहीं की जा सकती। संकीर्ण मानसवाले लोगों के झूठे और हिंसक होने की संभावना ज्यादा है।"

गांधी का दूसरा बड़ा दुःख था कि सत्ता पाते ही उनके अनुयायियों और चहेतों ने अहिंसा को राज्य-कारण के लिए अव्यावहारिक करार कर ठुकरा दिया। इतना ही नहीं, अपने अंतिम दिनों में गांधी को एक ऐसा एहसास भी हुआ, जिस पर न आम लोगों ने और न ही अकादमिक विमर्श ने ध्यान दिया है। 30 साल तक एक अहिंसक आंदोलन के फलस्वरूप आई आजादी के साथ ही फूट पड़ी सांप्रदायिक हिंसा ने मजबूर कर दिया गांधी को सोचने को कि बरसों की अहिंसा का ऐसा अप्रत्याशित क्रूर परिणाम कैसे हो सकता है। गहरे मनन के बाद उनकी समझ में

आया कि जिसे वह और सारा संसार अहिंसा समझे बैठे थे, वह अहिंसा थी ही नहीं, मंद विरोध था। मंद प्रतिरोध अर्थात् कमजोर की अहिंसा, जो कि अनिवार्यत: हिंसा की तैयारी होती है। केवल एक उद्धरण पर्याप्त है—

"मैं देखता हूँ कि अब तक जो चलती थी, वह अहिंसा नहीं थी, बल्कि मंद विरोध था। मंद विरोध वह करता है, जिसके हाथ में हथियार नहीं होता। हम लाचारी से अहिंसक बने हुए थे, मगर हमारे दिलों में तो हिंसा भरी हुई थी, अब जब अंग्रेज यहाँ से हट रहे हैं तो हम उस हिंसा को आपस में लड़कर खर्च कर रहे हैं।"

गांधी समझ रहे थे कि देश नाम तो जपता रहेगा उनका और उनके आदर्शों का, पर चलेगा अपनी राह। उनके विचारों, आदर्शों और मूल्यों से हटकर।

गांधी अकसर कहा करते थे, 'ए वर्ड टू द वाइज', अकलमंद को इशारा काफी। उसी को याद करते हुए, अंत में तीन और उद्धरण जिनका संबंध उस ज्वलंत समस्या से है, जिसका भावी समाधान न केवल भारतीय राष्ट्र वरन् भारतीय सभ्यता और संस्कृति की नियति निर्धारित करेगा—

1. कोई मेरे पास आता है और कहता है कि 'बोल, राम-नाम लेता है या नहीं? नहीं लेगा तो यह तलवार देख!' तब मैं कहूँगा, 'यद्यपि मैं हरदम राम-नाम लेता हूँ, लेकिन तलवार के बल पर हरगिज न लूँगा, चाहे मारा क्यों न जाऊँ।'
2. फर्ज कीजिए कि हमारी कमनसीबी से हमारे देश में एक हिंदू राज्य कायम हो गया और दूसरा मुसलमानों का पाकिस्तान बन गया। अगर दोनों ही ऐसे बन जाएँ कि वहाँ दूसरी कौमवाले सुख-शांति से न रह सकें, तो वह हिंदू राज्य नरक हो जाएगा और वैसा पाकिस्तान नापाकिस्तान हो जाएगा। अमृतमय हिंदुस्तान वह है, जो केवल हिंदू का नहीं है, पर साथ में मुसलमान, पारसी, ईसाई और सिख का भी उतना ही है, जितना हिंदुओं का। और अमृतमय पाकिस्तान भी वही है, जिसमें सभी कौमों के लिए जगह हो और किसी के बारे में वहाँ जहर न हो।
3. आप मसजिद को क्या पाकिस्तान भेजोगे या मसजिद को ढाह दोगे या मसजिद का शिवालय बनाओगे? मान लो कि कोई हिंदू ऐसा गुमान भी करे कि शिवालय बनाएँगे, सिख ऐसा समझें कि हम तो वहाँ गुरुद्वारा बनाएँगे। मैं तो कहूँगा कि वह सिख धर्म और हिंदू धर्म को दफनाने की कोशिश करनी है।

गांधी, सही ही, अपने को 'आकबतअंदेश'—भविष्य-दृष्टा—मानते थे और 'शेखचिल्ली' भी। कूद पड़ते थे, बड़े-से-बड़े खतरे के बीच। अपनी बेचारगी का एहसास होने पर अपने को 'मिस्कीन' कहने लगे थे। लोग सुनें न सुनें, मानें न मानें, कहते रहते थे अपने मन की। दो बार तो उन आखिरी 169 दिनों में अपनी जिंदगी ही लगा बैठे दाँव पर। जाते-जाते कह गए, 'मैं तो कहता-कहता चला जाऊँगा, लेकिन किसी दिन मैं याद आऊँगा कि एक मिस्कीन आदमी जो कहता था, वही ठीक था।'

आज जब संसार में हिंसा अबाध गति से फैल रही है और हम स्वयं ही पर्यावरण को नाश के कगार पर ले आए हैं, समझ में आ रहा है कि गांधी का अब एक ही विकल्प है—सत्यानाश।

गांधी की प्रासंगिकता, परिणामत: दिखाई देने लगी है। पर असल प्रश्न और ही है। असल प्रश्न है, क्या आज गांधी संभव हैं? 1915 में दक्षिण अफ्रीका से लौटने के बाद वह 31 साल तक देश के सार्वजनिक जीवन का अभिन्न अंग बने रहे। उस दौरान तीन जबरदस्त राष्ट्रव्यापी आंदोलन हुए। तीनों ही गांधी के दिमाग की उपज थे और तीनों की ही बागडोर गांधी के हाथ में थी। पर उन 31 सालों में ऐसे भी मौके आए, जब गांधी की नहीं सुनी गई। निष्कर्ष यह कि जब गांधी की चली, तब इसलिए चली कि लोगों ने उनकी सुनी, जब नहीं चली तो इसलिए कि लोगों ने उन्हें अनसुना कर दिया।

आज एक विकट विडंबना में जी रहा है संसार। विडंबना यह है कि संसार को कभी गांधी की इतनी जरूरत नहीं थी, जितनी आज है और संसार उनके लिए कभी इतना गैर-तैयार नहीं था, जितना आज है।

इस विडंबना से जूझना हमारी जिम्मेदारी है।

चलते-चलते इसी जिम्मेदारी से संबंधित एक प्रश्न भीरु मानव स्वभाव में कोई ऐसी लाइलाज खोट तो नहीं है कि गांधी जैसे दृष्टा की त्रासदी उसकी—और हमारी—अनिवार्य नियति बन जाती है?

□

संस्कृति और धर्म का अंतर्संबंध

—अच्युतानंद मिश्र

संस्कृति और धर्म का सह-अस्तित्व हमारी समाज व्यवस्था की ही नहीं, अपितु हमारी संपूर्ण चिंतनधारा की अनुपम उपलब्धि है। इससे मानव चेतना की अनुभूति के साथ-साथ प्रकृति के तादात्म्य और मनुष्य के आचरण की आचार-संहिता भी निर्धारित होती है। भारतीय संस्कृति और धर्म तो अपने उच्चतम उत्कर्ष में देश और काल का कोई बंधन स्वीकार नहीं करते, लेकिन इतिहास, आधुनिक विज्ञान और आधुनिकतम टेक्नोलॉजी, जो भौतिक विकास, सामरिक शक्ति और आर्थिक समृद्धि के आधार पर सभ्यताओं, संस्कृतियों और धर्मों का विभाजन व वर्गीकरण करते हुए न केवल संस्कृति, बल्कि प्राकृतिक संतुलन को नष्ट करने के ऐसे खतरनाक मोड़ तक पहुँच गए हैं, जहाँ संपूर्ण ब्रह्मांड का अस्तित्व संकट में पड़ सकता है। संस्कृति और धर्म के स्वरूपों व आयामों का विमर्श करनेवाले अनेक विद्वान् यह स्वीकार करते हैं कि संस्कृति और धर्म को अलग-अलग या उनके अंत:संबंधों को किसी एक परिभाषा में बाँधना उनके सर्वसमावेशी चरित्र को संकुचित करना है। पश्चिमी चिंतन में संस्कृति और सभ्यता को पृथक् करते हुए ऐसा माना जाता है कि सभ्यता केवल एक ऐसा ऊपरी आवरण है, जो हमारी अंतरात्मा को स्पर्श नहीं करता, लेकिन भारतीय मनीषियों ने समाज, राजनीति, अर्थ व्यवस्था को भी इसी रूप में देखा है, जिसमें परंपराएँ जन्म लेती हैं और अपनी निष्ठाओं और मूल्य-बोध से मनुष्य को परिष्कृत करती हैं। विश्व इतिहास में जिन चार प्रमुख सभ्यताओं—भारत, यूरोप, मध्य-पूर्व और चीन का उल्लेख आता है, उसमें इसका विवरण नहीं है कि पूर्व से पश्चिम की ओर विकसित हुए सांस्कृतिक ढाँचे का नेतृत्व यूनानी, रोमन या यहूदी दार्शनिकों के हाथ में कैसे पहुँच गया?

सत्यानुभूति के ऊपर आधारित संस्कृति 'रीजन' और 'कॉन्सेप्ट' के मेटाफिजिक्स में कैसे बदल गई?

'अथातो धर्मजिज्ञासा', महर्षि जैमिनी के 'पूर्व मीमांसा दर्शन' का यह प्रथम सूत्र बताता है कि बौद्धिक मनुष्य की सबसे पहली जिज्ञासा यह जानना है कि धर्म क्या है? मनुष्य की लौकिक और आध्यात्मिक समृद्धि और कल्याण में इसका क्या योगदान है? इसकी परिभाषा क्या है? इसकी व्यापकता कितनी है? इसके लक्षण क्या हैं? धर्म एक ही तत्त्व है या इसके अनेक प्रकार हैं? यह समाज और काल-सापेक्ष है या निरपेक्ष? विश्व के हजारों दार्शनिकों, विचारकों, तत्त्व चिंतकों और धर्मगुरुओं ने अपने सिद्धांतों, आदर्शों, विश्वासों, पंथों, साधनाओं और व्यक्तिगत आचरण से इसका वर्णन किया है। एक ओर इसमें धर्म की व्यापकता और महिमा का बखान है और दूसरी ओर इस पर संकीर्णता, अनुदारता, आडंबर, पाखंड, अंधविश्वास को विस्तारित करने जैसे गंभीर आरोप भी हैं। भारतीय संदर्भ में अनादि काल से लोक-जीवन में प्रवाहित यह धर्म सनातन और शाश्वत माना गया है। यही धर्म मनुष्य, परिवार, समाज, राज्य और संपूर्ण पृथ्वी को एक नैतिक व सांस्कृतिक आधार प्रदान करता है और सत्य का दर्शन कराता है। 'वैषेषिक दर्शन' घोषणा करता है—'यतोभ्युदयनिः श्रेयसिद्धिः स धर्मः।' हमारे संपूर्ण विचार और कर्म धर्म के अंतर्गत सम्मिलित है। धर्म की व्यापकता और स्वरूप को लेकर यह दार्शनिक और बौद्धिक विमर्श प्रत्येक युग और काल में होता रहा है। आज भी निरंतर जारी है। 'महाभारत' के प्रणेता महर्षि व्यास के अनुसार तर्क या ग्रंथ या किसी एक ऋषि के मत को प्रमाण नहीं माना जा सकता, क्योंकि धर्म का तत्त्व इतना गूढ़ है कि महापुरुष ही उसमें प्रवेश करते हैं, इसलिए महापुरुषों का आचरण ही धर्म है। धर्म क्षेत्र कुरुक्षेत्र में खड़े होकर भगवान् श्रीकृष्ण की यह उद्घोषणा कि 'यतो धर्मस्ततों जयः' किस धर्म की जय के लिए है, किस व्यवहार या आचरण के लिए है, जो हर काल में प्रासंगिक है? धर्मचक्रप्रवर्तनीय' के दर्शन में किस धर्मचक्र का संदर्भ है? या 'धम्मं शरणं गच्छामि' में भगवान् बुद्ध किस 'धम्म' की शरण में जाने को कह रहे है? स्वाधीनता संग्राम के महापुरुषों के जीवन की प्रेरणा क्या थी? स्वामी दयानंद, स्वामी विवेकानंद, योगी अरविंद, लोकमान्य तिलक, महात्मा गांधी और हजारों सेनानियों, क्रांतिकारियों ने ब्रिटिश सत्ता के विरुद्ध अपने संघर्ष और बलिदान को धर्मयुद्ध मानकर ही लड़ा था। 4 अगस्त, 1919 को श्री जी.,स. अरूंडेल को गांधीजी ने लिखा—"मेरे मन का झुकाव राजनीति की ओर नहीं, धर्म की ओर है।

राजनीति में मैं भाग लेता हूँ, क्योंकि मेरे खयाल से जीवन का एक भी अंग ऐसा नहीं है, जिसे धर्म से अलग रखा जा सके।"

भारतीय तत्त्वज्ञान में धर्म को अपौरुषेय माना गया है, इसलिए उसको किसी एक परिभाषा में नहीं बाँधा है। ऋषियों ने केवल धर्म के लक्षण गिनाए हैं। सबसे अधिक प्रचलित हैं, वे दस लक्षण, जो 'मनुस्मृति' में बताए गए हैं—

धृतिः क्षमा दमोस्तेयं शौचमिन्द्रियनिग्रहः।
धीर्विधा सत्यक्रोधो दषकं धर्मलक्षणम्॥

'महाभारत' के वनपर्व में यक्ष-युधिष्ठिर संवाद में यक्ष प्रश्न करता है कि लोक में श्रेष्ठ धर्म क्या है? युधिष्ठिर उत्तर देते हैं कि अनृशंसता (दया और ममता) ही श्रेष्ठ धर्म है। यदि धर्म का नाश हुआ तो वह धर्म कर्ता को भी नष्ट कर देश और यदि उसकी रक्षा की जाए, तो वही कर्ता की रक्षा भी कर लेता है। इसीलिए मैं धर्म का त्याग नहीं करता कि कहीं नष्ट होकर वह धर्म मेरा ही नाश न कर दे।

यह तो बार-बार स्पष्ट किया जा चुका है कि भारतीय मनीषियों ने धर्म को शास्त्रीय ज्ञान से न जोड़कर धार्मिकता-बोध और अनुभूति से जोड़ा है। केवल पोथी प्रपंच ने तो धर्म को कट्टरता और रूढ़ियों की ओर ढकेला है, अंधविश्वासी बनाया है। शायद इसीलिए आज युवा पीढ़ी, जो पश्चिमी शिक्षा और विज्ञान में दीक्षित है—संस्कृति, धर्म, नैतिकता, आस्था या मूल्यों को प्रतिगामी मानती है। लेकिन यह भी सत्य है कि वैकल्पिक चिंतन के अभाव में केवल अस्वीकार और अश्रद्धा समाज में असंयम और कुंठा को ही जन्म देगी। आज यक्ष प्रश्न यही है कि धर्म के वास्तविक स्वरूप को वर्तमान पीढ़ी के लिए कैसे उपयोगी बनाया जाए। पं. विद्यानिवास मिश्र यह मानते थे कि विवेकवान वर्तमान पीढ़ी आधुनिक विज्ञान और टेक्नोलॉजी से उत्पन्न समस्याओं का हल तलाश कर लेगी। मुझे विश्वास है कि बाजार और ग्लोबलाइजेशन में अपना भविष्य तलाशते अधिकतर युवा, जो देह-सुख को ही आनंद का पर्याय मानकर चल रहे हैं, सामाजिक और राष्ट्रीय समरसता की अवधारणा के साथ संबंध स्थापित करने का कोई विकल्प अवश्व ढूँढ़ेंगे। □

व्याख्यानमाला के मुख्य वक्ताओं का परिचय एवं आयोजन का विवरण

गोविंद चंद्र पांडेय

ख्यातिलब्ध इतिहासविद्, दार्शनिक, चिंतक तथा कवि स्व. प्रो. पांडेय ने इलाहाबाद विश्वविद्यालय, इलाहाबाद में शिक्षा प्राप्त की। वे वहीं पर प्राचीन इतिहास के प्रोफेसर थे। बाद में, वे जयपुर विश्वविद्यालय और इलाहाबाद विश्वविद्यालय के कुलपति तथा केंद्रीय उच्च तिब्बती शिक्षा संस्थान, सारनाथ, भारतीय उच्च अध्ययन संस्थान, शिमला तथा प्रयाग संग्रहालय के शासी परिषदों के अध्यक्ष भी रहे।

प्रो. पांडेय द्वारा रचित कुछ महत्त्वपूर्ण कृतियाँ हैं—'स्टडीज इन दि ओरिजिंस ऑफ बुद्धिज्म', 'फाउंडेशंस ऑफ इंडियन कल्चर', 'लाइफ एंड थॉट ऑफ शंकराचार्य', 'बौद्ध धर्म के विकास का इतिहास', 'शंकराचार्य : विचार और संदर्भ', 'भारतीय परंपरा के मूल स्वर', 'अपोहसिद्धि', 'न्यायबिंदु' (अनुवाद तथा व्याख्या), 'मूल्य-मीमांसा', 'भक्तिदर्शनविमर्श', 'भारतीय समाज : तात्त्विक और ऐतिहासिक विवेचन', 'वैदिक संस्कृति', 'मीनिंग एंड प्रोसेस ऑफ कल्चर', 'ऋग्वेद' (टीका और मीमांसा)। 'समसामाहिक भारतीय संस्कृति'। काव्य : ' अग्निबीज', 'क्षण लक्षण' तथा 'अस्ताचलीयम्'।

व्याख्यान तिथि—24-26 मार्च, 2006

अध्यक्षता/संयोजन/सान्निध्य—प्रो. वागीश शुक्ल, प्रो. रमेश चंद्र शाह, प्रो. अच्युतानंद मिश्र, प्रो. रामेश्वर मिश्र पंकज।

व्याख्यान स्थल—भारत भवन, भोपाल (मध्य प्रदेश)

अशोक वाजपेयी

सागर, मध्य प्रदेश में पले-बढ़े हिंदी के लब्ध प्रतिष्ठित कवि तथा संस्कृति कर्मी श्री वाजपेयी भारतीय प्रशासनिक सेवा के अधिकारी रहे हैं। इसके अलावा ललित कला अकादमी

के अध्यक्ष, महात्मा गांधी अंतरराष्ट्रीय हिंदी विश्वविद्यालय, वर्धा के प्रथम कुलपति रहे हैं। मध्य प्रदेश में आपके नेतृत्व में साहित्य और संस्कृति के केंद्र 'भारत भवन' की स्थापना हुई। इनकी प्रमुख कृतियाँ हैं—'कहीं नहीं वहीं', 'जो नहीं है', 'सीढ़ियाँ शुरू हो गई हैं', 'एक पतंग अनंत में', 'समय के पास समय', 'कविता का गल्प', 'संशय के साये', 'कविता का जनपद', 'अब यहाँ नहीं', 'बहुरि अकेला' और 'कभी-कभार'। संप्रति दिल्ली में रहते हुए साहित्य सृजन के साथ रजा फाउंडेशन के ट्रस्टी के रूप में सक्रिय हैं।

व्याख्यान तिथि—8-9 मार्च, 2007

अध्यक्षता/संयोजन/सान्निध्य—श्री भवानी शंकर शुक्ल, प्रो. श्रीवत्स गोस्वामी, डॉ. महेश्वर मिश्र।

व्याख्यान स्थल—ब्रज साहित्य अकादमी, मथुरा।

सुरेश चंद्र पांडेय

इलाहाबाद विश्वविद्यालय, इलाहाबाद के संस्कृत विभाग के आचार्य और अध्यक्ष प्रो. पांडेय काव्य शास्त्र के अधिकारी विद्वान् हैं।

व्याख्यान तिथि—3-5 जनवरी, 2008

अध्यक्षता/संयोजन/सान्निध्य—प्रो. शिवकुमार मिश्र, डॉ. एस.के. पांडेय, प्रो. राजलक्ष्मी वर्मा, प्रो. अमर सिंह, प्रो. मृदुला त्रिपाठी, डॉ. जगन्नाथ पाठक, डॉ. मुस्ताक अली, डॉ. आनंद श्रीवास्तव

व्याख्यान स्थल—हिंदुस्तानी एकेडमी, इलाहाबाद।

वेम्पटि कुटुंब शास्त्री

आंध्र प्रदेश के कृष्णा जिले में 1950 में जनमे प्रो. शास्त्री ने तिरुपति में ऋग्वेद का अध्ययन किया। उन्होंने आंध्र प्रदेश और मद्रास विश्वविद्यालय से विद्याप्रवीण (एम.ए.) और शिरोमणि (एम.ए.) की उपाधियाँ प्राप्त कीं। उन्होंने राष्ट्रीय संस्कृत संस्थान, नई दिल्ली से विद्या वारिधि (पी-एच.डी.) की उपाधि प्राप्त की। उन्होंने नरसिम्हा संस्कृत कॉलेज में प्रवक्ता की भूमिका में अपना व्यावसायिक जीवन आरंभ किया। बाद में राष्ट्रीय संस्कृत संस्थान में प्रवक्ता, रीडर और प्रोफेसर के पदों पर कार्य किया। पांडिचेरी के केंद्रीय विश्वविद्यालय में संस्कृत के आचार्य और विभागाध्यक्ष भी रहे। तत्पश्चात् राष्ट्रीय संस्कृत संस्थान, दिल्ली (2003-2008 तक) के प्रथम कुलपति तथा संपूर्णानंद संस्कृत

विश्वविद्यालय, वाराणसी के कुलपति रहे। उनकी विशेषज्ञता अद्वैत वेदांत दर्शन में है। उन्होंने अब तक 11 पुस्तकें लिखी हैं तथा 30 शोधपत्र प्रकाशित हैं तथा 150 राष्ट्रीय और अंतरराष्ट्रीय संगोष्ठियों में सहभागिता की है। उनको 16वें और 17वें विश्व संस्कृत सम्मेलन में अध्यक्ष चुना गया। संप्रति भंडारकर प्राच्य विद्या संस्थान, पुणे में फेलो हैं।

व्याख्यान तिथि—29-30 दिसंबर, 2009

अध्यक्षता/संयोजन/सान्निध्य—प्रो. कमलेशदत्त त्रिपाठी, प्रो. रेवाप्रसाद द्विवेदी, प्रो. रमेश कुमार द्विवेदी, प्रो. भागीरथ प्रसाद त्रिपाठी 'वागीश शास्त्री'।

व्याख्यान स्थल—योग साधना केंद्र, संपूर्णानंद संस्कृत विश्वविद्यालय, वाराणसी।

अनंत मिश्र

दीन दयाल उपाध्याय, गोरखपुर विश्वविद्यालय के हिंदी विभाग में आचार्य एवं विभागाध्यक्ष पद से निवृत्त हुए प्रो. मिश्र का जन्म 18 अगस्त 1946, बेलोही महराजगंज, उत्तर प्रदेश में हुआ था। ये सक्रिय रूप से कविता, निबंध और आलोचना विधाओं में लेखन कार्य करते रहे हैं। उनके प्रकाशित कविता-संग्रह हैं—'एक शब्द उठाता हूँ', 'हमारे समय में', 'सभ्यता साधू के ठेंगे पर', 'निरुत्तर है कविता'। प्रकाशित निबंध-संग्रह है—'यह शब्द इसी जनपद के हैं'। उन्होंने 'स्वातंत्र्योत्तर हिंदी कविता' नामक आलोचना ग्रंथ भी लिखा है। इसके अतिरिक्त देश भर की विभिन्न पत्र-पत्रिकाओं में निरंतर आलोचना, लेख, निबंध एवं कविताएँ प्रकाशित हैं।

व्याख्यान तिथि—13-14 दिसंबर, 2010

अध्यक्षता/संयोजन/सान्निध्य—प्रो. स्व. नामवर सिंह, प्रो. पुरुषोत्तम अग्रवाल, प्रो. अवधेश प्रधान, प्रो. सत्यदेव त्रिपाठी, प्रो. श्रद्धानंद, डॉ. उदयन मिश्र, डॉ. प्रकाश उदय

व्याख्यान स्थल—श्री बलदेव पी.जी. कॉलेज, बड़ागाँव, वाराणसी।

माणिक गोविंद चतुर्वेदी

मथुरा में जनमे स्व. प्रो. चतुर्वेदी भाषा विज्ञान के विद्वान् थे। आरंभ में उन्होंने राष्ट्रीय शैक्षिक अनुसंधान तथा प्रशिक्षण परिषद्, नई दिल्ली में मानविकी के क्षेत्र में भाषा केंद्रित अध्ययनों का संचालन किया। बाद में उन्होंने केंद्रीय हिंदी संस्थान आगरा में प्रो. बाल गोविंद मिश्र के साथ भाषा विज्ञान-विषयक शोध-कार्य किया। उन्होंने संस्थान के दिल्ली केंद्र का आरंभ किया और विदेशी छात्रों के लिए हिंदी के पाठ्यक्रम निर्मित किए। उन्होंने विदेशों में भी हिंदी का अध्यापन तथा प्रचार-प्रसार का भी कार्य किया। भारतीय भाषा चिंतन

की परंपरा के अध्ययन तथा शोध-कार्य को आगे बढ़ाने में सक्रिय रहे।

व्याख्यान तिथि—14-15 नवंबर, 2011

अध्यक्षता/संयोजन/सान्निध्य—प्रो. श्रद्धानंद, प्रो. सत्यदेव त्रिपाठी, प्रो. अवधेश प्रधान, प्रो. सुरेंद्र प्रताप सिंह, प्रो. शिव कुमार मिश्र, डॉ. स्व. राजेंद्र प्रसाद पांडेय, डॉ. राम सुधार सिंह।

व्याख्यान स्थल—श्री बलदेव पी.जी. कॉलेज, बड़ागाँव, वाराणसी एवं महात्मा गांधी काशी विद्यापीठ, वाराणसी।

अंबिका दत्त शर्मा

डॉक्टर हरि सिंह गौर विश्वविद्यालय, सागर, मध्य प्रदेश में दर्शन शास्त्र के प्राध्यापक प्रो. शर्मा भारतीय संस्कृति और दर्शन के अधिकारी विद्वान् हैं। दार्शनिक चिंतन की पत्रिका 'उन्मीलन' तथा 'मध्य भारती' के संपादक हैं। वे भारतीय दार्शनिक अनुसंधान परिषद् के शासी मंडल के सदस्य भी हैं।

व्याख्यान तिथि—2 सितंबर, 2012

अध्यक्षता/संयोजन/सान्निध्य—प्रो. आनंद मिश्र, प्रो. कमलेश दत्त त्रिपाठी, प्रो. अवधेश प्रधान, प्रो. अच्युतानंद मिश्र, प्रो. अनिल त्रिपाठी।

व्याख्यान स्थल—कन्हैयालाल स्मृति भवन, रथयात्रा, वाराणसी।

कपिल तिवारी

लोकसंस्कृति के प्रति अनन्य भाव से समर्पित श्री तिवारी मध्य प्रदेश आदिवासी लोककला अकादमी के 30 वर्षों तक निदेशक रहे हैं। आप इंडियन कौंसिल फॉर कल्चरल रिलेशंस (आई.सी.सी.आर.) के भी सदस्य रहे हैं। इन्होंने भारतीय लोकबोलियों, कलाओं, तीज-त्योहारों और आख्यानों पर अनेक पुस्तकों का संपादन किया है। भारत की लोकविधाओं पर केंद्रित पत्रिका 'चौमासा' के संस्थापक संपादक भी रहे हैं। लोकविधाओं पर उनका अनुसंधान देश भर में सर्वत्र सराहा गया है।

व्याख्यान तिथि—27-28 नवंबर, 2013

अध्यक्षता/संयोजन/सान्निध्य—श्री वसंत निरगुणे, प्रो. मारुति नंदन तिवारी, प्रो. अजय कुमार सिंह, प्रो. राजेश्वर आचार्य, प्रो. मंजुला चतुर्वेदी।

व्याख्यान स्थल—ललित कला विभाग, महात्मा गांधी काशी विद्यापीठ, वाराणसी।

अभिराज राजेंद्र मिश्र

उत्तर प्रदेश के जनपद जौनपुर में जनमे प्रो. मिश्र इलाहाबाद और शिमला विश्वविद्यालय में संस्कृत के आचार्य रहने के उपरांत संपूर्णानंद संस्कृत विश्वविद्यालय के कुलपति (2002-2005) रहे। ये इंडोनेशिया के उदयन विश्वविद्यालय में विजिटिंग प्रोफेसर भी रहे। प्रो. मिश्र को साहित्य अकादेमी (1988), के.के. बिड़ला फाउंडेशन का वाचस्पति सम्मान (1993), कालिदास सम्मान (1996), कल्पवल्ली सम्मान (1998) तथा महामहिम राष्ट्रपति सम्मान (1999) प्राप्त हुआ है। साहित्य मर्मज्ञ तथा संस्कृत के ख्यातिलब्ध कवि प्रो. मिश्र 'मृगांकदूतम', 'अभिराज दंदकम', 'कौमारम', 'शालभंजिका', 'मत्त वारणीमधुपर्णी', 'मृद्वीका', 'श्रुतिम्भरा', 'हविर्धानी', 'कनीनिका', 'स्वाध्यायपर्व:', 'प्रज्ञालोक:' सहित दो महाकाव्यों, 44 शतक काव्यों, 64 एकांकी-6 लघु कथा संकलन के प्रणेता हैं। रसों की संख्या, संस्कृत का अर्वाचीन समीक्षात्मक काव्य शास्त्र उनकी प्रमुख समीक्षात्मक कृतियाँ हैं।

व्याख्यान तिथि—22-23 दिसंबर, 2014

अध्यक्षता/संयोजन/सान्निध्य—प्रो. स्व. शंकर दयाल द्विवेदी, प्रो. मुरली मनोहर पाठक, प्रो. स्व. अमरनाथ पांडेय, श्री रामरतन शर्मा, प्रो. जयशंकर लाल त्रिपाठी, प्रो. हरिप्रसाद अधिकारी, प्रो. गया राम पांडेय, प्रो. सत्यदेव मिश्र।

व्याख्यान स्थल—पुस्तकालय भवन, महात्मा गांधी काशी विद्यापीठ, वाराणसी।

कमलेश दत्त त्रिपाठी

आचार्य त्रिपाठी संप्रति महात्मा गांधी अंतरराष्ट्रीय हिंदी विश्वविद्यालय के कुलाधिपति हैं। संस्कृत व्याकरण, भारतीय दर्शन और नाट्य-शास्त्र के क्षेत्र में उनका अमूल्य योगदान है। काशी हिंदू विश्वविद्यालय के धर्म विद्या संकाय में प्राध्यापक, कालिदास अकादमी उज्जैन के निदेशक तथा इंदिरा गांधी राष्ट्रीय कला केंद्र के वाराणसी क्षेत्रीय केंद्र के मानद निदेशक रहे हैं। संप्रति भारत अध्ययन केंद्र, काशी हिंदू विश्वविद्यालय में शताब्दी आचार्य हैं।

व्याख्यान तिथि—21 दिसंबर, 2015

अध्यक्षता/संयोजन/सान्निध्य—प्रो. शिव कुमार मिश्र, प्रो. श्रद्धानंद, प्रो. भागीरथ प्रसाद त्रिपाठी 'वागीश शास्त्री', श्री बदरी नाथ कपूर, प्रो. मारुति नंदन तिवारी।

व्याख्यान स्थल—पुस्तकालय भवन, महात्मा गांधी काशी विद्यापीठ, वाराणसी।

कपिल कपूर

भाषा विज्ञान और भारतीय ज्ञान परंपरा के विद्वान् प्रो. कपूर जवाहरलाल नेहरू विश्वविद्यालय दिल्ली, में प्राध्यापक और रेक्टर रहे हैं। वे महात्मा गांधी अंतरराष्ट्रीय हिंदी विश्वविद्यालय, वर्धा के कुलाधिपति भी रह चुके हैं। संप्रति आप इंडियन इंस्टीट्यूट ऑफ एडवांस स्टडीज, शिमला के अध्यक्ष हैं। आपने पाश्चात्य और भारतीय भाषा वैज्ञानिक सिद्धांतों, दर्शन तथा साहित्य शास्त्र पर महत्त्वपूर्ण कार्य किया है। इनके प्रमुख प्रकाशन हैं—'इंग्लिश इन इंडिया', 'साउथ एशियन लव पोएट्री', 'लिटरेरी थ्योरी : इंडियन कन्सेप्चुअल फ्रेमवर्क', 'टेक्स्ट एंड इंटरप्रिटेशन : द इंडियन ट्रैडिशन', 'रति भक्ति : भारत की कथा परंपरा'।

व्याख्यान तिथि—16 नवंबर, 2016

अध्यक्षता/संयोजन/सान्निध्य—श्री केसरी नाथ त्रिपाठी, प्रो. पृथ्वीश नाग, श्री धनंजय सिंह, डॉ. जितेंद्र नाथ मिश्र, प्रो. के.पी. पांडेय, प्रो. शिवकुमार मिश्र, प्रो. श्रद्धानंद।

व्याख्यान स्थल—पुस्तकालय भवन, महात्मा गांधी काशी विद्यापीठ, वाराणसी।

रामदेव शुक्ल

वर्ष 1998 में गोरखपुर विश्वविद्यालय के हिंदी विभाग से विभागाध्यक्ष के पद से सेवानिवृत्त होने के बाद प्रो. शुक्ल यू.जी. सी. की शोध-योजना के समन्वयक और इमेरिटस फेलो रहे। आपने ऑक्सफोर्ड, कैंब्रिज और लंदन विश्वविद्यालयों में अतिथि अध्यापक और ब्रजभाषा विशेषज्ञ के रूप में भी कार्य किया है। रीतिकालीन हिंदी साहित्य के मर्मज्ञ प्रो. शुक्ल को उत्तर प्रदेश हिंदी संस्थान, लखनऊ द्वारा 'हिंदी गौरव' सम्मान प्राप्त है। 'ग्राम देवता', 'मन दर्पण', 'विकल्प', 'गिद्धलोक' तथा 'बेघर बादशाह' इनके प्रमुख उपन्यास हैं। 'उजली हँसी की वापसी', 'पतिव्रता', 'नीलामघर', 'अपहरण' और 'सुग्गी' कहानी-संग्रह हैं। घनानंद का श्रृंगार काव्य, आनंद घन, निराला के कथा गद्य का आस्वादन आलोचनात्मक रचनाएँ हैं।

व्याख्यान तिथि—29 दिसंबर, 2017

अध्यक्षता/संयोजन/सान्निध्य—प्रो. रामकीर्ति शुक्ल, प्रो. अवधेश प्रधान, प्रो. कमलेश दत्त त्रिपाठी।

व्याख्यान स्थल—विद्यानिवास मिश्र व्याख्यान केंद्र, नेशनल इंटर कॉलेज, पिंडरा, वाराणसी।

श्रीनिवास वरखेड़ी

वर्तमान में श्री वरखेड़ी कविकुलगुरु कालिदास विश्वविद्यालय रामटेक, नागपुर के कुलपति हैं। इसके पूर्व कर्नाटक संस्कृत विश्वविद्यालय के शास्त्र संकाय में प्रोफेसर और डीन रह चुके हैं। उनको भारत सरकार द्वारा महर्षि वादरायण सम्मान से अलंकृत किया गया है। उनको स्वामी चिन्मयानंद शोध स्वर्ण पदक भी प्राप्त है। न्याय तथा व्याकरण के क्षेत्र में निष्णात उनके अध्ययन क्षेत्र में संस्कृत कंप्यूटेशनल विज्ञान जैसे क्षेत्र भी शामिल हैं। अब तक उन्होंने राष्ट्रीय और अंतरराष्ट्रीय स्तर की शोध-पत्रिकाओं में 30 से अधिक लेख प्रकाशित किए हैं तथा संस्कृत अध्ययन को प्रोत्साहित-प्रतिष्ठित करने के लिए यत्नशील हैं।

व्याख्यान तिथि—29 दिसंबर, 2018

अध्यक्षता/संयोजन/सान्निध्य—प्रो. गया प्रसाद पांडेय, प्रो. प्रभुनाथ द्विवेदी, प्रो. हरेराम त्रिपाठी, प्रो. उमारानी त्रिपाठी, प्रो. टी.एन. सिंह।

व्याख्यान स्थल—स्मार्ट क्लास, सामाजिक विज्ञान संकाय, महात्मा गांधी काशी विद्यापीठ, वाराणसी।

~•~

पांडेय शषिभूषण 'शीतांशु'

प्रो. शीतांशु भाषा विज्ञान और अनुवाद के क्षेत्र में प्रतिष्ठित विद्वान् हैं। अपने 40 वर्ष के अध्यापकीय जीवन में आपने भागलपुर विश्वविद्यालय, गुरुनानक देव विश्वविद्यालय, अमृतसर तथा पुणे विश्वविद्यालय में अध्यापन कार्य किया है। 'अद्यतन भाषा विज्ञान : प्रथम प्रामाणिक विमर्श', 'विसंरचनात्मक आलोचना : अर्थ की सर्जना', 'चिंतन और सर्जन का समीक्षा विवेक', 'मनोवैज्ञानिक और मिथकीय आलोचना', 'मार्क्सवादी', 'समाजशास्त्रीय और ऐतिहासिक आलोचना', 'भारती की काव्यभाषा', 'शैली विज्ञान का इतिहास', 'शैली विज्ञान और भारतीय काव्यशास्त्र : तुलनात्मक संदर्भ', 'शैली विज्ञान : प्रकार और प्रतिमान', 'उत्तर आधुनिकता : बहुआयामी संदर्भ' तथा 'नई कहानी के विविध प्रयोग' इनकी प्रमुख कृतियाँ हैं। साहित्य-सिद्धांत, साहित्य-विश्लेषण और दृष्टि संपन्न भाषा वैज्ञानिक और विचारक के रूप में प्रतिष्ठित।

व्याख्यान तिथि—15 जनवरी, 2019

अध्यक्षता/संयोजन/सान्निध्य—प्रो. प्रभुनाथ द्विवेदी, प्रो. अवधेश प्रधान।

व्याख्यान स्थल—बहुउद्देशीय सभागार, शिक्षाशास्त्र विभाग, महात्मा गांधी काशी विद्यापीठ, वाराणसी।

~•~

सुधीर चंद्र

इतिहासविद् प्रो. चंद्र मुख्य रूप से आधुनिक भारतीय सामाजिक चेतना की प्रकृति के जानकार हैं। वर्तमान में वे धर्म, संस्कृति और राष्ट्रवाद के अंतर पर काम कर रहे हैं। आप गांधी विचार के मर्मज्ञ विद्वान् हैं। मेलबर्न विश्वविद्यालय में पढ़ाने के अलावा, वे अलीगढ़ मुसलिम विश्वविद्यालय और जामिया मिलिया इस्लामिया, नई दिल्ली से संबद्ध रहे हैं। वे भारतीय उच्च अध्ययन संस्थान, शिमला, सेंटर फॉर द स्टडी ऑफ डेवलपिंग सोसाइटीज (नई दिल्ली), नेहरू मेमोरियल म्यूजियम एंड लाइब्रेरी (नई दिल्ली), सेंटर फॉर सोशल स्टडीज (सूरत), हीडलबर्ग यूनिवर्सिटी (साउथ एशिया इंस्टीट्यूट), कॉर्नेल यूनिवर्सिटी, शिकागो यूनिवर्सिटी, तथा टोक्यो यूनिवर्सिटी ऑफ फॉरेन स्टडीज से प्रोफेसर/फेलो के रूप में जुड़े रहे हैं। इनकी प्रमुख पुस्तकें हैं—'वायोलेंस एंड नॉन वायलेंस एक्रॉस टाइम', गांधी : ऐन इम्पॉसिबिल पॉसिबिलिटी', 'डिपेंडेंस एंड डिसइल्यूजनमेंट : इमर्जेंस ऑफ नेशनल कांशसनेश इन लेटर नाइंटींथ सेंचुरी इंडिया', 'दि आप्रेसिव प्रेसेंट लिटरेचर एंड सोशल कांशसनेश इन कोलोनियल इंडिया', 'इनस्लेव्ड डॉटर्स : कोलोनियलिज्म', 'लॉ एंड वोमेंस राइट्स, कांटीनुइंग डिलेम्माज : अंडरस्टैंडिंग सोशल कांशसनेश', 'गांधी : एक असंभव संभावना'।

व्याख्यान तिथि—1 जनवरी, 2020

व्याख्यान स्थल—श्री धर्मसंघ शिक्षा मंडल, दुर्गाकुंड, वाराणसी।

~•~

अच्युतानंद मिश्र

हिंदी पत्रकारिता में पिछले पाँच दशकों से सक्रिय श्री मिश्र नवभारत टाइम्स, जनसत्ता, अमर उजाला और लोकमत समाचार आदि राष्ट्रीय दैनिकों के संपादक रहे। आपने साहित्य-कला-संस्कृति के कई सबल पक्षों को हिंदी पाठकों के समक्ष प्रस्तुत किया और राजनीति, शिक्षा, स्वास्थ्य, पर्यावरण, स्त्री-विमर्श, दलित और अल्पसंख्यकों के समसामयिक सवालों को उठाया। 'सरोकारों के दायरे' उनकी उल्लेखनीय कृति है। वे माखनलाल चतुर्वेदी राष्ट्रीय पत्रकारिता एवं संचार विश्वविद्यालय, भोपाल के कुलपति भी रहे और वहाँ भारतीय भाषाओं की पत्रकारिता पर शोध व लेखन प्रकल्प प्रारंभ किया और उसके तहत 80 पुस्तकें प्रकाशित कीं। वे पत्रकारों की सबसे बड़ी संस्था एन.यू.जे. के भी अध्यक्ष रहे। संप्रति गाजियाबाद में रहकर स्वतंत्र लेखन कर रहे हैं।

विषय—सातवें व्याख्यान का आधार पत्र।

व्याख्यान तिथि—2 सितंबर, 2012

व्याख्यान स्थल—कन्हैया लाल मोतीवाला स्मृतिभवन, रथयात्रा, वाराणसी।

□□□